KB251326

건강과 부를 부르는 풍수지리

이 도서의 국립중앙도서관 출판시도서목록(CIP)은 e-CIP홈페이지(http://www.
nl.go.kr/ecip)와 국가자료공동목록시스템(http://www.nl.go.kr/kolisnet)에서
이용하실 수 있습니다. (CIP제어번호 : CIP2013000993)

건강과 부를 부르는 풍수지리

지은이 배상열

1판 1쇄 인쇄   2013년 2월 25일
개정판 1쇄 발행 2014년 1월 1일

발행인 김소양
책임편집 김소애
마케팅 이희만, 장은혜

발행처 ㈜ 우리글
출판등록번호 제 312-2010-000113호
출판등록일자 1998년 6월 3일

주소 서울 서초구 양재2동 299-5 남양빌딩 6층
전화 02-566-3410 팩스 02-566-1164
홈페이지 http://www.wrigle.com 블로그 blog.naver.com/wrigle

© 배상열, 2013

이 책은 저작권법에 따라 보호받는 저작물이므로 무단전재와 무단복제를 금합니다.
이 책의 전부 또는 일부를 이용하려면 반드시 저작권자와 ㈜우리글의 동의를 받아야 합니다.

값은 표지에 있습니다.
978-89-6426-060-9   13180
잘못 만들어진 책은 구입하신 서점에서 교환해드립니다.

건강과 부를 부르는

풍수지리

배상열

우리글

책을 펴내며

풍수風水는 인간이 자연과 더불어 살아오면서 터득한, 산과 물 등에 대한 현상과 이치를 정리한 자연과학自然科學이다. 이는 하늘과 땅의 자연현상을 합리적으로 이해하여 인간의 발전과 행복을 추구하는 학문인 풍수지리학으로 발전되었다. 또한 이 학문은 생물에게 직·간접으로 영향을 주는 자연적 조건이나 사회적 상태로부터 삶의 질을 향상시키는 관계를 고찰하는 경험철학이며 통계학문이기도 하다. 이런 풍수지리학은 음양오행陰陽五行을 기초로 하고 있다.

풍수지리학은 땅속에 흐르는 생기生氣, 즉 땅의 기운인 지력地力을 공부하는 단순한 지세학地勢學이 아니다. 우주와 땅과 사람과의 질서, 즉 하늘과 땅과 사람인 천天·지地·인人(삼재三才)의 질서 속에서 인간의 삶을 교합해 내는 동양의 정신세계이며, 자연과 인간이 합일하여 만들어 내는 우주 생명관이다. 이는 지구 환경의 생태 공간에 바람·물·땅의 이치를 접목하여 사람의 건강한 생활환경인 기氣를 제공하는 학문이기 때문이다.

다시 말하면 풍風과 수水와 지地가 이치理致에 따라 교합하여 인간에게 필요한 생기生氣를 활성화한다는 말이다.

인간은 누구나 상쾌하고 건강하며 행복한 주거지인, 보다 좋은 생활 환경에서 살기 원한다. 하지만 우리가 살고 있는 집이 다 그런 조건을 갖추고 있는 것은 아니다. 그렇더라도 자연의 일정한 법칙을 조금만 이해하게 되면 살고자 하는 좋은 집을 쉽게 고를 수 있다. 우리는 그런 집을 고를 수 있는 일정한 법칙을 알고 싶지만 대부분의 책들이 너무 복잡하고 어려워 감히 접근하기조차 쉽지 않다.

이 책은 풍수에 전문지식이 전혀 없더라도 이 한 권의 책에 담긴 최소한의 지식만으로도 좋은 주거지를 선택하여 살 수 있도록 하였다. 필자는 사람들의 생활 속에 직·간접으로 크게 영향을 미치는 풍수적 사실을 조금이라도 많은 사람에게 알려 흉한 것은 피하고 길한 것을 취하는 가장 쉬운 방법을 전달하고자 이 책을 편찬하게 되었다.

나와 내 가족이 어디서 살아야 좀 더 건강하게 생활하고 부자가 될 수 있는지, 아이의 인생을 성공적으로 이끌 좋은 주거지는 어디인지, 그러한 이상적 주거지를 어떻게 찾는지를 이 책을 통한다면 누구나 쉽게 알아낼 수 있을 것이다.

다시 말하자면 동일한 조건에서 남들보다 더 공부를 잘하고, 더 건강하며, 삶이 좀 더 윤택해지는 곳을 고르는 방법, 그리고 행복하게 살 수 있는 집을 꾸미는 법, 좋은 환경의 전원주택지와 돈 잘 버는 상가 고르는 법 등에 대해서 최소한의 풍수적 지식과 꼭 필요한 내용들을 중심으로 간결하게 수록하였다.

또한 양택 외에도 음택의 기초 이론과 실 예를 통해 웬만한 묘 자리의 좋고 나쁨을 구별할 수 있도록 하였다. 그래서 집터의 택지宅地를 좋게 선정하는 방법을 배우고, 풍수에 대한 최소의 좋고 나쁨을 구별하는 방법을 익혀, 나와 내 가족 전체가 행복한 삶을 살 수 있도록 하였다.

시중에 넘쳐나는 풍수서책과는 다르게 복잡한 풍수의 이론을 탈피하고, 풍수적 경향이 짙고 이해하기 어려운 생소한 용어와 논리는 풀어서 서술한 후 괄호 안에 다시 그 뜻을 적었다. 또한 누구나 거부감 없이 쉽게 접할 수 있도록 실생활의 풍수적 요소들을 쉽게 풀이하여 꾸미고자 하였다. 그리고 남녀노소 누구나 편안하게 읽을 수 있게 실제 예를 바탕으로 글을 작성하였으며, 글보다는 현장의 사진과 그림 위주로 이해를 돕도록 내용을 구성하였다.

제1부에서는 좋은 주거지를 고르기 위해 꼭 알아야 할 기본 내용을 서술하고, 제2부에는 1부에서 익혔던 기본 내용을 실생활의 풍수에 응용하여 적용하는 방법을 담았다.

부연해서 설명하자면 1부는 기초편이며 2부는 응용편이다.

제1부에는 좋은 거주지를 구하기 위해 기본 용어와 이론, 풍수의 기본인 산山 · 물(水) · 택지宅地의 형태와 흐름을 익히고, 거주지를 구할 수 있게 하였다. 행복이 넝쿨째 들어올 수 있도록 집안을 꾸미는 방법, 내 집과 사무실을 잘 배치하는 방법에 대해 공부할 수 있도록 하였다. 제2부에서는 땅의 기운이 우리에게 미치는 영향을 이해할 수 있도록 기의 종류와 형체形體를 서술하였고, 좋은 기운이 있는 혈穴 자리 찾는 방법은 무엇인지를 서술하였다.

이어서 공부 잘되는 집, 부자 되는 집과 장사 잘되는 상가에 대해 실 예를 들어가며 복습하여 종합 정리할 수 있도록 하였으며, 건강과 부귀富貴에 영향을 미칠 수 있는 음택에 대해서도 서술하였다.

부록에는 풍수의 근간이 되는 산경도山經圖, 풍수도風水圖 및 전도全圖 등을 실어 풍수적 지식의 피와 살이 되어 도움이 될 수 있도록 하였다. 또한, 풍수 전문 용어가 많이 사용된 다른 풍수지리학 관련 책자의 내용을 이해할 수 있도록 부록에 풍수지리학 관련 전문 용어를 첨부하여 수록하였기 때문에 이를 활용한다면 어떠한 풍수지리학의 내용도 이해할 수 있을 것이다.

결국 이 한 권의 책이 평생 동안 살아가야 할 거주지에 대한 기본 지식을 익힐 수 있는 지침서가 된 셈이다. 이는 누구나 실생활에 쉽게 적용할 수 있도록 대중적이며 보편적인 풍수의 교과서가 되는 기틀을 마련하고자 함이다.

풍수를 공부하지 않은 사람도 이 책을 읽고 익히다 보면 웬만한 풍수 전문가에 못지않게 나쁜 곳을 피하고 좋은 곳을 선택하는 취길피흉의 주거지 선정을 할 수 있게 될 것이다.

이 책이 풍수에 관심이 있는 모든 분에게 가뭄에 단비와 같은 존재가 되길 바란다. 또한 이 책을 통하여 이토록 아름다운 세상에서 나와 내 가족, 특히 내 아이가 걱정 없이 자라고 훌륭히 성장해 모두가 행복한 가정을 영위하기를 기원한다.

2013년 가을

영산榮山 **배상열**裵常烈

축하의 글

배상열 박사의 책『건강과 부를 부르는 풍수지리』출간을 진심으로 축하합니다. 배 박사는 석·박사 과정을 공부하면서 저와 특별한 인연을 맺은 분으로 저는 특히 풍수 분야에서 그 학문적 성취를 예측한 바 있었습니다. 배 박사는 풍수를 공부하면서 기학氣學이라는 큰 틀에서 그 이론을 심화시키는 한편 수행을 통해 직관과 통찰을 함양해오고 있습니다.

그의 학술적 깊이는 여러 편의 논문을 통해 연찬된 바 있으며 여러 모임과 강좌를 통해서도 풍수에 관한 그 식견이 널리 알려져 왔습니다. 그런 그가 일반인들도 쉽게 접할 수 있는 저서를 펴내게 되었다고 하니, 반갑지 않을 수가 없습니다.

'풍수'란 산줄기와 물줄기의 흐름을 이해하여 주거지를 선택하고, 자연과 더불어 살아가게 해주는 중요한 기초 학문입니다. 그런 까닭에, 누구나 자신의 거주지를 잘 선택하기 위해서라도 꼭 알아야 할 학문입니다.

그동안 어렵게 느껴져 온 '풍수'에 관한 이론을 쉽게 풀어 책으로 출간하게 된 데는 전문서적으로서의 풍수를 뛰어넘어, 보다 대중적이며 보편적인 풍수 교과서의 기틀을 마련하고자 하는 배 박사의 깊은 뜻이 담겨져 있다고 생각합니다.

고산 윤선도는 "산에 오를 때 패철을 찰 필요가 없다"고 말하며, 형세론을 중시하고 어려운 풍수는 지양止揚해야 한다고 했습니다. 그런 고산의 주장과 배 박사의 뜻은 맥을 같이 한다고 할 수 있겠습니다.

이 책에서 배 박사는 변화하는 새 시대를 위해서는 현학적인 이기론보다 형세론에 역점을 두어야 하며, 풍수학을 누구나 쉽게 이해하고 스스로 판단할 수 있는 학문으로 전환할 필요가 있음을 잘 설명해주고 있습니다.

이 책은 다른 풍수지리 책은 지니지 못한 특이한 장점을 갖고 있습니다. 좋은 거주지를 찾아내기 위해 산山 · 물水 · 택지宅地의 형태와 흐름을 파악하고, 선택한 거주지의 실내를 어떻게 꾸미는 것이 좋은지 그 방법을 알려주고 있기 때문입니다.

또한 땅의 기운이 사람에게 미치는 영향을 쉽게 이해할 수 있게 기의 종류와 형체形體를 설명한 후, 좋은 기운이 있는 혈穴 자리를 어떻게 찾아야 하는지 그림과 함께 자세히 설명해주고 있습니다.

이 책을 읽는 독자들은 산줄기와 물줄기의 흐름을 통해 자연의 기본 흐름을 쉽게 이해하여 스스로 흉凶한 것은 피하고 길吉한 것은 취할 수 있게 될 것입니다.

배 박사의 이번 출간은 특별한 의미가 있습니다. 공학도였던 그가 서른 살 이립而立의 나이에 기공 수련에 몸담았고, 불혹不惑을 넘기고 풍수의 길에 입문하여 일가를 이루었으며, 오십 줄에 이르러서 이 책을 출간하게 되었기 때문입니다.

오랫동안 깊은 열정과 정성으로 용맹 정진한 그의 학문적 내공의 힘은 독자들에게 반드시 좋은 기운을 전해주리라 믿습니다.

앞으로 풍수학 분야에서 배 박사는 선도적인 역할을 맡아 전통적 맥을 굳건히 이어가게 될 것입니다. 이 책을 통하여 저자가 중시하는 형세론의 맥이 탄탄히 이어지고 기학과 풍수에 관심이 있는 분들의 밑거름이 되어 더욱 발전을 거듭하게 되기를 바랍니다.

끝으로 이 책을 대하는 모든 분들에게 지혜의 빛과 복된 영광이 무궁無窮하기를 심축합니다.

김 낙 필
원광대학교 교학대학 교수

목차

13

부록

좋은 곳에서 살고 싶다면
이것만은 알아두자

좋은 주거지에서 살려면 3가지의 이론을 꼭 알아야 한다.

첫째는 산의 생김새와 흐름이고, 둘째는 물의 생김새와 흐름이며, 셋째는 택지의 생김새와 도로의 흐름이다. 좋은 산·물·택지의 형태와 흐름을 읽을 수 있도록 훈련하여 주거지를 선별해서 거주한다면 우리는 한 차원 더 높은 삶을 살 수 있게 된다. 풍수지리에는 많은 법칙과 이론이 있으나 그중 우리에게 가장 큰 영향을 미치는 산·물·택지에 대한 기초 이론을 반드시 머리에 새겨 놓아야 한다. 1부에서는 이에 대한 3가지의 구별 방법과 그에 대한 기초 이론을 소개하려 한다.

여기서 소개하는 내용은 자연과 하나 되어 함께 살아가는 순수 자연 지리이며 인간이면 남녀노소를 불문하고 누구나 알아야 하는 산지식이다.

제 1 장
좋은 주거지에서
살아야 하는 이유

좋은 주거지를 선택하는 법을 배우기 전에 먼저 좋은 주거지에서 살아야 하는 이유를 살펴보도록 하자.

본 장에서는 왜 집을 가려서 살아야 하는가를 알기 위해 맹모삼천지교와 터먼 프로젝트를 예로 들었다. 전자는 교육에 있어서 주거환경이 매우 중요하다는 점과, 후자는 건강 장수가 결국 유전자에 기인한다는 점을 설명하고 있는데 좋은 유전자를 타고나지 못했다면 후천적인 요소를 끌어올릴 수 있는 좋은 주거지를 선택해서 살아야 한다는 결론이다. 이는 곧 나의 인생을 좋게 변화시킬 이상적 주거지를 찾자는 것이다. 이를 옛사람들은 기가 흩어지지 않게 모인, 생기를 얻을 수 있는 곳이라 칭했다.

이러한 곳이 바로 장풍과 득수에 의한 형세의 조화가 이루어지는 곳이며, 산을 등지고 냇물이 앞에 흐르며 산과 물이 감싸는 풍수의 이치를 갖춘 곳이다.

1.1 왜 집을 가려서 살아야 하나

　많은 사람이 풍수지리를 죽은 사람을 좋은 곳에 묻어 그 후손이 부귀영화를 누리려는 것쯤으로 곡해하고 있다. 또 풍수가 미신이라고 역설하는 사람들은 풍수학을 묘 자리로 국한시켜 조상과의 관계를 언급하며 부정적인 견해를 편다. 더 나아가 풍수를 점치는 것과 굿을 하는 정도로 격하시켜 혼돈하기도 한다. 그리고 풍수를 조금 이해한다는 사람조차도 '풍수 이론 중 과연 신뢰할 만한 통계적 자료가 얼마나 되느냐?'라며 너스레를 떤다.

　뿐만 아니라 일부 사람들은 풍수라는 말만 들어도 주위의 눈치를 보며 자리를 피하려고 한다. 강의를 다녀보면 그런 사람들은 처음에는 강의에 참석하는 태도가 좌불안석이지만 시간이 더할수록 '실생활에 직접 활용해야 하는, 누구나 알아야 할 소중한 자연에 대한 산지식'이라는 풍수지리학의 본질을 이해하게 되어, 흥미와 관심을 갖고 진지하게 임하는 것을 볼 수 있다.

최근 풍수는 남녀노소를 불문하고 모든 사람으로부터 관심의 대상이 되고 있다. 계층과 종교, 학력이나 빈부를 불문하고 많은 사람이 풍수지리학을 믿고 있는 것이다. 여기서 믿는다는 표현보다 '우리네 사람들의 마음 깊이 자리한다'는 표현이 더 적절할 듯하다. 이 중에서도 가진 사람이 더 풍수를 믿고 좋은 자리를 구하려고 한다. 사회적으로 지위가 높은 사람일수록 더욱 그러하다. 엄밀히 밝히자면 풍수는 사회적 지위와 권력, 그리고 경제력이 있는 사람일수록 관심을 가진다.

세종 때에 권제權踶(1387-1445)는 풍수지리설을 부정하였으나 그의 부친의 묘소를 이장할 때는 풍수지리를 따랐다. 예나 지금이나 대부분의 상류 지식층은 표면적으로는 풍수를 부정하면서도 따른다. 권제의 이러한 모습을 보고 세종대왕은 위선이라 했지만 세종대왕조차도 풍수를 학문적으로 육성하였던 분이었다.

현재를 살아가는 우리도 겉으로는 풍수를 외면하지만 이제 위선의 가면을 과감히 벗어버릴 필요가 있다. 동물들도 이동하는 길이나 잠자리를 가려서 행동한다. 하물며 인간인데 요람에서 무덤까지 좋은 곳을 가려서 살아야 하지 않을까? 태어나서 자라는 곳이나 살아가는 집, 새집을 지을 때의 집터, 집의 배치와 집안 꾸미기, 사망했을 때의 자리 정도는 미신이라고 터부시하기 전에 적어도 동물적인 감각으로 나와 내 가족을 좋지 않은 자연의 재해로부터 보호해야 한다. 더 나아가 좋은 집터에서 남들보다 더 공부를 잘하고, 더 건강하며, 돈과 명예도 가져 안정된 삶을 살 수 있다면 외면할 이유가 없다.

풍수는 초 자연지리 학문이다. 순수 자연지리인 순리順理와 역리逆理를 공부하여 산줄기와 물줄기의 흐름을 이해하고 내가 속한 자연과 함께 살아가도록 하는 중요한 학문이다. 우리가 지구에서 살아가는 한, 아니 산山이 특히 많은 우리나라에서 살아가는 한, 반드시 자연에 내포되어 있는 산천山川 순역順逆에 대한 형세形勢를 공부해야만 한다. 우리에게는 자연을 역행하지 않고 순응하면서 자연으로부터 오는 피해를 줄이고 편안하고 안락한 생활을 할 권리가 있기 때문이다.

예를 들어 한강물이 나의 주거지를 감싸 안아 흐르는 곳인 압구정동 같은 곳에서는 활기가 넘치고 사람 살기가 좋은 반면, 물이 나를 감싸서 흐르지 않고 반배하는 천호동이나 옥수동, 흑석동의 일부 지역에서는 사람 살기가 쉽지 않다. 또한 경사진 곳이나 계곡, 절개지 에서 주거지로 급히 물이 흘러 들어와서 모이지 않고 다시 급히 흘러 나가는 곳에서는 사업이 망하거나 대형 참사가 일어나게 된다. 우면산 사고나 펜션 사고가 그러하다. 그러나 물이 모이는 곳인 강남역, 홍대 입구역, 광화문 같은 곳에서는 많은 사람이 모이게 되고 재화가 쌓이는 자리이기도 하다.

풍수에서는 일반적으로 경사진 곳이 좋지 않으니 피하라고 강조 한다. 경사진 곳을 흐르는 물은 재산을 달아나게 하므로 전답을 팔고 타향살이를 하게 하기 때문이다. 또 주거지 앞이 급하게 기울어져 물이 쏟아지듯 급히 흐르면 지극히 흉하여 사람이 상하고 사업이 망하기 쉽다. 수관재물水管財物, 즉 재물을 관장하는 물에 대한 길흉의 얘기 이다. 그러나 사실 경사진 곳에도 좋은 혈穴 자리는 얼마든지 있다. 사람들은 혈 자리와 명당을 혼돈하여 사용하지만, 명당은 혈 자리 앞의 넉넉한 평지를 일컫기 때문에 혈 자리인 정혈처正穴處가 최고의 좋은 자리가 된다. 혈 자리 부근은 대부분 물이 흐르는 물받이이거나 골이 있다. 이는 내청룡과 내백호가 각각 혈 자리와의 사이에 움푹 패어 물이 흐르는 조그마한 골을 형성하기 때문이다. 따라서 혈 자리 부근은 대체로 좋지 못하다. 더 나아가 산과 산 사이의 계곡에 지어져 있는 집은 더욱 흉하다. 이럴 경우 물의 기운이 치고 들어오는 수살水殺과 골바람이 부는 풍살風殺의 피해를 입어 가산이 기울고 패가敗家하기 때문이다.

사람들은 평범하고 순탄하게 살아가다가 집안에 우환이 있거나 좋지 않은 일들이 벌어지면 반드시 살고 있는 주택의 자리나 조상의 묘 자리를 언급하게 된다. 자고 일어나서 몸이 찌뿌둥해도 집안의 방 배치와 우물, 거울, 침대, 수맥 등에 대해서 생각해 본다. 잠자는 머리 방향을 어디로 두어야 하는지, 공부하는 아이의 책상은 어디를 보고 앉아서 공부를 해야 하는지 궁금해 한다. 또한 살아가는데 중요한 큰일이 닥쳐도 반드시 풍수를 언급하며, 아이를 낳을 때도 풍수적으로 기氣가 좋은 자리를 찾으려고 일부러 시골의 좋은 집터를 찾아나서는 경우도 종종 있다.

이 책은 이러한 순수 자연적인 산줄기와 물줄기에 대한 자연의 기본 흐름을 이해하여 흉凶한 것은 피하고 길吉한 것은 취하고자 하는 내용을 담았다. 이 책을 읽으면 침대를 어떻게 놓고 머리를 어디에 두어야 하는지 알게 되며, 내가 살아야 할 곳을 고를 수 있게 되고, 피해야 할 곳과 살아서는 좋지 않은 곳 등도 정말 쉽게 이해하게 된다.

사람들은 음택陰宅으로만 풍수를 생각하는지 필자를 만나면 대부분 묘 자리를 보아달라고 한다. 살아서 생활하고 잠을 자고 활동하는 정말 중요한 주거지는 뒷전이다. 언제인가 TV 프로에서 풍수 전문가가 '아파트에서 같은 동의 각 집들은 풍수의 조건이 같다'라고 말하는 것을 들었다. 그것은 잘못된 말이다. 물론 아파트에 존재하는 기氣를 볼 수 없기에 그렇게 이야기했겠지만, 그런 무책임한 내용을 거리낌 없이 이야기해서 되겠는가. 아파트에 존재하는 기의 종류와 형태는 동과 층수, 호수마다 모두 다르다. 또한 특정 아파트에는 기운이 저층에도 존재하지 않는 경우가 흔히 있다. 기가 상존常存하지 않는 아파트에서 오래 거주할 시에는 지기地氣를 받지 못하게 되어 점차 건강을 잃게 된다. 또한 생기生氣가 있는 아파트일지라도 어떤 종류의 기가 존재하는지에 따라 공부를 좀 더 잘할 수 있는 곳, 재산을 더 쌓을 수 있는 곳, 좀 더 높은 관직을 얻을 수 있는 곳, 건강을 잃게 되는 곳 등 그 특성에 따라 모두 다 제각각이다.

그렇다면 이처럼 각기 다 다른 주거지에서 좋은 곳을 고르기 위해서는 기초 이론을 이해하고, 산, 물과 택지에 대한 형태와 그들의 흐름을 파악해야 하며, 그 각각에 대한 길흉의 형태와 이론도 빠짐없이 알아야 한다. 또한 행복이 가득한 집안 꾸미는 방법과 배치 방법을 익히고, 사옥이나 사무실의 구조와 배치 방법도 더불어 익혀야 할 중요한 내용들이다. 그리고 좋은 기운 터를 찾는 방법과 땅의 기운이 나와 가족에게 어떤 영향을 끼치는지를 파악하며, 공부를 잘되게 하는 주택, 돈을 많이 모을 수 있는 집, 장사 잘되는 상가, 그리고 행복하고 건강한 전원주택 생활을 할 수 있는 터의 구별법을 습득해야 한다.

노력만으로 타고난 유전자를 변화시키는 것은 거의 불가능하다. 건강과 부 같은 것들도 사실상 유전자에 의해 좌우되는 것이 크다. 근면과 성실이 나의 유전자를 변화시킨다고 하지만 이것 자체가 유전자의 힘에 의한 것이므로 선천적으로 주어진 운명이라고 할 수 있다. 따라서 우리는 나와 내 가족의 건강과 성공의 바탕을 마련하기 위해 좋은 주거지에서 거주하여 변화가 가능한 후천적 요소를 극대화하여야 한다. 이를 위해 우리는 반드시 산줄기나 물줄기의 에너지 흐름을 잘 판단하여, 취길피흉取吉避凶으로 좋은 환경의 주거지를 가려서 살아야 겠다.

1) 맹모삼천지교

유향劉向의 『열녀전烈女傳』에 의하면 맹자의 어머니는 3번의 이사를 통해 맹자에게 인간의 성장에 있어서 주거환경이 얼마나 중요한가를 지혜롭게 깨닫게 하였다. 교육에 있어서 주거환경이 미치는 영향의 중요성을 인식하자.

맹자孟子(BC372?-BC289?)가 어머니와 처음 살았던 곳은 공동묘지 근처였다. 그곳에서 맹자는 곡을 하는 등 장사 지내는 놀이를 하며 놀았다. 맹자가 두 번째로 이사한 곳은 시장 터였다. 시장 터로 이사하자 이번에는 시장에서 물건을 사고파는 장사꾼 흉내를 내면서 놀았다. 맹자의 어머니는 다시 이사를 했다. 글방 근처로 이사를 하였더니 맹자가 예법에 관한 놀이를 하였다.

맹자의 어머니는 공동묘지에서는 죽음(死)을, 장터에서는 생존경쟁이 치열한 삶(生)을 아들에게 일깨워 주었고, 글방에서는 보고 듣고 깨닫게 해서 큰 인물로 만들었다고 한다. 이렇게 맹모삼천지교孟母三遷之教는 교육에 있어서 주거환경이 미치는 영향이 대단히 중요하다는 것을 일깨워준다.

하지만 여기서 직시해야 될 내용은 서원은 사람이 모여 사는 곳 중에서도 가장 정기精氣가 바른 곳에 조성이 된다는 것이다. 풍수적으로 공부가 잘되고 큰 벼슬을 할 수 있는 뛰어난 명당에 자리 잡은 서원에서 학문을 익히면 보다 더 큰 학자나 관직의 길을 걷게 된다. 맹모삼천지교의 핵심은 맹자가 좋은 주거지인 생기生氣 있는 터에서 공부하고 거주할 수 있었다는 점이다.

예로부터 서원은 대부분 주요 혈穴 자리나 명당지역에 들어서 있다. 맹자가 3번째 이사한 곳이 바로 풍수적으로 명당자리였고, 혈 자리에서 공부한 것으로 추정된다. 교육에 있어서 주거환경이 미치는 영향이 매우 중요함을 새삼 느낄 수 있다.

2) 건강 장수의 수명연구 터먼 프로젝트

건강 장수의 비결은 유전자의 힘이지만, 좋은 주거지에서 거주하면 후천적 요소를 끌어올릴 수 있어 건강은 물론 부귀와 신분 상승의 바탕 또한 마련할 수 있다.

하워드 S. 프리드먼Howard S. Friedman과 레슬리 R. 마틴Leslie R. Martin은 1,500명의 인생을 1921년부터 80년간 추적하여 인간의 건강 장수에 대한 수명연구를 하였다. 이들이 저술한 『나는 몇 살까지 살까』라는 책의 연구 결과에 의하면, 남에게 스트레스를 주느냐 혹은 받느냐에 따라 건강 장수의 기준이 대략 나누어짐을 알 수 있다. 대표적인 몇 가지의 예를 들어 보겠다.

기혼자가 이혼이나 재혼한 사람보다 건강 장수한다는 통계 자료가 있다. 남성이나 여성이나 행복한 결혼 생활을 하면 건강 장수하는 것으로 조사되었다. 하지만 남성은 이혼을 하게 되면, 또한 여성은 재혼을 하면 건강 장수하지 못하는 결과가 나왔다. 여성은 이혼을 하여 독신으로 거주하여도 건강 장수에는 큰 변화가 없지만, 남성은 이혼을 하느니 차라리 결혼을 하지 않고 독신으로 사는 것이 훨씬 건강 장수하게 된다. 또한 일 처리를 빨리 하는 사람이 쉬엄쉬엄 하는 사람보다 스트레스를 적게 받고, 업무를 지시하는 CEO가 지시를 받는 아랫사람보다 스트레스를 덜 받아 더 건강하게 오래 산다. 그리고 조기 입학하는 아이는 형들과 언니들로부터 혹은 어린 나이에 환경에 적응해야 하는 스트레스를 받는다. 뛰어 노는 아이는 공부벌레보다 스트레스를 덜 받을 것 같지만, 밀린 숙제와 부족한 공부 때문에 스트 레스를 받게 된다. 따라서 조기입학한 사람이 정상 입학한 사람보다 건강하게 오래 살지 못하며, 뛰어 노는 아이가 공부벌레보다 건강 장수 하지 못한다는 연구 결과가 나왔다.

이러한 연구결과는 내가 나에게 주는 스트레스보다 남에게 받는 스트 레스가 훨씬 더 건강 장수에 심각한 영향을 끼침을 알 수 있다. 흔히 건강에 좋다고 알려진 소식小食, 채식, 모유, 금연, 금주, 수면, 운동, 긍정적인 마인드, 낙천적 사고 등은 우리가 생각하고 있는 것보다 건강 장수에 미치는 영향이 미미하다고 한다.

사람을 폭넓게 사귀는 사교적인 사람은 많은 사람의 생각과 언행, 의견 등을 이해하고 존중해 주어야 하는 만큼 많은 스트레스를 받는다. 반면에 진정으로 이해해 주는 좋은 친구들과의 사귐은 스트레스를 받지 않아 건강 장수에 도움이 된다.

이를 정리해 보면 덜 사교적이면서 좋은 친구와 정서적으로 사귀는 사람, 덜 명랑하고 외향적이지 않은 정적情的인 사람, 적당한 근심 걱정 과 자아를 살필 수 있는 사람이 긍정적이며 사교적이고 외향적이며 동적動的인 사람보다 건강 장수한다는 연구 결과이다. 또 가장 중요한 연구 결과로는 인간에게 주어진 운명은 거슬리지 못한 것으로 조사되 었다. 다시 말하면 유전자의 힘이 사람의 생명과 건강 장수를 결정하게 된다는 것이다.

터먼 프로젝트는 연구의 대상이나 기간 및 사상 등이 한정적 이었지 만 그 결과는 동양 철학 사상과 흡사하다. 이 결과는 곧바로 DNA 인자 인 유전자의 힘으로 축약되어지는데 유전자란 결국 선천적 운명과도 같다.

건강 장수를 위해 선천적인 유전자를 변화시키는 것은 거의 불가능하다. 근면과 성실로 유전자를 변화시킨다는 것은 근면하고 성실할 수 있는 그 자체가 유전자의 힘에 의한 것이니 어렵다고 할 수 있다.

따라서 우리는 건강 장수를 위해 변화가 가능한 후천적인 요소를 극대화하는데 노력해야 한다. 후천적 요소 중 건강 장수에 가장 크게 영향을 미치는 것은 주거지이다. 삶의 3대 필수 요소인 햇빛 · 공기 · 물과 삶의 6대 필요 요소인 의 · 식 · 주 · 의료 · 교육 · 환경에 대한 생활 요소를 모두 포용하여 결정짓는 중요한 요소가 주거지 선택이다. 좋은 환경의 주거지를 선택하여 거주함으로써 후천적 요소의 질을 높여 삶의 풍요로움과 건강을 얻을 수 있도록 하자.

후천적인 요소를 끌어올리기 위해 땅속의 생기(지기地氣), 지상의 바람과 물의 에너지 흐름을 잘 판단하여, 나쁜 것을 피하고 좋은 기운을 얻는 취길피흉取吉避凶으로 좋은 환경의 주거지를 선택하여 살아야 더 나은 삶과 건강을 얻을 수 있다.

1.2 나의 인생을 향상시킬 거주지를 찾자

이중환은 『택리지』에서 사람이 살아가는 이상적인 거주지로 생리, 인심, 지리, 산수를 논했다. 이중 지리와 산수는 풍수지리의 양택 조건과 흡사하다. 특히 지리는 풍수 용어를 그대로 사용하였고 내용 또한 풍수 이론과 동일하다. 여기서 이상적인 거주지란 장풍득수藏風得水하는 풍수의 입지 조건을 일컫는다.

1) 이상적 주거지의 입지 조건

이중환李重煥(1690-1752)은 『택리지擇里志』에서 살기 좋은 이상적 주거지를 생리生利, 인심人心, 산수山水와 지리地理로 나누어 설명하였다. 이상적 주거지를 고를 때는 첫째, 풍수의 양택陽宅 조건에 해당하는 지리가 좋아야 하고, 둘째, 사람과 물자가 모여드는 경제적 재화를 얻기 위한 생리가 있어야 하며, 셋째, 세상 풍속이 아름다운 사회적 조건인 인심이 좋아야 한다고 하였다. 마지막으로는 합리적인 지리학과 풍수지리가 결합된 인간의 정신 건강에 이로운 아름다운 산과 물인 산수山水가 있어야 한다고 하였다.

위의 네 가지 조건 중 가장 중요한 입지론의 지리는 장풍藏風과 득수得水에 의한 형세의 조화이며, 수구水口, 들(野), 흙(土色), 산山, 조산朝山

「낙지론」 거주지의 조건

과 조수朝水의 여섯 가지를 고려해야 한다고 하였다.

중국 후한시대의 학자인 중장통仲長統(179-220)은 『후한서後漢書』의 「낙지론樂志論」에서 거주지의 조건을 언급하고 있다. "거주하는 곳은 넓은 집과 좋은 밭이 있어, 산을 등지고 냇물이 앞으로 흐르고, 연못의 물길이 비단같이 감싸며, 주위에 대나무와 나무가 둘러쌓아, 마당가에 지을 채소밭이 앞에 있고, 과수들이 뒤에 심어져 있어야 한다.[1]"라고 하였다. 위의 그림은 이 같은 거주지 조건과 유사한 이인문李寅文(1745-1821)의 〈도봉원장도道峯苑壯圖〉이다.

2) 풍수의 입지 조건

옛사람들은 사방으로 둘러싸여 바람의 영향을 받지 않아 생기가 흩어지지 않는 것을 장풍藏風이라 하고, 생기가 산줄기(용맥龍脈)를 따라 계속 흐르다가 물을 만나 멈추게 되는 것을 득수得水라 했는데, 장풍과 득수가 되는 혈穴을 좋은 땅이라 하여 즐겨 사용했다.

풍수風水라는 명칭은 바로 장풍의 '풍風'과 득수의 '수水'가 합쳐진 바람과 물을 아울러 이르는 말이다. 곧 바람을 감춘다는 장풍과 땅의 생기가 흘러 내려가지 못하게 막아주는 역할을 한다는 득수를 줄인 말이 풍수이다.

또 풍수란 말은 곽박郭璞(276-324)의『장서葬書』에 그 의미가 잘 나타나 있다. "그 기氣는 바람을 타면 흩어지고 물에 닿으면 머문다. 옛사람들은 (바람이) 기를 흩어지지 않게 모으고(장풍藏風), (물이) 흐르는 기를 멈추게(득수得水) 하여 생기를 얻는 이치를 풍수라 일컫게 되었다.[2]"라고 하였으며, "풍수의 이치는 득수가 으뜸이고, 장풍이 그 다음이다.[3]"고 하였다.

생기는 바람에 실리면 흩어지고 물에 닿으면 머물게 된다. 용은 물을 만나면 건너지 못하고 가던 길을 멈춘다. 따라서 거주지 앞에 냇가가 있어 물이 흐르면 거주하는 곳엔 기운이 머물러 생기를 취할 수 있다.

그런 의미에서 아파트나 상가의 1층에 주차장을 만들어 바람이 통하면 기가 바람을 타고 흩어져 그 위의 층에서는 생기를 취할 수 없다.

---

1) 『使居有良田廣宅. 背山臨流. 溝池環』. 竹木周布. 場圃築前. 果園樹後』, (중장통仲長統, 『상설고문진보대전詳說古文眞寶大全』 후집後集 1권卷, 『낙지론樂志論』)

2) 『葬者乘生氣也…(中略)…經曰氣乘風則散 界水則止. 古人聚之使不散 行之使有止. 故謂之風水』, (『장서葬書』, 『내편內篇』)

3) 『風水之法. 得水爲上. 藏風次之』, (위의 책)

아파트 1층을 주차장으로 사용하여 생기를 취할 수 없는 예

따라서 위의 사진과 같이 벽이 없이 터진 부분의 아파트 위층은 거주지로 마땅하지 않다.

장풍과 득수는 풍수에서 근간이 되는 가장 중요한 내용이다. 바람은 기氣를 흩어지게 하고, 물은 기氣를 흐르지 못하게 하여 멈추게 한다. 이러한 바람과 물을 이용하여 땅 속의 생기를 취함이 풍수의 기본이다. 건물 1층에 기둥만 세우고 벽을 치지 않으면 기氣가 바람의 영향을 받아 건물 위로 올라가지 못하고 흩어져 버린다. 따라서 생기를 취할 수 없으므로 거주를 피해야 한다.

제 **2** 장
미리 알아 두어야 할
기본용어와 이론

풍수에서 사용하는 전문 용어는 매우 어렵고 까다롭다. 한문에 능통한 양반 계층에서 주로 사용하였기 때문에 풍수지리를 가까이 하지 않은 사람들은 더욱 이해하기가 난해하다. 때문에 본 책에서는 어려운 용어를 가급적 쉬운 말로 풀어 사용하고자 했으나, 용어를 풀어 사용할 경우 의미 전달이 제대로 이루어지기 힘든 용어는 그대로 사용하였다.

이상적 요람에서 살기 위해서는 풍수의 기본 이론은 꼭 알아 두어야 한다. 기본 원리에는 형세론과 이기론이 사용되는데 본 서책에는 형세론을 위주로 설명하고, 이기론의 내용 중 꼭 알아야 되는 부분만을 골라 설명하고자 한다. 산이 많은 우리나라에는 이기론보다는 형세론을 적용하면 좋은 주거지를 쉽게 택할 수 있다.

2.1 기본 용어

살아있는 사람이 사는 집이나 마을 또는 성곽을 각각 '양택陽宅', '양기陽基'라 하며 '음택陰宅'이란 죽은 사람의 묘지를 말한다. 양기란 음기陰基 혹은 음택에 반反하여 산사람의 주거지란 의미이며 양택과 함께 사용된다. 택宅과 기基는 용어상 주거에 사용되는 문자인데, 가옥이 택宅이고, 가옥이 선 땅이 기基이다. 때문에 무덤에서는 땅 속이므로 택宅과 기基가 동일한 개념으로 사용되나, 땅 위 풍수에서는 양기는 양택보다 매우 큰 거주 개념으로 사용한다. 양택과 음택은 땅 위와 땅 아래에서 사용되는 위치만 다를 뿐 풍수이치는 동일하다.

풍수에서 '좌坐'는 집이나 무덤의 등진 자리를 말하며, 바라보는 방향을 '향向'이라 한다. 따라서 묘 자리나 집터가 자리 잡은 방위, 즉 묘자리나 집터 따위가 등진 방위에서 정면으로 보이는 방향을 '좌향坐向'이라 한다.

보국

풍수에서 자주 사용되는 용어 중 '형국形局'은 산의 모양이나 물의 흐름 등을 사람·식물·동물·물건·문자 등과 관련하여 나타내는데, 집터나 묘 자리의 겉모양과 부분의 생김새를 이르는 말이다.

'보국保局'이란 주산·청룡·백호·안산·조산 등이 혈을 감싸주어 생기生氣를 보호해 주는 형태의 공간을 말한다. 즉 풍수지리의 기본 요소인 산과 산줄기, 물과 물줄기, 그리고 혈자리(용龍·혈穴·사砂·수水) 등이 조화롭게 합하여 감싸안아 기氣를 보호해 주는 형태의 자리(국局)를 말한다. 보국은 겹옷같이 중첩으로 쌓여 있는 것이 좋다. 위의 그림은 보국이 잘 표현된 허련許鍊(1809-1892)의 〈금산사도 金山寺圖〉이다.

2.2 풍수지리의 구성 요소와 원리

풍수지리의 기본 요소인 산과 산줄기, 물과 물줄기 등의 모양과 흐름의 원리를 살펴 혈穴 자리를 논리적으로 분석해 내는 이론체계인 용龍 · 혈穴 · 사砂 · 수水의 원리를 이해하도록 하자.

1) 산과 산줄기의 원리

이론체계에는 산의 생긴 모양과 산줄기의 흐름을 살피는 용법龍法, 혈穴 자리 주위를 둘러싼 크고 작은 모든 산봉우리와 암석, 물과 관련된 강 · 호수 · 바다를 포함하여, 혈 주위의 지형지물인 도로 · 건물 · 구릉 · 수목 등의 모양과 흐름으로 길흉을 살피는 사법砂法이 있다.

가. 용법龍法

산줄기의 흐름을 찾는 원리를 '용법' 또는 '간룡법看龍法'이라 한다. 즉 산의 생긴 모양으로 지세地勢의 길흉을 살피는 방법이다. 사방으로 뻗어나간 산줄기를 '용龍'이라 하고, 산줄기의 생기生氣가 이치에 따라 흘러가는 것을 '맥脈'이라 한다. 따라서 '용맥龍脈'이란 산의 정기가 흐르

면

배

용의 안과 밖

는 산줄기를 말한다. 큰 산에서 혈을 향해 뻗어 내려오는 산줄기 중 중심의 큰 산줄기(용맥)를 간룡幹龍이라 한다.

산줄기에도 음과 양이 존재하는데, 용의 밝고 아름답고 유정한 앞쪽을 '면面' 또는 '안'이라 하고, 어둡고 험하고 무정한 용의 뒤쪽을 '배背' 또는 '밖'이라고 하니, 면面은 양에 속하며 배背는 음에 속한다.

주룡主龍·내룡來龍·입수룡入首龍이란 주산에서 혈로 이어져 내려오는 능선을 지칭하는 용어인데 이는 주능선을 주변의 능선과 구별해서 표현하기 위한 산줄기를 말한다. '주룡'은 태조산太祖山 으로부터 이어져 혈장까지 뻗어 내려온 산의 줄기를 말하며, '내룡來龍'은 종산宗山 또는 주산主山에서 내려온 산줄기를 말한다. 주산과 현무봉玄武峰을 출발한 내룡이 혈로 이어지는 산줄기를 '입수룡入首龍'이라 한다. 내룡이 주산에서 현무봉을 거쳐 혈로 이어질 경우에는 현무봉에서 혈로 들어가기 전의 산줄기를 입수룡이라 하고, 주산에서 직접 혈로 이어질 경우에는 입수룡은 주산에서 혈까지의 산줄기가 해당된다.

탐랑성의 입수룡 모습

나. 사법砂法

'사법砂法'이란 혈穴 주위를 둘러싸는 지세를 찾는 원리이며 '장풍법藏風法'이라고도 한다. 혈의 전후좌우에 있는 모든 산과 바위를 '사격砂格'이라 하는데, 사신사四神砂인 동쪽의 좌측 사격을 '좌청룡左靑龍', 서쪽의 우측을 '우백호右白虎', 앞의 남쪽 안산案山을 '전주작前朱雀', 뒤의 북쪽 현무봉을 '후현무後玄武'라고 한다.

또한 사격에는 혈과 정면으로 있는 가장 가까이 있는 산인 '안산案山'과 안산 뒤에 있는 산들인 '조산朝山'이 있다.

혈처穴處 주위를 둘러싼 크고 작은 모든 산봉우리와 암석, 물과 관련된 강·호수·바다를 포함하여, 혈 주위의 지형지물인 도로·건물·구릉·수목 등을 모두 '사砂'라고 한다.

다음 쪽 그림에서처럼 경복궁을 둘러싼 서울의 산줄기를 보면 주산인 현무는 북악산, 혈처는 근정전(경복궁), 명당은 사대문 안이 되며, 안산인 주작은 남산, 백호는 인왕산, 청룡은 낙산, 조산은 관악산 그리고 명당수는 청계천이 된다.

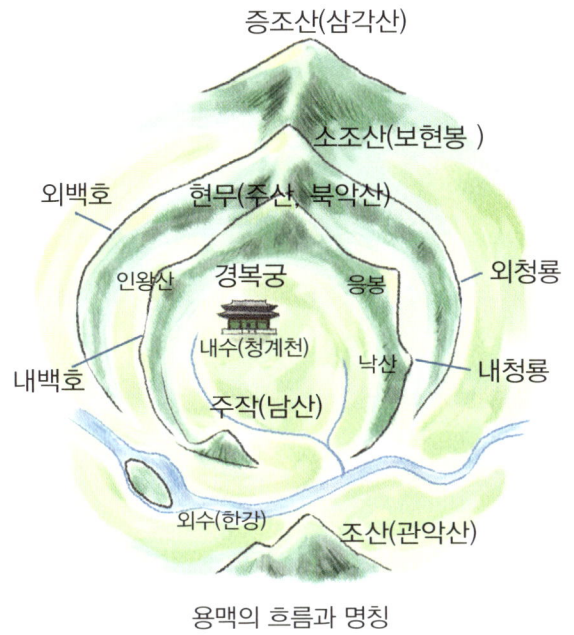

증조산(삼각산)

소조산(보현봉)

외백호

현무(주산, 북악산)

인왕산　경복궁　응봉　　외청룡

내수(청계천)

낙산

내백호

내청룡

주작(남산)

외수(한강)　조산(관악산)

용맥의 흐름과 명칭

다. 산줄기의 흐름에 의한 산의 분류

산줄기의 흐름인 지세에 따라 산을 분류하면 태조산太祖山, 제일성
第一星, 중조산中祖山, 소조산小祖山, 현무봉玄武峰으로 나누어진다.

혈을 만든 용맥이 첫 출발한 산을 태조산이라 한다. 태조산이란
산맥의 처음 출발지이자 넓은 지역을 대표하는 높고 큰 산이다. 태조산
을 이루는 봉우리 중에서 제일 높은 최고봉의 산허리 부분의 중심 맥
에서 나와 뻗어나가는 용이 대간룡이다. 사람으로 의인화하여 가족
관계로 비유하면 태조산은 '시조始祖'가 되고, 식물로 비유하면 '뿌리'라
할 수 있다. 또한 전기로 비유하면 '발전소'에 해당되며, 서울의 태조산
은 '도봉산'이고, 우리나라의 태조산은 백두산이다.

제일성은 용이 태조산에서 뻗어나가다 처음 만들어 낸 산봉우리를
말한다. 이때 제일성은 소조산인 주산과 혈이 서로 같은 성질의 산이므

로, 혈이나 주룡의 성질을 알고자 할 때는 제일성을 먼저 보고 주산의 형태와 성질을 파악하여야 한다.

중조산은 제일성에서 용의 구성과 오행의 성질을 이어받은 후 험한 살煞과 억센 기氣를 점차 정제시키고 순화하는 변화(박환剝換)를 하며 뻗어나가다 만든 산이다. 중조산은 사람으로 치면 '중시조', 식물로는 '굵은 가지', 전기로는 '변전소'에 해당하며, 서울의 중조산은 '삼각산'이 된다.

또한 중조산에서 다시 출발한 용은 많은 변화를 하며 뻗어나가다 혈을 맺기 위해 단정하고 수려한 산봉우리인 소조산을 만든다. 이를 주산主山이라고도 하나 대체로 현무봉을 일컫는다. 소조산은 사람으로 치면 '조부', 식물로는 '잔가지', 전기로는 '변압기'에 해당하며, 서울의 소조산은 '보현봉'이 된다. 소조산의 형태와 성질은 제일성과 똑같다. 만약 혈의 형태가 소조산과 다르면 주혈主穴이 아니라 가혈假穴이 된다.

소조산 중간에서 출맥(중출맥中出脈)한 용맥이 주룡이다. 주룡은 변화하며 탈살하다 단아한 봉우리인 현무봉을 만들어 세운다. 현무봉은 혈 뒤에서 개장開帳하여 내청백을 만들고 감싸 안으면서 그 끝은 수구水口를 이루며 보국保局을 형성한다. 혈은 현무봉에서 중출맥하여 맺는다. 여기서 개장이란 산줄기가 뻗어 나갈 때 장막帳幕 을 연다는 뜻으로, 혈 뒤 산줄기의 형상이 마치 새가 날개를 펴는 모양이나 혹은 병풍을 두른 듯 좌우로 겹겹이 뻗어 내려 펼쳐진 산의 모양을 말한다.

현무봉은 사람으로 치면 '아버지', 식물로는 '꽃 봉우리', 전기로는 '계량기'에 해당하며, 서울의 현무봉은 '백악산'이 된다.

혈穴은 사람으로 치면 '나(我)', 식물로는 '꽃과 과일', 전기로는 '콘센트'에 해당하며, 서울의 혈 자리는 '경복궁 근정전'이 된다.

파구

2) 물과 물줄기의 원리

가. 수법水法

생기를 구하기 위해 물의 흐름을 찾는 원리를 '수법水法' 또는 '득수법得水法'이라 한다. 그리고 물이 흘러나가는 출구를 '수구水口' 또는 '파구破口'라 하며, 내청백에 의한 출구를 '내수구', 외청백에 의한 출구를 '외수구'라 한다. 또한 흘러가던 물줄기가 안 보이는 곳, 즉 육안으로 물이 마지막 흘러나가는 위치를 파구방위破口方位라 말한다.

혈 주위의 산에서 흘러 혈 앞 명당에 모인 물을 '명당수明堂水'라고 하며, 지기가 흩어지지 않도록 산줄기 양쪽에서 생기를 호위하면서 산줄기를 따라 내려오는 내 몸에서 나온 물을 '원진수元辰水'라 한다.

3) 혈穴 자리의 원리

가. 혈법穴法

명당의 혈처穴處를 찾는 원리를 '혈법穴法' 또는 '정혈법定穴法'이라 한다. 용맥의 생기生氣가 응결된 곳을 '혈穴'이라 하고, 혈 앞의 원만하고 평탄한 곳을 명당이라 한다. 우리가 흔히 말하는 포괄적인 명당과는 다소 차이가 있다. 청룡과 백호가 둘러싸서 마당을 이루는 곳을 내명당이라 하고, 안산安山의 밖에서 조산朝山에 이르는 곳을 외명당이라 한다. 따라서 가장 좋은 자리가 혈 자리이다.

4) 형세론과 이기론

산과 물 등 자연의 외적인 모양을 보고 길지吉地를 찾는 것이 '형세론形勢論'이며, 반면에 '이기론理氣論'은 방위와 시간 등의 음양오행의 작용을 살펴 길흉화복을 논하는 이론이다.

'형세形勢'는 용龍·혈穴·사砂·수水 등 풍수의 외적 변화 현상을 우선으로 보는 방법이고, '이기理氣'는 용·혈·사·수의 방위를 측정한 다음 음양오행법陰陽五行法을 따져 그 적법 여부를 판단하는 방법이다.

풍수는 산줄기와 물줄기의 흐름을 이해하는 학문이다. 산과 물의 흐름에 따라 우리가 거주해야 할 택지를 선택하는, 자연과 함께 살아가도록 돕는 중요한 학문이다.

이러한 산과 물, 그리고 택지에 대한 풍수의 기본용어와 기초적 원리 중 용맥의 흐름을 찾는 용법龍法, 명당의 혈처를 찾는 혈법穴法, 혈 주위를 둘러싸는 산과 바위의 지세를 찾는 사법砂法, 물의 흐름을 찾는 수법水法을 이해하도록 하자.

다만 혈법에 대해서는 1부에서 설명하지 않고 제2부의 9장 '좋은 기운이 있는 혈 자리 찾는 방법'에서 배우도록 한다. 이러한 용·혈·사·수에 대한 풍수적 외적 변화를 우선으로 보고 길지를 찾는 것이 형세론이며, 용·혈·사·수에 대한 방위를 측정하여 길지를 찾는 방법이 이기론이다.

2.3 오행五行의 기초이론

오행의 기본 원리와 상생相生과 상극相剋의 이치는 산과 물, 그리고 택지의 길흉을 구별하여 거주지를 선택하는 데 사용된다. 오행의 성격을 잘 이해하여 좋은 주거지를 선별할 수 있도록 그 기초 이론을 이해하도록 하자.

오행에 따라 산, 물과 택지에 대한 형태와 그들의 흐름을 파악할 수 있으며, 행복이 가득한 집안 꾸미는 방법과 집안 배치 방법, 사옥이나 사무실의 구조와 배치 방법도 이 법칙에 근거하여 길흉을 구별할 수 있다.

풍수는 동양의 오행사상五行思想을 기본으로 한다. 풍수를 논함에 있어서도 그 이론의 바탕은 음양오행론이다. 이를 이해하기 위한 음양의 변화 과정을 간략히 설명하면 다음과 같다.

기氣는 무극無極과 태극太極의 상태에서 음陰과 양陽으로 나누어 만물을 형성한다. 음양은 각각 다시 분리되어 양은 태양太陽과 소음少陰, 음은 소양少陽과 태음太陰의 사상四象을 이루게 된다. 사상은 또다시 음양으로 분리하여 태양은 건乾(☰)과 태兌(☱), 소음은 이離(☲)와 진震(☳), 소양은 손巽(☴)과 감坎(☵), 태음은 간艮(☶)과 곤坤(☷)의 팔괘八卦를 이루는데, 이는 역易을 구성하는 64괘의 기본이 된다. 괘卦란 양효陽爻(—)와 음효陰爻(− −)가 3개씩 모여 이루어진 것을 말한다.

오행의 종류

오행의 종류		목木		화火		토土		금金		수水	
		양	음	양	음	양	음	양	음	양	음
정오행 正五行	천간 天干	갑甲	을乙	병丙	정丁	무戊	기己	경庚	신辛	임壬	계癸
	지지 地支	인寅	묘卯	오午	사巳	진술辰戌	축미丑未	신申	유酉	자子	해亥
방위		동東		남南		중앙中央		서西		북北	
절기		봄(春)		여름(夏)		사계四季		가을(秋)		겨울(冬)	
색		청색(靑)		빨강(赤)		노랑(黃)		흰색(白)		검정(黑)	
맛(味) 냄새		신맛(酸) 누린내		쓴맛(苦) 탄내		단맛(甘) 향내		매운맛(辛) 비린내		짠맛(鹹) 썩은내	
오장육부 질환		간장, 쓸개 신경, 얼굴, 두통		심장, 소장 눈병, 편두 고혈압증		비위, 위장 피부, 당뇨 복부		폐장, 대장 우울증, 호흡질환		신장, 방광 자궁, 혈액, 생식기	
오관五官		눈(目)		혀(舌)		몸(身)		코(鼻)		귀(耳)	
오목五木 택지 밖 (택목宅木)		소나무 대나무 (작은소나무)		적단풍나무 오동나무 (매화나무)		버드나무		백양나무 은사시나무 (석류나무)		측백나무 자작나무 (살구나무)	
오과五果		오얏(자두)		살구·사과		대추		복숭아		밤	
산山											
구성		탐랑성貪狼星		염정성廉貞星		거문성巨門星 녹존성祿存星 좌보성左輔星		무곡성武曲星 파군성破軍星 우필성右弼星		문곡성文曲星	
물(水)											

1부 좋은 곳에서 살고 싶다면 이것만은 알아두자

오행은 만물의 속성에 따라 그 원소元素인 목木, 화火, 토土, 금金, 수水로 나눈다. 목木은 솟구치고 뻗어 자라나는 성질이 있다. 따라서 목의 속성은 세상 만물이 살아있음이다. 동쪽에서 태양이 솟아올라 모든 생명의 시작을 의미한다. 사주에서 목이 많으면 고집이 세고 성격이 꼿꼿하고 출세욕이 남보다 강하다. 화火는 물체를 태우는 성질이 있다. 자연계의 모든 형상 중에서 물질을 용해하여 변화시키는 작용을 하게 된다. 불은 자신을 태워 주위를 밝히기에 활발하고 솔직하며 급한 성격이다. 토土는 중재하고 중화시키는 성질이 있다. 생물을 자라게 하고 자기 몸을 헌신한다. 자연계의 물질은 흙 속에서 생물을 성장시키고 받아들이는 속성을 가진다. 금金은 쇳소리를 내며 싸늘하고 한랭한 성질이 있다. 따라서 예리하고 날카롭고 결단력이 있으며 두려움이 없다. 수水는 아래로 흐르며 차갑고 서늘한 성질이 있으며, 또한 지혜롭고 유동적이며 생명력과 원동력을 상징하고, 남에게 베푸는 속성이 있다.

간지干支로 조직한 십간十干은 하늘의 이치를 담아 양陽의 기운인 천간天干이라 하고, 십이지지地支는 땅의 이치를 담아 음陰의 기운인 지지라고 한다. 갑甲·을乙·병丙·정丁·무戊·기己·경庚·신辛·임壬·계癸를 십간이라고 하고, 날(일日)을 가리킨다. 자子·축丑·인寅·묘卯·진辰·사巳·오午·미未·신申·유酉·술戌·해亥를 12지지라 하고 달(월月)을 가리키며, 60갑자甲子의 아래 단위를 이룬다.

앞의 표는 오행의 종류, 천간과 지지, 방위方位, 절기節氣, 색도, 맛(味), 냄새, 오장육부五臟六腑와 이와 관련한 질병, 오관五官, 택지 밖에 심는 오목五木과 울타리 안에 심어야 할 택목宅木 및 오과五果를 오행에 따라 알기 쉽게 정리한 것이다. 또한 산의 모양과 물의 흐름에 따른 오행의 분류도 표로 정리하였다. 예를 들어 오행 중 금金은 서쪽, 가을,

흰색, 매운맛, 비린내, 폐장, 대장, 코, 생선, 현미, 복숭아, 백양나무를 뜻한다.

오행은 운행에 있어서 각각 서로 다른 것을 낳는 상생相生과 다른 것을 이기는 상극相剋 작용을 통해 만물을 생성 변화시킨다. 상생이란 서로 생生해준다는 자연의 순리를 뜻하고 상극이란 서로 지배하는 형국으로 상대의 세력을 극剋하는 성질을 말한다. 상생에는 '만든다' 또는 '낳는다'는 의미가 있고, 상극에는 어느 한쪽이 일방적으로 '파괴하고 누른다'는 뜻이 있다. 다시 말해 상극이란 강자가 약자를 일방적으로 누르는 것이다. 상충이란 오행이 서로 충돌하는 것이므로 상극과는 다르다.

오행의 순환을 가리키는 상생에는 나무가 불을 지필 수 있도록 하며 불은 나무가 없으면 존재할 수 없는 의미의 목생화木生火, 불이 타면 재가 되어 땅을 기름지게 하며 흙은 불이 없으면 형체를 변경할 수 없는 의미의 화생토火生土, 흙이 굳어 광물을 만들어 내며 금은 땅 속에서 나오는 의미의 토생금土生金, 쇠가 녹으면 물이 되며 광물질이 많은 암반에서 좋은 생수가 나오는 의미의 금생수金生水, 물이 나무를 자라게 하며 나무에게 없어서는 안 될 중요한 영양소이므로 나무는 물이 없으면 살지 못하는 의미의 수생목水生木이 있다.

오행의 상극에는 나무가 땅속에 뿌리를 내려 흙을 괴롭히는 목극토木剋土, 흙이 물을 흐르지 못하게 막아 물을 지배하는 토극수土剋水, 물이 타오르는 불을 꺼버리는 수극화水剋火, 불이 금을 녹여 버리는 화극금火剋金, 쇠가 나무를 자르는 금극목金剋木이 있다.

다음 쪽 그림은 오행에 따른 방위方位, 절기節氣, 색色, 맛(味), 냄새, 오장육부五臟六腑, 오관五官, 오목五木, 오과五果, 동물, 채소 등을 이해

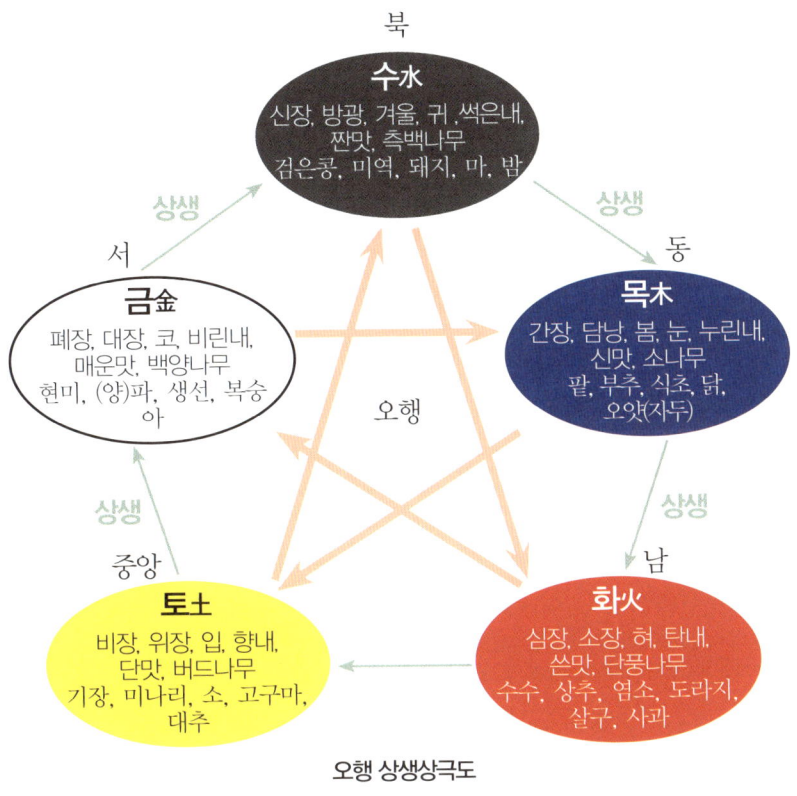

북

수水
신장, 방광, 겨울, 귀, 썩은내,
짠맛, 측백나무
검은콩, 미역, 돼지, 마, 밤

상생

상생

서

금金
폐장, 대장, 코, 비린내,
매운맛, 백양나무
현미, (양)파, 생선, 복숭
아

동

목木
간장, 담낭, 봄, 눈, 누린내,
신맛, 소나무
팥, 부추, 식초, 닭,
오얏(자두)

오행

상생

상생

중앙

토土
비장, 위장, 입, 향내,
단맛, 버드나무
기장, 미나리, 소, 고구마,
대추

남

화火
심장, 소장, 혀, 탄내,
쓴맛, 단풍나무
수수, 상추, 염소, 도라지,
살구, 사과

오행 상생상극도

하기 쉽도록 도식화한 상생상극도相生相剋圖이다.

생生을 하는 오행은 약해지고 생을 받은 오행은 강해진다. 수水는 목木을 생하나 그 결과 수水는 약하게 되고 목木은 힘을 받아서 생기를 얻는다. 극하는 오행은 약해지고 극을 받는 오행도 약해진다. 수水는 화火를 극하는데 정분을 소모하여 약해지고 화火도 극을 받아서 약해진다. 지나치게 생함은 생하는 오행은 변함이 없고 생을 받는 오행은 도리어 약하다. 수水는 목木을 생하나 수水가 지나치게 많으면 수水의 세는 변함이 없어도 목木은 표류하게 된다. 지나치게 극함은 극하는 오행은 변함이 없고 극을 받는 오행은 극히 약하다. 금金은 목木을 극하나 금金의 극이

지나치면 목木은 완전히 꺾여서 못쓰게 된다.

　　오행으로 동쪽은 목성木星이요, 북쪽은 수성水星이다. 오행의 이치에 따라 간肝을 이롭게 하는 소나무는 동쪽에 심는다. 가을에 기분이 우울할 때 매운맛의 음식을 먹으면 기분이 한결 나아지는 이치도 음양오행에 기인한다. 산·물·택지의 생김새와 그에 따른 변화의 모양도 목·화·토·금·수의 오성五星으로 분류하여 길흉을 나타낸다.

제 **3** 장

산山의 형태와
흐름

산은 생김새에 따라 구성九星으로 분류하여 길흉을 판단하며, 내가 거주하는 곳을 중심으로 전후좌우 위치에 따라 구분해서 길흉을 판단한다. 또한 산을 사람의 신체에 비유하기도 하는데 그 형세에 따라 길흉을 나타낸다. 따라서 산줄기의 생김새와 흐름을 잘 파악할 수 있도록 보는 눈을 훈련하여야 한다.

3.1 오행으로 분류한 산의 구성법 九星法

산의 주름진 골짜기가 나의 집을 향하고 있으면 매우 좋지 않다. 이에 해당하는 좋지 않은 녹존성祿存星·파군성破軍星·염정성廉貞星을 제외하고, 문필봉인 탐랑貪狼 목성木星, 정승사인 거문巨文 토성土星, 노적봉인 무곡武曲 금성金星의 삼길성三吉星과 연예·작가인 문곡文曲 수성水星에 대한 산의 생김새를 기억하도록 하자.

산의 모양을 오행의 원리로 분류하면 목형산, 화형산, 토형산, 금형산, 수형산의 형태로 구분한다. 이를 다시 하늘의 별에 대해 적용하면 목성산, 화성산, 토성산, 금성산, 수성산의 오성五星의 형태로

오행오형도五行五形圖

1부 좋은 곳에서 살고 싶다면 이것만은 알아두자

크게 나눌 수 있다. 오성은 풍수지리의 오행사상으로 당唐나라 때부터 하늘에 있는 별의 기氣를 그와 유사한 형상의 산봉우리에 반영하였다.

풍수에서는 다섯 가지 형태의 오성五星의 산이 오행상 꼭 있어야 할 방위에 있는 형태를 오성귀원격五星歸垣格이라 한다. 오성귀원격이란 동쪽에는 높게 우뚝 솟은 목성산(동쪽은 오행상 목木), 서쪽에는 가마솥 엎어놓은 듯한 둥근 모양의 금성산(서쪽은 오행상 금金), 남쪽에는 불꽃처럼 뾰족뾰족한 화성산(남쪽은 오행상 화火), 북쪽에는 물결 모양의 수성산(북쪽은 오행상 수水), 그리고 한 가운데에는 일자一字 모양의 후덕한 토성산(코끼리 등과 같은 모양, 중앙은 오행상 토土)이 자리하는 형세를 말한다. 이와 같은 명당은 주로 성현聖賢을 배출한다고 지리서들은 적고 있다. 성리학性理學의 대가 주자朱子의 고조모高祖母 묘가 대표적인 오성귀원격의 명당이다.

수형

금형   토형   목형

화형

오성귀원도五星歸垣圖

구성법九星法은 풍수에서 길흉화복을 판단하는데 사용되며, 구성九星
이란 북두北斗의 7개의 별 탐랑성貪狼星, 거문성巨門星, 녹존성祿存星,
문곡성文曲星, 염정성廉貞星, 무곡성武曲星, 파군성破軍星과 주위의 좌우
에 있는 좌보성左輔星과 우필성右弼星을 합한 아홉 개의 도교식 별 이름
을 가리킨다.

이중 삼길성三吉星인 탐랑성, 거문성, 무곡성은 매우 좋은 별에 해당
하고, 대체로 무난한 성질의 별인 좌보성과 우필성을 포함하여 오길성
五吉星이라고 부른다. 나쁜 성질의 녹존성, 문곡성, 염정성, 파군성은
사흉성四凶星이라고 부른다. 아래 그림은 하늘의 별에 대한 구성도
九星圖다.

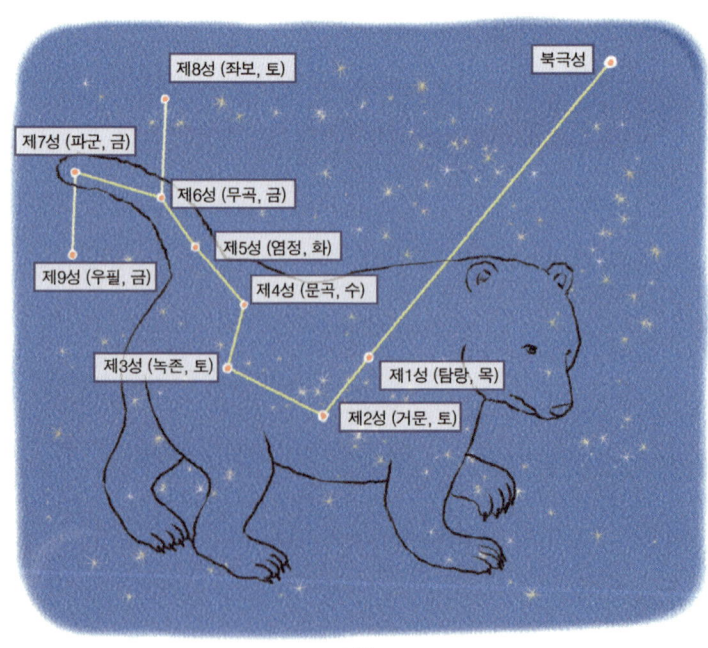

구성도

1) 목성산木星山

오행의 목木은 동쪽이며 절기節氣로는 봄(春)이다. 목성의 산세는 곧고 견고하며 맑게 빼어나면 길吉하고, 기울어지고 흩어지면 흉凶하다. 따라서 목성은 빼어나되 한쪽으로 기울지 않아야 한다. 또한 산봉우리가 곧게 깎이어 둥그렇고 윤이 나며 청결하면 길하나, 한쪽이 무너지거나 파손되어 울퉁불퉁하면 흉하다.

목성산은 고귀한 인품과 명예를 관장하여 문필과 학문으로 훌륭한 인물이나 고위 관직을 배출해내나, 재물 운은 약한 편이다.

가. 탐랑貪狼 목성木星

북두칠성의 제1별인 탐랑은 생명의 기운인 생기궁生氣宮으로 활기찬 번창과 발전을 관장한다. 부富보다 귀貴를 주관하며 총명·문필·높은 관직·문관과 관련이 있다.

탐랑성의 산의 모습은 대체적으로 5종의 길한 형태와 7종의 흉한 형태인 12종으로 분류된다. 탐랑의 본성은 유순하며 솟아오르는 생동력이 있다. 탐랑의 기운을 받고 태어난 사람은 본성이 어질고 총명하여 관직에 나아가며 장수한다.

탐랑 목성의 산

대체로 고깔이나 대나무 죽순처럼 솟아난 모습과 봉우리가 붓 대롱과 같은 원각이고 뾰족한 형태인 문필봉이 많다. 하지만 단정하게 높이 솟아 깨끗하고 반듯해야 길하다. 서울 매봉역에서 바라 본 강남 대모산의 모습이 탐랑 목성에 해당된다.

2) 토성산土星山

오행의 토土는 중앙中央인데, 땅과 재財를 상징하며 네모나고 두껍다. 후덕하고 얇지 않은 토성산은 높은 지대에서는 고원高原을 형성하는데, 산세가 네모반듯한 두터운 형상인 방형方形이며 높고 웅장하면 길하지만, 둥글거나 기울거나 깨어져 부스러지면 흉하다.

가. 거문巨文 토성土星

북두칠성의 제2 별인 거문성은 천을天乙 또는 천의궁天宜宮으로 하늘의 복주머니로 불린다. 재물인 부와 관직·고시인 귀貴를 관장 하며 부귀 장수한다. 오행으로 토土에 속하며 길한 별 3개(삼길성三吉星) 중 하나이다.

거문의 본성은 모성처럼 유순하며 위엄이 있고 단정하며 엄숙하다. 거문 방향에서 물이 흘러오거나 또는 흘러나가면 집안에 재물이 쌓이고 부자가 된다. 높고 빼어난 거문의 산이 있으면 귀하고 장수하는 인물이 나오며 횡재하기도 한다. 산 윗부분의 양끝이 각진 네모난 모습의 일자 문성一字文星이다. 산의 양끝이 뿔처럼 솟아 있으면 고축사誥軸砂라고 하며, 정승이 난다 하여 정승사政承砂 라고도 부른다. 다음 쪽 위의 그림은 강남 대치동의 은마아파트 상가에서 바라 본 거문성의 구룡산의 모습이고, 아래 그림은 안곡서원의 우백호인 거문성의 모습이다.

구룡산(위)와 안곡서원 우백호(아래)의 일자문성

나. 녹존祿存 토성土星

북두칠성의 제3 별인 녹존성은 절체궁絶體宮으로 병권兵權인 무武를 관장하며 일의 꼬임 · 스트레스성 질병 · 정체 및 막다른 궁지를 뜻한다.

녹존의 본성은 기세가 크고 성대하며 작은 일에 거리낌이 없어 혈을 맺으면 큰 인물이 배출되나, 몸체가 끊기고 병든 용인 경우에는 질병이 뒤따른다.

녹존은 때에 따라 좋고 나쁨이 있어 녹존 전체가 나쁘지는 않다. 당唐나라 양균송楊筠松의 감룡경撼龍經에서는 녹존의 모양을 북(사梭, 베틀의 실패)을 던져놓은 엎어진 모습으로 표현한다. 엎어진 북이란 몸통은 둥글고 봉우리는 평평하거나 작은 원인데 아래 부분은 줄기나 지각이 많은 모습을 말한다. 무곡성과 거문성에 지각이 많은 형태이며 계곡과 골짜기가 많다. 뒤(쪽)의 그림은 포천군 이동면 약사봉의 주름이 많이 진 지각의 모습이다.

녹존 토성의 산

다. 좌보左補 토성土星

구성九星 중 여덟째 별 좌보성은 북두의 맨 끝인 파군성 좌측에 있는 별로 오행의 성질은 토土에 속한다.

산봉우리의 모습은 복두와 같은 형상을 하고 있으며 비슷한 높이의 두 봉우리 중 한쪽은 높고 다른 쪽은 낮아 두 봉우리 사이의 중앙 부분은 낙타 등처럼 허리가 굽은 모습이거나, 소가 누은 와우형臥牛形의 모습이다.

좌보성은 무곡성과는 긴밀한 보완관계에 있으며 보좌의 역할을 충실히 한다. 우리나라에는 드물게 나타난다.

좌보 토성의 산

3) 수성산水星山

오행의 수水는 북쪽이며 절기로는 겨울(冬)이다. 귀貴보다는 재財에 가깝다.

수성산의 산세는 높은 산봉우리에서는 파도와 같이 크게 굽이치고 첩첩이 이어지면 길하다. 또한 낮은 구릉에서는 뱀이 기어가듯 구불구불 이어지면 길하다. 여기서 낮은 구릉의 끝이 논밭으로 이어지는 연결되는 곳에 혈을 맺는다. 하지만 산세가 끌려가듯 지친 모습이거나 산만하면 흉하다. 따라서 수성산은 활발하나 기울어지지 않아야 한다.

가. 문곡文曲 수성水星

북두칠성의 제4 별인 문곡성은 유혼궁遊魂宮으로 문인 · 음탕 · 질병을 관장한다. 예능 · 글재주 · 작가 · 바람 · 끼 · 연예인에 해당한다.

문곡의 본성은 지혜롭고 총명하지만 음기가 강하여 음탕한 기질이 있다. 문곡은 미미한 반봉半峯이 연속으로 이어져 뱀이 기어가는 모습이다. 기울어지지 않아야 길하다. 아래는 부여군 내산면에 있는 윤집尹集(1606-1637)묘의 우백호 모습이다. 산은 바라보는 위치에 따라

문곡 수성의 산

모습도 각양각색이다. 따라서 거주지의 위치에 따라 산의 모습도 다르다.

4) 화성산火星山

오행의 화火는 남쪽이며 절기로는 여름(夏)이다. 화성산은 위로 타오르는 불꽃처럼 뾰족하게 생긴 암석들의 끝이 날카롭게 솟구쳐 한쪽이 기울어져 있다.

화성산의 산세는 높은 봉우리에서는 수려하고 뾰족하며 날카롭다. 평지에서도 기울어져 옆으로 빗겨 나가는 날카로운 모습이다.

화성은 너무 조급하게 보이지 않아야 하며, 총과 칼을 번뜩이는 형상으로 살殺이 있다.

가. 염정廉貞 화성火星

북두칠성의 제5 별인 염정성은 오귀궁五鬼宮 으로 화해禍害·재앙· 고난·반역·패망을 관장한다. 살기와 형살 이 있고 흉폭하며, 대혈 大穴에서는 가끔 무장이 나와 병권을 장악하여 역모에 성공하나, 악혈 惡穴에서는 피살된다.

염정은 산의 정상에

염정 화성의 산

뾰족한 바위들이 높이 솟아 있어 보기에는 멋있어 보이지만 험준하고 살벌하다. 헝클어진 실 가닥을 흩어 놓은 것 같은 형태이다. 또 목성과 같이 끝이 뾰족하나 기울어져 있으며 서울에서 바라본 관악산이 대표적인 염정 화성이다. 앞(쪽) 그림은 왕인王仁 탄생지인 월출산의 모습이다.

5) 금성산金星山

오행의 금金은 서쪽이며 절기로는 가을(秋)이다.

금형산의 산세는 높은 봉우리에서는 종鍾과 같은 모습이며 통통하게 비만하면 길하다. 평지에서는 엎어놓은 가마솥처럼 생겼으며 살찌고 윤택하면 길하다.

하지만 고산이나 평지 모두 산봉우리가 둥글고 균형이 잡혀야 길하며, 뾰족하고 각이 지거나 부서지면 흉하다.

가. 무곡武曲 금성金星

북두칠성의 제6 별인 무곡 武曲 금성金星은 복덕궁福德宮 으로 수명·부·귀를 관장 한다. 무장·장군·부자· 재물 등으로 귀貴보다 부富 를 주관한다. 종이나 가마솥 을 엎어 놓은 모양이며 노적봉 露積峰, 부봉富峰 또는 투구봉 이라 부른다.

무곡 금성의 산

앞(쪽)의 그림은 안성군 양성면 덕봉리에 있는 오정방吳定邦(1552-1625)의 선조 묘에서 바라본 무곡성의 안산 모습이다.

나. 파군破軍 금성金星

북두칠성의 제7 별인 파군성은 절명궁絶命宮으로 싸움·죽음·패망·흉폭·횡사橫死를 관장한다. 말 탄 병사의 깃발이 바람에 날리는 모습이며, 악질, 전몰비, 폭발사고 등과 연관이 있다.

무곡 금성의 산

대구 팔공산, 파주 감악산, 천마산이 대표적인 파군의 산이다. 위의 사진은 대구 팔공산의 파군성의 산세이다.

다. 우필右弼 금성金星

구성九星 중 아홉째 별 우필성은 북두의 맨 끝인 파군성 우측에 있는 별로 좌보성과 함께 다른 성체를 보좌하는 역할을 한다. 또한 오행의 성질은 금金에 속한다.

평지로 낙맥하여 뱀이 풀밭으로 헤치고 지나가는 듯이 행적을 남기고

우필 금성의 산

지상에 낮고 은은하게 흘러가는 지중은맥으로 행룡한다. 일정한 형形이 없고, 평탄한 곳에 혈을 맺으며 잘 보이지 않는 듯 나타난다.

구성九星 중 좌보성左輔星과 우필성右弼星은 흔하지 않으므로 제외하고, 북두의 7개의 별 貪狼星탐랑성, 巨門星거문성, 祿存星녹존성, 文曲星문곡성, 廉貞星염정성, 武曲星무곡성과 破軍星파군성의 실제의 산의 모습을 예를 들어 익히도록 하였다. 그리고 부자가 되는 노적봉, 공부가 잘 되는 문필봉, 관직으로 나아갈 수 있는 일자문성에 대한 산의 생김새를 기억하자. 철모를 거꾸로 엎어 놓은 노적봉의 봉우리는 부근에 같은 모양을 2~3회 만들어 내므로 기억하기 쉽다. 그리고 혈 자리가 아니더라도 주산이 노적봉, 문필봉 및 일자문성인 곳에서 거주하거나 바라보이는 곳에서 거주하도록 한다.

3.2 사격의 종류와 길흉

혈의 전후좌우에 있는 모든 산과 바위를 사격砂格이라 하는데, 사격에는 크게 청룡靑龍과 백호白虎, 안산案山과 조산朝山, 하수사下水砂, 수구사水口砂 등이 있다. 내가 사는 곳의 길흉을 살피기 위해서는 각 사격에 대한 생김새, 작용, 화복 및 길흉에 대한 특성과 특징을 잘 알아두도록 하자.

1) 청룡과 백호

혈의 왼쪽에 위치한 산인 청룡은 혈을 호위하고 왼쪽으로 뻗어 나가면서 감싸며, 혈의 생기를 보호하고 바람을 막아 주는 산줄기이다. 백호는 혈의 오른쪽에 위치하며 혈을 보호하며 감싸는 산줄기이다. 청백靑白은 외부의 바람이 혈을 침범하는 것을 막아주고, 자신이 품고 있는 에너지를 혈에 공급해준다. 주산主山이 집안의 가장이라면 명당과 안산은 부인, 청백은 자녀, 조산은 예禮를 행하는 손님 또는 외부인이 된다. 청룡은 남자와 귀貴를 관장하고, 백호는 여자와 부富를 관장한다.

2) 안산과 조산

안산과 조산은 혈 앞에서 불어오는 바람을 막아 혈의 생기를 보존하고, 자신이 지니고 있는 에너지를 혈과 공유한다.

혈 자리의 거주지나 묘의 정면에 가장 가까이 있는 낮고 작은 산을 안산案山이라 한다. 조산은 혈 앞에서 안산 너머로 마주보이는 멀고 높은 큰 산이며 안산 뒤에 위치해 있다.

주산과 안산은 주종관계가 이루어지므로 안산은 주산의 형국에 따라 그에 상응하는 형상이나 조건을 구비하게 된다. 주산이 옥녀봉이면 안산은 거울이나 거문고 또는 베틀의 모습을 하고, 주산이 호랑이면 안산은 개와 사슴의 모습을, 주산이 비룡승천飛龍昇天하는 용이면 안산은 여의주의 모습, 주산이 봉황이면 안산은 알의 모습으로 상응관계를 나타낸다. 뒷장의 그림은 양주군 남면 상수리에 있는 옥녀산발형玉女散髮形 홍지洪智선생 묘 앞의 거울에 해당하는 연못이다.

안산은 부인궁과 재산궁의 길흉화복을 관장한다. 만약 안산이 없을 경우 평지에서는 혈보다 약간 높은 밭 언덕이나 구릉이, 호수나 큰 강에서는 물이 안산을 대신한다. 풍수에서는 한 치(촌寸) 높은 언덕도 산줄기로 본다. 따라서 야트막한 평지에서는 한 자(척尺) 높고 낮은 언덕 줄기의 흐름을 잘 살펴야 한다.

안산에는 산세가 아름다운 나비나 여인의 눈썹 같이 고은 초승달 모양의 아미사蛾眉砂가 있다. 주로 들판에 있는 산으로 낮고 작은 원형의 금성체金星體이다. 아미사 아래에는 호수 또는 냇물이 흐르는 물이 있어야 하나, 물이 없으면 옥대사玉帶砂라고 부른다. 여자 후손 중에 미인이나 왕비가 난다고 한다.

옥녀산발형 홍지묘 앞의 거울 연못

조산이 비틀어지고 혈을 등지며 배반하고 달아나면 재물을 잃어버려 가난해지고 부모를 해하는 자손이 나온다. 한쪽이 요함凹陷하거나, 뾰족하고 날카로운 면이 혈을 향해 충사衝射하면 매우 흉하다. 또한 부서지고 깨지고 흉한 암석과 골짜기가 많은 것은 사람의 목숨이 다치거나 크고 작은 재앙이 있다.

조산과 안산(조안사朝案砂)이 문필봉이면 문장가, 귀인봉이면 귀인, 노적봉이면 부자, 정승사이면 정승이 혈의 크기에 따라 크고 작은 인물이 나온다. 또 조안사가 단정하고 아름답게 혈을 향해 있어야 좋은 보국保局을 이룬다. 안산이 수려하고 반듯하게 있으면 아내는 어질고 자식은 효도하며 재물과 곡식이 앞마당에 가득한 부자가 된다. 하지만 안산이 배반하여 혈을 등지고 달아나거나, 비탈지고, 뾰족한 능선이나 깊고 험한 계곡이 있으며, 자연적이거나 인위적으로 파손되어 추악하게 보이거나, 깎아지른 듯 높고 험한 절벽이 있으면 모두 흉하다. 이런 흉한 모습들이 혈을 향해 보이면 살상 등 큰 화를 당하며, 조잡하고 거칠게 보이면 재앙을 초래한다.

청룡, 백호, 안·조산(사산四山)의 바깥쪽에서 혈을 향해 숨어서 엿보 듯이 넘겨다보는 작은 봉우리(규봉窺峰)의 형태는 흉하다. 마치 도둑이 담장 넘어 집안을 훔쳐보는 형상이며, 도적질을 당하거나 사기, 소송 등으로 재물을 잃게 된다.

3) 하수사下水砂

혈 아래에 가늘게 붙어있는 작은 능선을 '하수사'라고 한다. 우선룡 右旋龍일 경우 우측이 배背가 되어 가파르고 좌측은 안이 되어 평평하고 넓다. 좌선룡左旋龍은 우선룡과 반대이다.

하수사는 혈장을 지탱하고 혈의 생기를 보호하며, 혈장 아래에서 손과 팔처럼 혈 앞에서 감아 혈을 보호한다. 또한 산줄기를 따라온 원진수元辰水를 곧장 빠져나가지 못하게 한다. 혈 앞을 흐르는 물과

흉격하수사

하수사가 반대 방향이므로 물을 역수逆水시키게 되는데 이런 하수사가 있는 혈은 재물이 많아지게 된다.

만약 위의 그림과 같이 원진수가 곧장 빠져나가면 혈의 생기도 함께 빠져 나가게 되어 흉하고, 하수사가 짧거나 혹은 물 흐르는 방향으로 같이 뻗어 물을 거두지 못할 경우에도 흉하다.

청룡하수사란 내룡來龍이 좌측에서 우측 방향으로 뻗어 내리는 (좌선룡 左旋龍) 하수사를 말하는데, 물의 흐름은 우측에서 득수하여 좌측으로 흐르게(우선수右旋水) 된다.

백호하수사는 내룡이 우측에서 좌측으로 휘어져 뻗어 내리는 (우선룡 右旋龍) 하수사를 말하는데, 물의 흐름은 좌측에서 득수하여 우측으로 흐르게(좌선수左旋水)된다. 아래의 표는 길격 형태인 하수사의 물과 용의 흐름을 도표화한 것이다.

길격	하수사명	물의 흐름	하수사
①	청룡하수사	우선수右旋水, 물이 우측에서 득수하여 좌로 흐름	좌선룡左旋龍, 내룡이 좌측에서 우로 머리 돌림
②	백호하수사	좌선수左旋水, 물이 좌측에서 득수하여 우로 흐름	우선룡右旋龍, 내룡이 우측에서 좌로 휘어짐

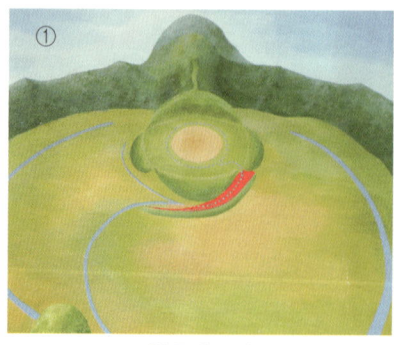

청룡하수사

백호하수사

4) 수구사水口砂

물이 흘러나가는 곳의 청백 양안兩岸 끝의 파구에 있는 작은 산이나 바위, 물 가운데의 암석 등을 '수구사'라고 한다. 이때 청백의 양 능선과 물 가운데 동물 모양의 산과 바위가 수구를 관쇄하여 물이 곧게 빠져나가지 않아야 한다. '관쇄關鎖'란 청백이 잘 감싸주는 좁은 수구를 쇠사슬로 문을 잠그는 것을 말하며 물이 빠져나가는 수구를 양쪽 산이 잘 막아서 좁아진 형태이다. 수구사에는 한문捍門, 화표華表, 북신北辰, 나성羅星 등이 있다.

아래 사진은 충북 음성군 감곡면 영산리에 있는 잘 관쇄된 경령군敬寧君 부인 김씨金氏(1394-1462) 묘의 전경이다.

수구사는 물이 직선으로 나가지 못하도록 물길을 막아 유속을 느리게 하여 양陽인 물이 음陰인 산줄기와 합하게 되어 혈을 맺을 때 명당의 기운을 보전하여 생기를 보호하는 역할을 한다.

수구처는 청백 양끝이 서로 좁게 엇갈리게 관쇄되어야 좋다. 또한 수구 중간에 산과 바위가 있어 물이 느리게 이리저리 꺾이고 굽으면서

경령군부인 김씨 묘의 관쇄 전경

빠져나가가야 혈의 맺음은 물론 그에 따른 발복이 오래 보존된다. 수구가 관쇄되지 않아 명당수가 급히 빠져 나가면 혈을 맺을 수 없으며 재산이 빠르게 빠져나가 망한다.

혈을 찾을 때는 수구에 있는 사격을 보고 혈이 크게 혹은 작게 맺었는지 여부를 판단한다. 수구사의 길한 사격에는 해와 달 모양(일월형日月形), 창고의 형태(창고형倉庫形), 금고 모양(금고형金庫形), 거북이와 뱀 모양(귀사형龜蛇形), 도장의 형태(인형印形), 어류 모양 (어형魚形), 짐승 양(금성사禽星砂) 등의 산과 바위가 있다. 하지만 수구사가 시신사屍身砂 등 흉한 암석이면 익사자가 나온다.

가. 한문捍門

수구의 양쪽 산이 대치하여 물가에 마주보고 보초병처럼 지키며 서 있는 산이나 바위를 '한문'이라 한다.

수구가 보국의 대문이라면 한문은 그 대문의 양쪽 기둥과 같다. 따라서 한문이 있는 수구의 물은 흘러 들어오는 곳과 나가는 곳이 보이지 않아야 길하다. 한문은 해와 달(일월日月), 깃발과 북(기고旗鼓), 거북이와 뱀(귀사龜蛇), 사자와 코끼리(사상獅象)등의 모양이 있다.

한문

나. 화표華表

화표는 수구 또는 한문 사이의 물 가운데에 서 있는 바위로 유속을 느리게 하는 역할을 한다. 화표가 있어 수구가 관쇄된다면 수구 안에는 반드시 대지大地나 진혈眞穴이 있다. 아래 그림은 경기도 양주군 주내면 산북리에 있는 북창北窓 정렴鄭磏(1506-1549) 묘의 수구처에 있는 화표의 예이다.

정렴 묘 입구의 화표   화표

다. 북신北辰

수구 또는 한문 사이의 물 가운데에 있는 화표보다는 더욱 괴이하고 웅장하게 생긴 큰 바위가 용·거북·잉어·창고·금궤 같은 물건이나 짐승의 형상을 하고 있는 산과 바위를 북신이라 한다.

혈의 수구에 북신이 있으면 크게 부귀하게 되어 제왕·제후·장수·재상이나 큰 부자가 나온다. 하지만 혈 자리에서 북신이 보이면 흉하다. 아래 사진은 공주시 교동에 있는 향교의 수구에 있는 북신이다.

공주 향교의 북신

라. 나성羅星

수구의 물 안에 돌이나 흙이 퇴적하여 쌓여진 나지막하고 작은 섬을 나성羅星이라 하는데, 물의 흐름을 거슬러 완만하게 해주는 역할을 한다. 선유도, 여의도, 밤섬, 중지도가 해당된다.

나성의 형태가 용이나 뱀, 거북, 잉어 등 짐승의 형상이면 크게 부귀하게 된다.

나성

사격에는 사산四山인 청룡 · 백호 · 주작 · 현무 외에도 하수사와 수구사 등이 있는데, 혈 아래에 가늘게 붙어있는 작은 능선인 하수사는 혈장을 지탱하고 혈의 생기를 보호해 준다. 하수사는 용맥을 보호하면서 따라온 원진수를 곧장 흐르지 않게 역수시키는 역할을 하나, 물을 걷어 들이지 못하고 흘러가버리면 흉격이다. 하수사는 돌혈突穴에 많이 나타나는데 돌혈의 경우 순전과 혈의 밑 좌우에 새우 수염 같은 실 모양의 미사眉絲가 있어 생기를 보호해준다. 이는 혈이 있다는 것을 알려주는 혈장에 나타나는 현상이다.

수구사는 물이 흘러나가는 청백 끝의 파구에 있는 작은 산, 바위, 물 가운데의 암석 등을 말한다. 수구사는 수구를 관쇄하고 물길을 막아 유속을 느리게 하여 혈을 맺게 하고 생기를 보호하므로 사산과 같이 각각의 작용과 길흉을 관장한다.

3.3 산의 형세에 따른 비유와 길흉론

풍수에서는 동양적 사상을 바탕으로 산山을 유기체有機體로 보고 인간의 육체에 비유하거나 인간 생활의 오욕五慾(다섯 가지 욕심 : 재물욕, 명예욕, 식욕, 수면욕, 색욕) 과 칠정七情(일곱 가지 감정 : 기쁨 희喜, 노여움 노怒, 슬픔 애哀, 즐거움 락樂, 사랑 애愛, 미움 오惡, 욕심 욕慾)으로 표현한다.
산은 그 형세에 따라 인간과의 길흉을 나타내므로 자주 관찰하면서 좋고 나쁨을 구별해내는 안목을 키워야 한다.

1) 자연을 사람의 신체에 비유

"인간은 대자연의 일부로서 만물의 생명인 짐승이나 풀과 나무와 마찬가지다"라고 실학사상가 홍대용洪大容(1731~1783)은 주장한다. 그의 저서 『의산문답毉山問答』에서 땅과 사람과의 신체 비유법이 표현된 내용을 살펴보면, "대저 땅이란 허계虛界의 활물活物(움직이는 물체)이다. 흙은 그의 살이고 물은 그의 정기와 피이며, 비와 이슬은 그의 땀이고, 바람과 불은 그의 혼백이며 기운氣運이다 …(중략)… 풀과 나무는 땅의 모발毛髮이고 사람과 짐승은 땅의 벼룩이며 이(슬蝨)이다.[4]"

홍대용은 땅을 신체에 비유하여 살아서 숨을 쉬는 유기체적 존재로 표현하고 있다. “그 바탕을 말하자면 머리가 둥근 것은 하늘을, 발이 모난 것은 땅을, 살과 머리털은 산과 숲을, 피는 하수나 바다를, 양쪽 눈은 해와 달을, 숨 쉬는 것은 바람과 구름을 각각 상징한 것이다. 때문에 사람의 몸을 일러 소천지小天地라 한다.[5)]”

2) 산의 형세에 따른 길흉론

자연과 인간의 상관관계에 대하여 『명산론明山論』에서 살펴보면, “산이 넉넉하면 사람이 살이 찌고, 산이 척박하면 사람이 굶주린다.

부서진 모습

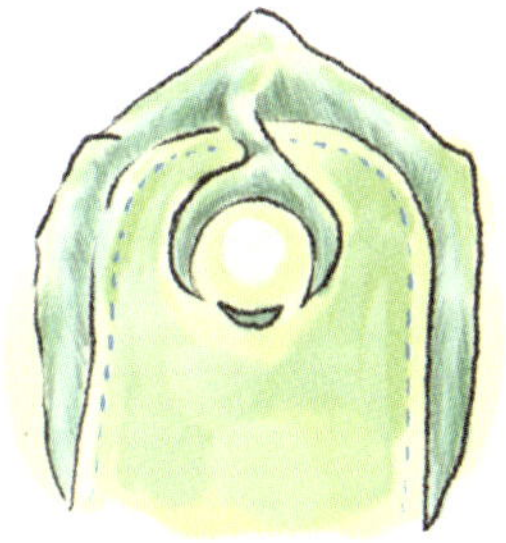

달아나는 모습

반배하는 모습

5) 『語其質則頭圓者天也. 足方者地也. 膚髮者山林也. 精血者河海也. 雙眼者日月也. 呼吸者風雲也. 故曰人身小天地也』.(위의 책)

산이 깨끗하면 귀한 사람이 나고, 산이 부서지면 사람들에게 슬픈 일이 생긴다. 산이 돌아들면 사람이 모이고, 산이 달아나면 사람도 떠난다. 산이 장대하면 사람이 용감하고, 산이 작으면 사람이 약하다. 산이 밝으면 사람이 지혜롭고, 산이 어두우면 사람이 미혹하다. 산이 순응하면 효자가 나오고, 산이 반배하면 사기꾼이 나온다.[6]"라며 산과 사람과 그리고 주변 환경과의 관계를 피력하였다.

앞(쪽)의 위 그림은 산이 부서져서 슬픈 일이 생기는 모습이고, 아래 좌측 그림은 산이 달아나 사람이 떠나는 모습이다. 우측 그림은 산이 반배하여 사기꾼이 나온다는 모습이다.

용이 혈을 맺는 보국명당保局明堂에서 청룡·백호를 비롯해서 안산과 조산이 혈을 향해 빼어나고 아름답게(수려秀麗) 감싸 안으면 매우 길하다. 내가 사는 주거지 부근의 산의 흐름을 중점적으로 살펴보아 다음과 같은 곳에서 거주하여야 한다.

- 산줄기가 나의 집을 향해 등을 돌리지 않으며, 배반하지 않고 감싼다.
- 보국을 이루며 수구가 좁게 관쇄되어 있다.
- 주변에 귀인봉, 문필봉, 일자문성, 부봉富峰 등 길한 사격이 감싸준다.
- 주변 산의 능선 끝 부분이 나를 향하고 있지 않다.
- 내가 살고 있는 거주지가 보국의 밖(배背)이 아니고, 안(면面)에 있다.
- 주변에 깨어지고 파손된 산이 없고 아름답다.

6)『山充人肥. 山瘠人飢. 山淸人貴. 山破人悲. 山歸人聚. 山走人離. 山長人勇. 山縮人低. 山明人智. 山暗人迷. 山順人孝. 山背人欺』(『명산론明山論』,『길흉사형吉凶砂形』)

산은 인정人丁을 관리하고 물은 재물을 관장(수관재물)한다. 물이 모이는 곳에는 사람이 모여 재화가 풍부하나, 물이 흩어지는 곳에는 사람도 흩어져 궁핍하다. 물이 깊고 많은 곳에서는 부자가 많고, 물이 얕고 적은 곳에서는 가난한 사람이 많다.

좋은 거주지를 선택하려면 물의 형태와 흐름을 잘 살펴 좋고 나쁨을 구별할 줄 알아야 한다. 물은 거주하는 곳에서 다정하게 머무르듯 감싸안아주며 흘러 들어와 천천히 휘돌아 흘러나가야 좋다. 그러나 물이 경사진 곳을 급하게 소리내며 흐르거나, 흩어져 흐르거나, 등을 돌리거나, 또는 충살衝煞을 내며 흐르는 곳에서 살게 되면 반드시 나와 나의 가족에게 해害를 가져다주므로 몹시 좋지 않다.

거주지 선택의 3요소인 산, 물, 택지 가운데 길흉에 끼치는 정도가 가장 민감한 물의 형태와 흐름은 손쉽게 눈으로 파악할 수 있으므로 내 거주지 주위의 강, 하천, 개울 등을 잘 살펴보도록 한다.

4.1 물의 흐름에 따른 길흉

1) 길吉한 물의 흐름

거주지로 들어오는 물은 구불구불하게 유유히 흘러 굴곡하며 들어와야 길하다. 또한 골짜기에서 득수得水한 물이 집 앞 명당에 모여 머무르다 수구로 나가야 좋으며, 흘러온 모든 물이 주거지 앞 명당에서 서로 만나 섞여 흘러(교류交流)야 한다. 그리고 고여 있는 물은 맑고 깨끗하며 넘쳐흘러야 길하다.

물이 빠져나갈 때는 머뭇거리듯 천천히 휘돌아 흘러 나가야 하며, 오는 물은 보여도 나가는 물은 보이지 않아야 한다. 이때 들고 나는 물은 혈 자리나 거주지를 감싸 안아주는 듯 한데 모여서 돌아 흘러야(금성회류錦城廻流) 길하며, 보국保局의 입구에 수구사가 있어 좁고 조밀하면 매우 좋다.

2) 흉凶한 물의 흐름

곧고 빠른 물이 주거지를 찌르듯 곧장 들어오는 물은 자손을 상하게 하고 관재官災를 불러온다. 사방으로 흩어져 흐르는 물은 집의 재산을 망하게 하고, 급히 흐르는 옅은 여울물이 소리를 내며 흐르면 가산을 탕진하고 망하게 한다. 또한 폭포수가 보이거나 그 소리가 들리면 흉하다. 거주지 앞에 쏟아지듯 급하게 빨리 흐르는 물은 재산을 빨리 망하게 한다.

물이 거주지를 감싸지 않고 배반하여 등을 돌리고 흐르면 집안이 망한다. 그리고 물이 들어오거나 나갈 때 빠르게 곧게 흐르거나 (직류直流) 흐르면서 거주지 아래를 할퀴고 깎아 내리며 흐르면 매우 흉하다.

4.2 물의 오성五星 형상에 따른 길흉

물도 산과 같이 그 형태와 흐름에 따라 오성수五星水로 나누어 길흉을 구분한다. 오성수는 목성수木星水, 화성수火星水, 토성수土星水, 금성수金星水, 수성수水星水를 가리킨다.

목성수는 물이 보국 밖에서 청백의 바깥 면을 흘러나와 보국 앞에서 좌우 횡橫 방향으로 흐르는 물과 합류하며 곧게 흘러가는 형상을 말하며 성품이 강한 자손이 대대로 이어진다. 하지만 물이 혈 앞에서 쭉 뻗어 직선으로 흘러나가거나, 치고 들어오는 목성수는 거주지의 기氣를 빼앗으므로 흉하다. 이처럼 물이 직접 거주지를 치고 들어오면 살殺이 되어

목성수

집안의 가족들이 피해를 입게 된다. 우측 그림은 혈이나 보국 주위를 곧게 흐르는 목성수이다.

각을 지며 보국 주위를 뾰족하게 흐르거나, 물이 날카롭게 나를 찌르고 들어오는 화성수는 흉하다. 또한 나의 거주지를 반배하며 흐르는 화성수는 매우 흉하다. 우측 그림은 혈이나 보국의 주위에서 각을 지며 흐르는 화성수이다.

화성수

네모반듯한 일자문성一字文星 형태의 토성수, 활 모양 또는 허리띠를 두른 모양의 금성수 및 굴곡하면서 구불구불하게 흐르는 수성수가 원만하게 감싸주면서 흐르면 매우 길하다. 하지만 토성·금성·수성수 역시 반배할 경우 매우 흉하다.

금성수란 혈穴 앞에서 맑고 고요하게 흐르는 물이 마치 허리띠를 두른 것처럼 활처럼 둥글게 감싸 안으며 흐르는 물줄기를 말한다. 요대수腰帶水라고도 하며 부귀하고 귀한 인물이 나는 최고의 길수吉水이다. 반대 개념으로 혈이나 주거지를 감싸지 않고 혈 바깥쪽으로 활처럼 굽은 반궁수反弓水가 있다.

반궁수는 지극히 흉한 물로서 이런 곳에 집이나 부락이 들어서면, 재물의 기운이 흩어지게 되어 집마다 가산이 기울고 가난을 벗지 못하게 된다. 또한 하는 일마다 꼬이며 패敗하게 된다.

혈을 감싸고 흐르는 다음 쪽 좌측 그림은 금성길수이며, 우측 그림은 수성길수, 하단 그림은 토성길수이다.

혈이나 거주지를 감싸고 흐르는 길수

이중 혈이나 보국을 감싸며 흐르는 토성수, 금성수, 수성수는 매우 좋은 삼길수三吉水에 해당하고, 혈이나 보국을 감싸며 흐르지만 직선으로 흐르는 목성수는 대체로 무난한 성질의 물에 해당한다. 하지만 보국 주위를 흐르며 각을 지며 뾰족하게 흐르는 화성수는 흉한 물이다. 또한 보국을 반배하며 흐르는 나쁜 성질의 오성수는 모두 흉수凶水가 된다.

물이 혈이나 거주지를 반배하고 흐르는 다음 쪽 그림에서 위의 좌측은 목성흉수, 위의 우측은 화성흉수이다. 또한 중간 좌측은 토성흉수, 중간 우측은 금성흉수, 하단은 수성흉수이다.

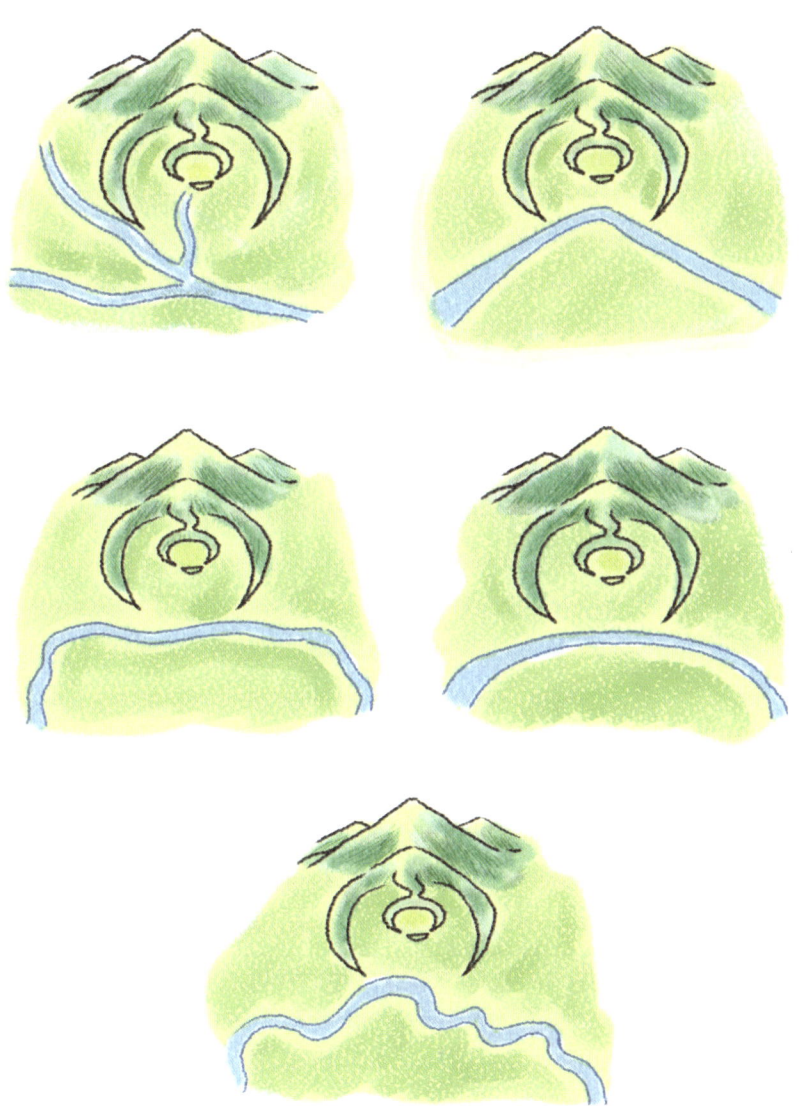

혈이나 거주지를 반배하고 흐르는 흉수

4.3 물의 흐름에 의한 한강변 길·흉지

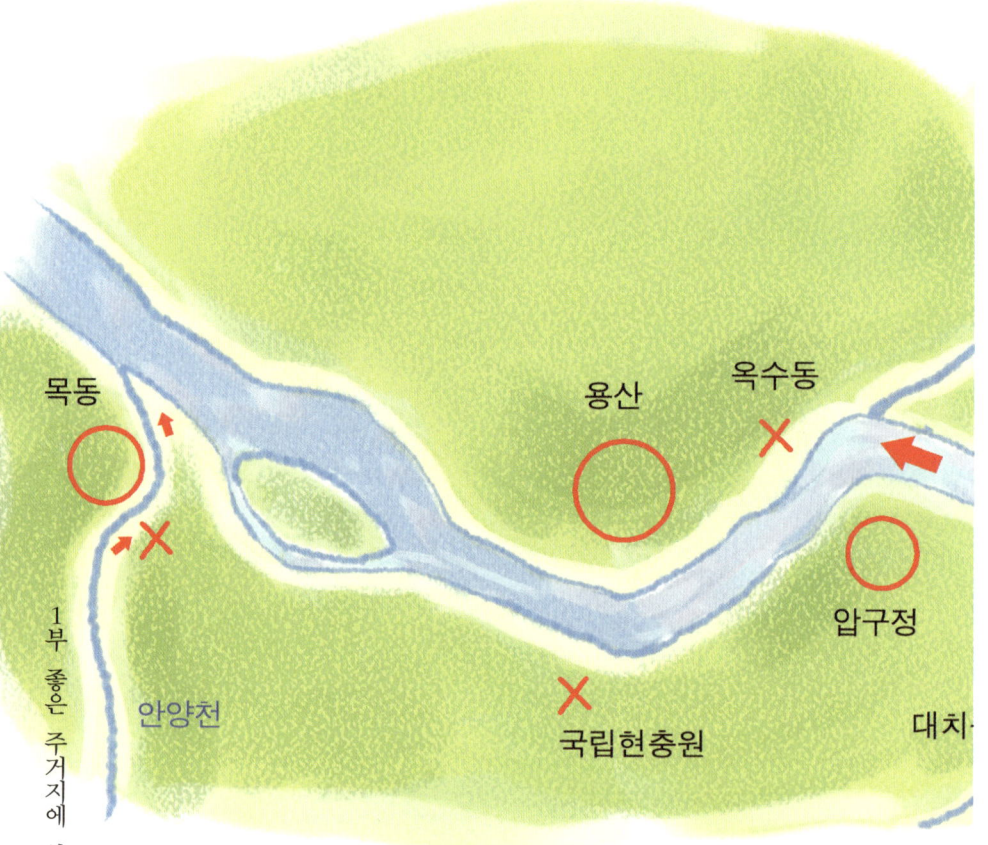

좋은 곳 ○	목동 이대병원	이촌동 (창빈안씨묘)	압구정동
나쁜 곳 ×	양평동	국립묘지, 흑석동	옥수동, 금호동

혈에서 보이지 않는 안산案山 넘어 흐르는 큰 강을 암공수暗拱水라고 한다. 유정하게 흐르는 암공수는 비록 보이지 않는다 하더라도 훤히 내다보이는 혈 앞에서 포옹하듯 감싸 안은 물(조수朝水)보다 오히려 길하다. 서울의 안산인 남산 넘어 흐르는 한강은 남산 밖에서 유정하게 혈처를 감싸주고 있어 부富하고 귀貴하게 되는 크게 길한 암공수이다.

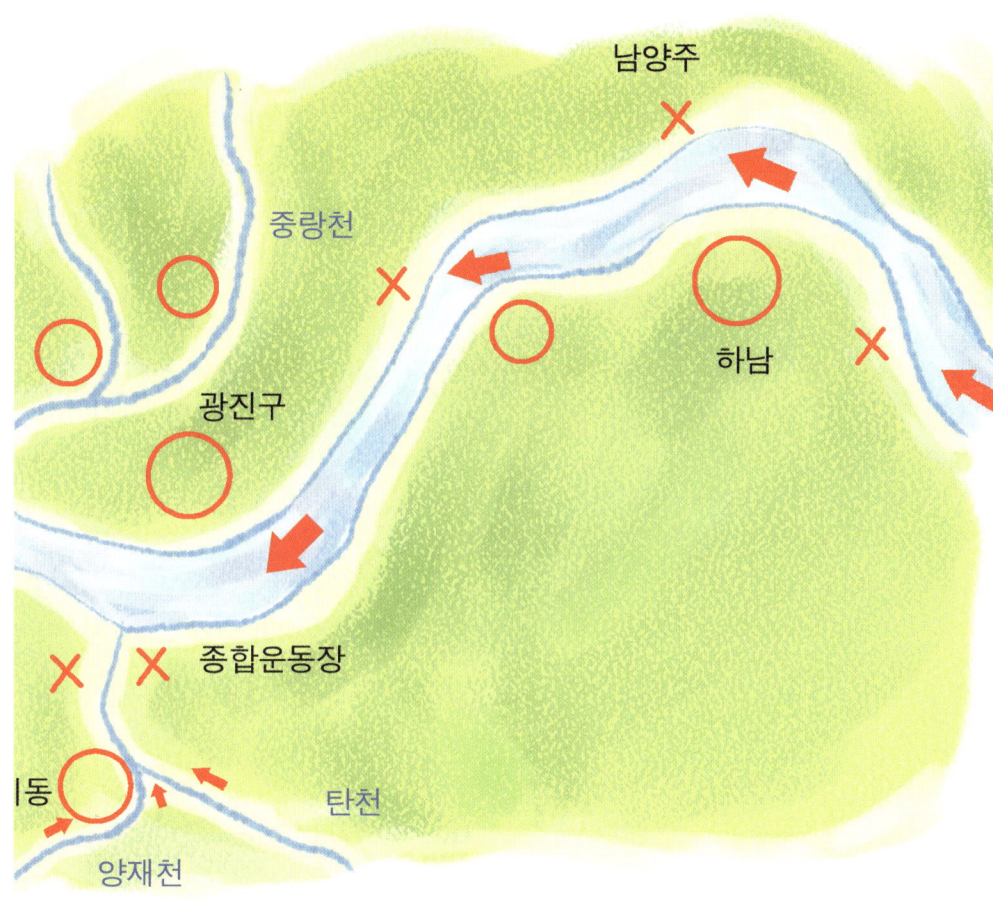

대치동	광진구 뚝섬	암사동	미사리 하남지구
대치유수지	잠실 종합운동장 청담 나들목	아차산 동쪽 구리시 아천동	미사리 건너 남양주

물의 흐름이 감싸주는 형상인지, 아니면 치고 들어온 형상인지에 따라 길지와 흉지로 주거지를 구별할 수 있다. 한강변을 따라 흘러가는 물은 대체적으로 금성金星의 형세이므로 길흉지에 따라 재물에 대한 많고 적음의 차이가 명확히 나타난다. 물은 재물을 관장하므로 한강변의 길·흉지에 따라 부촌과 빈촌이 확연하게 구별된다.

4.4 물이 모이는 곳과 모이지 않는 곳

명당은 재물을 관장하는 물(수관재물水管財物)이 모이는 곳이다. 물이 모이는 곳은 돈이 모이고 당연히 재물과 관련된 상가나 사람들이 모이게 되나, 물이 흐르는 곳에 거주지를 정하게 되면 흉한 일이 발생된다.

1) 물이 모이지 않는 곳

주거지를 반배하는 산이 있으면 명당수도 배반하고 등을 돌려 달아나 흐르며 불효한 자손이 나오고 하는 일마다 흉하다. 주거지 앞에 답답하게 보이는 언덕이나 돌덩이가 쌓여 있는 사이에서 흘러나온 물은 아이 낳기를 힘들게 하고 질병이 우려되며, 태어난 아이는 둔하고 답답하다.

물이 흐르는 경사지

춘천 펜션 산사태 참사 지역

또 거주지 앞이 막힘이 없이 툭 터져 넓으면 바람을 타고 기가 흩어지므로 혈의 생기를 모을 수 없으며, 물이 길게 흐르게 되어 집안이 기울어진다. 그리고 경사진 곳을 흐르는 물은 재산이 달아나므로 전답을 팔고 망하게 된다. 주거지 앞이 급하게 기울어져 물이 쏟아지듯 급히 흐르면 지극히 흉하여 사람이 다치게 되고 사업이 망한다. 또 주거지 앞의 계곡이나 절개지에서 주거지로 흘러 들어오는 물은 대형 참사를 불러일으킨다. 우면산 방배동과 춘천시 신북읍 천전리 소양강 댐 인근 펜션 산사태 참사지역이 그 대표적인 예이다.

2) 물이 모이는 곳

산이 교차하고 혈을 중첩으로 감싸면서 기가 응결되어 모인 연못물인 원진수元辰水 또는 진응수眞應水 앞에서 거주하면 크게 부귀하게 된다. 주거지 앞의 물이 흘러가는 것을 느끼지 못할 정도면 재물이 쌓이고 재상宰相이 나온다. 거주지 앞 명당이 평평한 논으로 되어 있어 여기에 물이 가득 고여 바람에 찰랑이면 그 지방에서 으뜸가는 거부가 된다.

전두환 전대통령 5대 조묘 융취수   준경묘의 진응수

　　주룡과 용맥을 보호하면서 따라온 원진수元辰水는 혈의 바로 앞에서 합수하여 물을 만들어 내거나 또는 연못을 만든다. 진응수眞應水는 용맥의 생기를 보호하면서 따라온 수기水氣 중에 남아있는 기(여기餘氣)가 넘쳐 속으로 흘러 혈장의 입수도두入首倒頭 뒤에서 분수分水했다가 혈장 앞에서 합수하면서 지상으로 분출한 진기眞氣가 발현된 물로 사시사철 마르거나 넘치지 않는다. 진응수는 솟아나는 물로 샘을 이루는 경우가 대부분이다. 진응수는 진실로 크고 귀한 주거지의 증거이다. 정몽주선생 묘의 측면 아래의 연못은 용맥을 보호하면서 따라온 원진수가 합수하여 생긴 진응수가 흘러나와 만든 것이다. 준경묘에는 대혈大穴 명당에만 있다는 진응수가 흘러나온 샘물이 있다.

　　장마기간이나 여름에 많은 비가 내려 침수된 지역인 강남역, 사당역, 대치역, 홍대역, 압구정역 및 광화문역 등은 물이 모이는 곳으로 사람과 재화가 모이는 자리이기도 하다. 아래 사진의 물 폭탄 침수 지역은 주거지 앞에 물이 모이는 것을 확인할 수 있으며, 물이 빠지지 않아 잠긴 사고는 배수시설이 잘못된 인사 사고이다.
　　물이 많이 모이는 곳은 사람과 재물이 많이 모여들어 교류가 왕성한 지역이다. 사무실이나 상가는 반드시 이런 곳에 구해야 한다.

물이 모이는 곳

용맥의 양쪽을 따라온 물이 합쳐지면 용이 나아감을 끝내게 된다. 이런 곳을 용진처龍盡處라 하며, 그 사이로 흐르는 생기는 더 이상 나아가지 못하고 멈추는데 이곳을 혈穴이라 한다. 따라서 혈을 찾고자 하면 산을 보지 말고 물을 먼저 보아야 한다.

앞 절과 본 절에서는 산과 물의 형태와 흐름을 공부하였다. 이제 산과 물의 관계를 조화롭게 설명하는 『명산론明山論』의 내용을 소개한다.

"지리라는 것은 산과 물에 관한 것일 뿐이다. 산은 천리의 근원을, 물은 천리의 구불구불함을 보아야 한다. 산은 높아야 하며, 물은 깊어야 한다. 산이 일어나되 어지럽지 않아야 하는데, 산이 일어나면 기가 모인다. 물길은 굽이치되 어지럽지 않아야 하는데, 물길이 활처럼 휘어지면 기가 멈춘다. 산과 물이 서로 얽어지기가 씨줄과 같고 날줄과 같다. … (중략) … 산의 경우 그 기복起伏[7]으로써 길흉을 판단한다. 그러므로 산의 높고 낮음, 두텁고 옅음, 작고 큼을 가지고서 산의 길흉화복을 정한다. 물의 경우 그 물길로써 길흉을 판단한다. 그러므로 물길의 길고 짧음, 깊고 얕음, 느리고 빠름을 가지고서 물의 길흉화복을 정한다. … (중략)

───────────────

7) 기복起伏이란 산줄기(용맥의 지세)가 높아졌다 낮아졌다 하는 것을 말한다. 생룡生龍이 되려면 용이 기복하여야 한다.

… 산 모양이 좋으면 흉한 일이나 재난이 없고, 물길의 흐름이 순하면 허물이나 재앙이 없는데, 이것이 자연스런 이치인 것이다. … (중략) … 산은 물을 향해 나아가야 하는데, 물을 만나지 못하면 그 기가 멈추지 않는다. 물은 산을 향해 나아가야 하는데, 산을 만나지 못하면 그 기가 응하지 못한다[8].”

용·혈·사·수의 형세론을 연결하여 보면, 풍수지리에서 사용되는 길지의 조건이란 정혈처로 연결된 생룡이 구불구불 길게 멀리 이어(위이 逶迤)지며, 혈처의 뒤 주산의 자태가 수려하고, 혈토는 빻아놓은 듯한 고운 황토라야 한다. 좌청룡, 우백호, 안산과 조산이 혈을 보호하고 감싸 안아 바람을 가두어야 한다. 또한 물은 구불구불하게 유유히 흘러 굴곡하며 들어와 감싸주어야 하며, 빠져나갈 때는 머뭇거리듯 천천히 휘돌아 흘러 나가야 한다. 이때 들고 나는 물은 혈 자리나 거주지를 감싸 안아주듯 한데 모여서 돌아 흘러나가야 길하며, 보국의 입구에 수구사가 있어 좁고 조밀하면 매우 좋다.

8)『地理者山水而已. 山, 看千里之源 水看千里之委. 山欲得高, 水欲得深. 山不亂起起則 其氣聚水不亂灣灣則其氣止山水交 如經如緯. …(中略)…山以起伏爲數, 故取其高卑厚 薄多少定之. 水以曲折爲數, 故取其長短深淺緩急定之. …(中略)…山形吉者, 無凶災, 水勢順者, 無逆禍, 理之自然也. …(中略)…山欲就水, 不就水者, 其氣爲未止. 水欲就 山, 不就山者, 其氣爲未應.』(앞의 책)

제 5 장
택지宅地의
형태와 흐름

좋은 주거지로 거듭나기 위해서는 택지의 형태와 택지 주위의 흐름 요건을 잘 살펴서 좋고 나쁨을 구별할 줄 알아야 한다. 도로, 아파트 및 건물 배치, 택지의 높고 낮음 등을 전반적으로 검토하여 길흉을 구분하도록 하자. 택지는 그 자체 외에도 산의 형태와 흐름, 강과 하천 등의 물의 형태와 흐름을 종합하여 판단한다.

5.1 택지의 모양에 따른 길흉

택지는 모양에 따라 무곡 금성의 원형 택지와 마름모 형태의 택지, 거문 토성의 정사각형의 택지, 탐랑 목성의 직사각형의 택지 등의 오성五星으로 분류할 수 있다. 주택, 아파트, 상가, 회사, 전원주택, 펜션 등은 택지 형상에 따라 확실하게 길흉을 달리하므로 택지를 고를 때 특히 주의하여야 한다.

1) 길한 택지 모양

가. 원형의 길한 택지

동그란 원형의 택지는 부귀와 덕망을 얻는 무곡 금성의 길한 형태이다.

좌측 그림의 택지는 구례군 토지면 오미리에 있는 곡전재의 모습이다. 가세가 번창하고 재물이 가득하며 살기에 편안한 형태의 택지이다.

나. 정사각형의 길한 택지

네모반듯한 택지는 안정된 생활을 할 수 있는 거문 토성의 길한 택지이다.

택지의 사변이 비슷해 꽉찬 안정감을 주는 정사각형의 형태로 재물과 관직으로 모든 생활에 안정된 삶을 살 수 있지만 더 이상의 발전은 기대할 수 없어 정체가 예상된다. 이런 택지에는 종교가, 철학자, 은퇴한 고령자가 기거하기에 적당하다.

다. 전면이 좁은 직사각형의 길한 택지

가로와 세로의 비율이 엽서나 명함 크기의 비율인 황금 비율(1:1.618)로 이루어진 직사각형의 택지이다.

탐랑 목성의 길한 택지로 귀貴와 부富를 다 얻을 수 있으며, 특히 귀를 더 얻을 수 있다. 도로에 접한 부분이 좁고 뒤가 길어야 길한 탐랑 형태의 택지이다.

거주하는 집은 물론이고, 상가나 사무실 건물이 앞면이 좁고 안쪽으로 긴 직사각형이면 매우 길하다. 사람들은 상가 선택 시 전면이 넓고 안쪽으로 짧은 상가를 많이 선호하는 편이나, 이럴 경우 매우 흉하다. 또한 전면이 더 긴 상가에서 출입문을 두 군데 설치하는 경우가 많은데 들어오는 복보다는 쌓여야 할 길한 기운들이 쉽게 밖으로 빠져나가 매우 흉하다.

라. 전면이 좁은 마름모형의 길한 택지

전면이 좁고 후면이 넓은 마름모 형태의 택지로 가장 길한 무곡 금성의 거주지에 속한다.

도로에 접한 전면이 좁고 들어 갈수록 넓어지는, 이른바 부자가 되는 형태는 주택, 상가 및 사옥의 모든 택지에 적용된다. 실속 있는 부잣집 터이며 재운이 크게 발하는 길지(재운대길財運大吉)이다.

2) 흉한 택지 요건

가. 전면이 넓고 후면이 좁은 마름모형의 흉한 택지

도로에 접한 전면이 넓고 후면이 좁은 마름모꼴이다. 속은 좁고 밖이 넓어 항상 손해 보는 장사를 하게 되고 밖만 화려한 적자 운영을 하게 된다. 집터, 상가 터, 사옥 터 모두 피해야 할 택지의 형태이다.

나. 삼각형의 흉한 택지

삼각형의 택지는 삼면이 모가 나 있어 기氣의 흐름이 대체로 날카롭고 뾰족한 화火의 기운이다. 날카로운 칼과 인연이 있어 집안에 강도가 들거나 좋지 못한 일들이 일어나 거주지로 원만하지 못하다.

마당이 노출되어 있어 특히 부인에게 해가 되는데 부인이 일찍 사망하거나 병에 걸리는 흉한 터이다. 또 재산이 크게 손실되거나 망하게 된다.

다. 전면이 넓은 직사각형의 흉한 택지

도로에 접한 전면이 넓고 후면이 좁은 직사각형 형태의 택지이다. 보통 사람들은 상가를 얻을 때 전면이 넓어 물건을 진열하기 좋아 이런 형태의 상가를 선호하는 편이다. 하지만 장사가 되지 않아 재산이 점점 줄어들어 결국에는 문을 닫게 된다.

회사 사옥과 주택 모두 전면이 넓은 직사각형의 택지는 겉만 그럴듯하고 빈궁해지는 흉한 터이다. 더구나 이런 택지에 출입문을 2군데 설치하면 더 많은 기가 소진되어 재산이 망하는 속도가 가중된다.

라. 사방이 돌출과 요함이 있는 흉한 택지

택지나 건물의 형태에 돌출과 요함이 있는 형태이다. 우환, 다툼, 온갖 재난이 일어나 편한 날이 없고 불행해진다.

위 그림은 직사각형의 형태에 한 변 이상이 뾰족한 돌출 형상의 택지이다. 이런 형태의 택지와 건물은 반배, 반목反目, 재앙 및 재난의 형상으로 가족 및 동료 간의 불화는 물론이고 특히 주변의 대인관계에서 불화가 일어난다. 또한 집안에 우환이 끊이지 않고 온갖 어려움을 당한다.

좋은 주거지의 모습은 한마디로 택지의 앞은 좁고 뒤는 넓어야 길하다. 풍수용어로 전착후관前窄後寬이라고 한다. 좁은 대문을 들어서면 넓은 마당이 보여야 한다는 얘기다. 이를 전체 보국保局으로 따지면 수구는 좁아야 하며 명당은 넓어야 한다는 의미와 같다.

길한 택지 모양 중에서 전면이 좁고 후면이 넓은 마름모꼴 형은 귀貴보다 부富를 가져오고, 전면이 좁은 명함 크기의 직사각형은 부富보다 귀貴를 가져온다. 길한 택지의 형태를 순서대로 나열하여 정리하면, 마름모형 〉 직사각형 〉 원형 〉 정사각형의 형태이다.

집이나 상가 또는 사무실을 구할 때 사람이 출입하는 입구는 좁고 안으로 들어가면 내부가 넓어지는 곳이 좋다. 대문에서 마당으로 들어갈 때나 현관문을 열고 거실로 들어갈 때도 앞은 좁고 안은 넓게 되는 것이다. 특히 상가의 출입문은 작게 하고 내부가 안쪽으로 길게 넓어지면 매우 좋다.

이와는 반대로 도로에 접한 전면이 넓거나 길한 택지 모양과 반대의 형상이면 모두 흉하다. 이외에도 삼각형 모양의 택지의 형태는 모두 흉하며, 특히 돌출이나 요함이 있으면 더욱 흉하다. 집, 상가 및 사옥의 택지나 건물 모두가 똑같이 적용되므로 유념해서 살펴야 된다.

5.2 산과 물의 흐름에 따른 택지의 길흉

택지는 산과 물이 어떻게 변하여 흘러가는지에 따라 길흉으로 구별되어진다. 산의 높낮이가 어떠한지, 산과 물이 나의 거주지를 잘 감싸 안아 주었는지, 주위의 산과 물들의 환경이 나의 주거지에 어떤 변화를 주는지, 산의 정기가 흐르는 산줄기(용맥龍脈)가 나의 거주지에 들어(입수入首)가는지 등의 여건에 따라 복합적으로 택지의 길흉이 결정되는 것이다. 따라서 주위의 산과 물의 변화를 잘 살펴서 좋은 주거지를 선정하여야 한다.

1) 길한 택지 요건

가. 배산임수背山臨水의 길한 택지

배산임수 택지

배산임수란 산을 등지고 물을 바라보는 지세地勢라는 뜻으로, 주택이나 건물을 지을 때 이상적으로 여기는 배치이다. 뒤쪽은 산으로 에워싸여 있고, 앞으로는 하천이 흐르는 전저후고前低後高의 입지를 말하는 것으로, 경치나 모습이 안정되게 아름다우며, 따뜻하고 온화한 기색이 충만한 명당에 해당된다.

배산임수 지형에 입지한 촌락은 겨울에 차가운 북서풍을 차단해 주는

전저후고 택지

배후에 산이 있고, 산에서 땔감이나 산나물을 얻고, 앞으로 흐르는 하천이 형성한 범람원이 있어서 경지 확보가 유리하며, 하천을 이용해 농사를 지을 수 있다. 또한 취락의 입지가 남향을 이루어 일조에 유리한 특징을 가지고 있어, 땅이 단단하고 배수가 잘되는 지형에 자연스럽게 촌락이 형성되게 한다. 이처럼 우리나라의 배산임수 촌락의 입지는 자연환경과 조화를 이룬 과학적 택지 요건이다.

　땅이 단단하고 배수가 잘되는 지형은 그림과 같이 나무뿌리가 땅속으로 쉽게 들어가지 못하고 땅위로 많이 뻗어 있는 것이 특징이다.

나. 보국을 이루며 수구가 좁게 관쇄하는 길한 택지

　보국保局이란 용龍 · 혈穴 · 사砂 · 수水의 원리로 둘러 싸여 기를 보호해주는 형태의 지세를 말하는데, 보국으로 이루어진 양택지에는 평촌平村 · 산촌山村 · 어촌漁村 · 강촌江村 양택지 등이 있다.

　기복이 작고 평평하고 너른 들 같은 평야에서 보국으로 이루어진 양택지가 평촌 또는 농촌 마을을 형성하고 있다. 풍수에서는 일촌一寸이라도 더 높고 낮음에 대하여 산수山水의 구분을 달리하므로 평촌 양택지의 보국에서는 특히 용맥과 물길을 잘 살펴서 높고 낮음을 구별하여야 한다.

평촌 양택지

　주산이 아름답고 환하게 밝으며

산촌 양택지

청룡과 백호가 정겹게 감싸 안은 산세에 의지하여 평탄 원만한 명당보국明堂保局으로 이루어진 도시나 마을을 형성한 양택지가 산촌 山村 마을이다. 밖에서 보면 높고 깊은 산중에서도 전혀 산 속처럼 느껴지지 않고, 물이 급하게 흐르지 않으며 여유 있고 느리게 흐르는 곳이 좋은 곳이다.

　세상의 존경을 받는 귀인이 되고 싶으면 산촌마을에 살아야 하고, 재물을 얻어 편히 살고 싶으면 물자 교역이 많은 강이나 바닷가에서 사는 것이 좋다. 앞의 정선鄭歡(1676~1759)이 그린 〈도산서원陶山書院〉의 그림에 있는 곳이 산촌 양택지의 전형적인 예이다. 하지만 이런 곳은 보수적이며 큰 발전을 기대하기는 어렵다. 대구분지, 안동분지, 그리고 『정감록鄭鑑錄』에 기록된 십승지十勝地 등은 모두 산촌 양택지에 해당된다.

　바닷가에서 보국으로 이루어진 양택지가 어촌漁村마을이다. 아래의 그림은 어촌마을에서의 보국 형태이며 바다가 명당이 된다. 부산 용호동의 오륙도가 대표적인 예인데 SK 뷰 아파트에서 바다 아래로 용맥(도수맥渡水脈)이 행룡하여 오륙도까지 연결됨을 알 수 있다.

어촌 양택지

일반적으로 어촌은 생선과 소금을 얻기 쉬워 재화財貨가 많다. 그러나 물이 귀하며 바람으로 인하여 사람의 얼굴이 검어지고 우울증 환자가 발생하기 쉽다. 앞의 그림은 어촌의 보국을 이루고 있는 김홍도 金弘道(1745- ?)의 「금강사군첩金剛四郡帖」 작품 중 〈삼일포三日浦〉이다

강촌 양택지

강, 하천 등의 물이 감싸 안아 이루어진 양택지가 강촌江村마을이다. 압구정동이 대표적인 강촌마을의 형태이며, 이런 지역은 부의 형성이 빠르다. 진취적이며 개방과 유행에 민감하고 정체성에 약하다. 앞(쪽) 그림은 강촌 양택지를 그림으로 묘사 했는데, 김홍도의 「금강사군첩 金剛四郡帖」에 있는 〈죽서루竹西樓〉이다.

다. 기타 길한 택지

용맥의 입수

이제까지 서술했던 길한 택지 요건 외에도 좋은 택지를 구하기 위해서는 나의 거주지에 용맥의 입수, 길한 사격 및 생기 존재 여부 등을 잘 살펴보아야 한다.

첫째로, 무엇보다 중요한 것은 용맥이 택지에 입수하여야 한다. 배산임수, 전저후고의 입지와 보국을 이루며 수구가 좁게 관쇄 하는 길한 택지의 3박자가 갖춘 택지라 하더라도 용맥이 입수하 여야 최고의 길지가 될 수 있다. 이는 크게 될 귀와 부의 중요한 요건이다. 또한 택지가 원만하고 평탄하여야 한다. 위 그림 김홍도의 〈자강복총自強伏塚〉 그림은 용맥이 음택지에 입수入首되고 있음을 생생 히 보여주고 있다.

둘째로, 주변에 귀인봉, 문필봉, 일자문성, 부봉 등 길한 사격이 감싸주어야 좋으나, 산이 깨어지거나 흉한 사격이 있으면 길지라 하더

길한 사격

라도 좋음이 반감 된다.

셋째로, 거주지에 지기인 생기가 존재해야 한다. 아파트나 대형건물 고층에 지기가 존재 하는지 여부는 대체적으로 주위의 산과 관련된다.

주변의 산이 높거나 가까이 있으면 지기도 높은 층까지 올라가나 산이 낮거나 멀리 있으면 아파트의 저층에도 지기가 존재하지 않은 경우가 있다. 산이 높거나 특이한 경우 메타세콰이어 나무의 키보다 훨씬 더 높이 지기가 존재한다. 그러나 주변의 산이 낮거나 또는 산이 멀리 있거나, 흙을 채워 메운 보토補土 위나 퇴적층, 매립지 위에 지은 주택은 1~3층의 저층 높이에도 지기가 존재하지 않는다. 기의 존재여부를 눈으로 직접 확인할 수 없으므로 주위의 산이 높으면 대체적으로 고층에도 기가 존재하고, 산이 낮으면 저층에 기가 존재하는 것으로 판단하면 된다.

넷째로, 껍질이 붉은 소나무(적송赤松)가 있는 부근은 생기가 왕성하다. 보편적으로 적송이 잘 자라는 토지는 지기가 넘치는 생기 있는 곳에서 잘 자라기 때문이다.

조선 숙종 때 실학자 유암流巖 홍만선洪萬選(1643~1715)의 『산림경제 山林經濟』에 의하면 "집 주변에 송죽을 심으면 생기가 돌고 속俗된 기운을 물리칠 수 있다"고 기록하고 있다. 당나라의 문인이었던 부재符栽는 『식송론植松論』에서 "황천黃泉에 뿌리를 내리고 청천靑天에 가지를 뻗어 명당의 기둥과 큰집의 들보가 되니 여러 나무 가운데 으뜸이다"라고 소나무의 유형·무형의 가치를 높이 평가하고 있다.

길한 적송

　이처럼 소나무는 정중 · 엄숙 · 과묵 · 고결하며 기교가 없고 고요
하며 항상 변하지 않고 자연스러우며 잘 어울리는 까닭에 우리 민족의
심성을 사로잡아 왔다. 아래의 사진은 삼척에 있는 준경묘의 입구에서
자라고 있는 적송赤松이다. 준경묘는 조선 태조의 5대손인 목조穆祖의
아버지 양무陽茂 장군의 묘이다. 2008년 2월 남대문이 불타고 거기에
쓰일 재목을 구하면서 더 잘 알려진 곳이다. 임금의 관을 만드는 데
쓰던 재질이 뛰어난 소나무(황장목黃腸木)라 하여 경복궁 중수重修 때
재료로 쓰였다. 특히 지난 1961년 숭례문 중건重建 때도 준경묘에서
자란 황장목이 재목으로 사용되었다.

　또한 소나무 주변에 나무뿌리가 땅 속으로 쉽게 들어가지 못하고 땅
위로 많이 뻗어 있는 곳은 땅이 단단하고 배수가 잘되는 좋은 지형임을
알 수 있다.

2) 흉한 택지 요건

　주거지를 선택하는 데 있어서 택지의 길한 요건보다 살펴야할 흉한
요건이 더욱 많다. 길한 택지 요건과 반대되는 곳은 흉하므로 택지선정
에 있어서 당연히 배제하여야 한다.

사격·물·도로가 등진 흉지

첫째, 배수임산背水臨山, 전고후저前高後低, 좌우청백이 등을 진 곳, 안산과 조산이 배역背逆하는 곳은 흉하다.

산이 거주지의 뒤에 있고 앞에 물이 흐르는 것은 거주지 선택의 근본 원칙이다. 산과 물이 나의 거주지를 감싸야 하며, 주변의 산세는 온화하며 아름다워야 한다. 집 앞이 높은 산에 가로막혀 있거나, 사격이 감싸주지 못하거나, 좌우청백과 안산과 조산, 그리고 물과 도로가 나의 주거지를 반배하여 등을 진다면 매우 흉하다.

배역하는 흉지

도로는 물과 같이 취급되므로 등진 도로 역시 배背에 해당되어 흉하다. 따라서 산의 형세가 보국의 안(面)이 아니고 밖(背)인 곳을 주거지로 선택하는 경우에는 매우 좋지 못하다.

보국 밖의 펜션

과거 펜션사업의 초기에는 마을 사람들과의 마찰을 피하기 위해 마을이 보이지 않은 곳에 펜션을 지었다. 전통 마을의 대부분은 보국을 이루는 곳에 형성되었으므로, 마을이 보이지 않는 곳에 지어진 펜션은 대부분 보국 밖에 해당되는 흉지에 들어서기 마련이다. 이 때문에 초기에는 대부분의 펜션 사업이 망하거나 도산하였다. 하지만 근래 들어 동네사람들과의 친화적인 만남으로 마을 안의 보국에 자리를 잡아 펜션을 운영하게 되었다.

둘째, 경사지고 급한 곳이나 물이 격렬하게 소리를 내며 흐르는 곳은 흉하다.

경사가 급한 곳은 물도 반드시 급히 흐르게 마련이다. 물은 수관재물이므로 급하게 흐르면 나의 재산도 경사만큼 급하게 빠져 나간다. 경사가 급한 곳에서는 주택은 물론 상가, 사무실 및 회사의 택지도 들어서지 않아야 한다. 테헤란로 주변에 경사진 곳이 많은데, 사업이 기울어 도산될 가능성이 크다. 평소 무심코 살펴보지 않았다면 비가 오는 날 나의 집 주변에서 빗물의 흐름을 유심히 관찰해 보자.

경사지에서 물이 급히 흐르는 흉지

셋째, 홀로 돌출하여 있거나 절벽이나 낭떠러지 및 산의 절개지는 매우 흉하다.

돌출과 절벽의 흉지

전망이 좋다는 이유로 높이 돌출된 언덕 위 고층 아파트의 꼭대기 층을 선호하는 사람들이 더러 있다. 하지만 이런 아파트와 사무실 등의 건물은 사방에서 불어오는 바람에 의해 기가 흩어져 생기를 받기 힘드니 정신 건강에 매우 좋지 않다. 또한 물이 언덕을 급히 흘러 내려 하는 일과 사업이 실패하고 재산 손실과 가운이 점차 기울어진다.

산 언덕을 절개하여 지은 아파트는 강한 골바람이 절개지 사이에 불어와 풍살風殺이 염려된다. 축대 붕괴의 위험, 정신질환 발생과 학업부진 등의 문제가 발생 되고 결국 패가敗家하니 매우 흉한 택지이다. 한 때 용인시의 난 개발로 인하여 절개지에 아파트가 들어서 있는데 가급적 거주는 피해야 한다.

넷째, 폭포 근처, 골짜기(계곡), 고목이나 큰 나무 밑, 그리고 철탑 근처는 흉하다.

산 절개지의 흉지

폭포 부근의 흉지

주거지 부근의 폭포에서 물이 떨어지는 폭포 소리는 곡뽯 소리와 같아 매우 흉하다. 집안 거실에 폭포 그림을 걸어 놓아도 흉하다. 골짜기 아래에 있는 집은 계곡의 바람과 물의 피해를 크게 받아 매우 흉하다.

큰 나무 아래 흉지

큰 나무 아래의 집은 나무의 뿌리가 땅의 지기를 빼앗아 정신건강에 매우 좋지 않다. 땅 위 나무 넓이의 최소 1.5배 이상 떨어져 거주하는 것이 좋다.

또한 집 주위에 고압선이 흐르는 철탑이 있는지 반드시 확인하자. 백혈병과 모든 암의 근원이 되는 고압선으로부터 300m 이상 떨어진 안전한 곳에

철탑이나 고압선 부근의 흉지

서 거주해야 한다.사람들 중에는 자기가 거주하는 집 부근에 고압선이나 철탑이 있는지조차 알지 못하는 이들이 있다.

다섯째, 택지의 토지가 자갈땅이나 모래땅, 황토 흙이거나, 매립지埋立地, 습지는 택지로 부적합하다. 또한 택지 아래에 수맥이나 유골遺骨 등이 있다면 매우 흉하다.

여섯째, 택지는 도로와 밀접한 상관관계가 있다. 도로는 물로 간주하여 재물과 직접 연관되므로 재산의 흥망으로 직결된다.

대로변이나 철도 옆, 도로가 교차 되는 곳, 도로 아래쪽이나

도로보다 낮은 곳은 택지로는
부적합하다.

　도로의 앞뒤와 양옆의 사면이
넓은 도로에 접해 있거나 삼각점
주변은 택지로 부적합하다. 집
주위의 사변이 모두 도로에 접해
있는 경우 안정되지 못하고 항상
불안하여 정신건강에 좋지 않으며
재산을 잃게 된다. 삼각점 주변의
거주지도 음양의 교합이 이뤄지지
않아 흉하다.

택지 아래에 자갈, 매립지,
유골이 있는 흉지

　도로나 물이 나의 집을 향해
찌르고 부딪쳐 충衝이 발생하는
경우에는 매우 흉하다. 특히 도로가
경사진 높은 곳에서 낮은 곳으로
향해 충하는 택지는 더욱 흉하다.

도로 아래쪽의 흉지

　도로가 나의 집을 향해 치고
들어오면 칼침을 맞는 것과 같아
뜻밖의 사고를 당하여 제 명을
다하지 못한다. 여기에 경사까지
있다면 그 피해는 더욱 심화되고
재산이 빨리 새어나가 망하게 된다.
물이 흘러 나를 치고 지나가는 것과
동일하다. 건물이나 아파트가 나의
거주지를 향하고 있어도 충이 발생

삼각점 도로 주변의 흉지

도로가 거주지를 향해 충하는 흉지

되나, 물과 도로의 피해보다는 약하다.

일곱째, 마당 한가운데 우물(연못)이 있거나 건물과 건물부근에 이끼가 끼어 있으면 매우 흉하다. 아래의 사진은 물이 합수合水되는 지점에 지어진 주거지인데 이끼가 건물 옥상까지 끼어 있다. 물길에 지어진 집에 거주하면 지나친 수水의 기운으로 집안이 항상 습기에 차며 건강에 아주 해롭다. 또한 가운家運이 점점 기울어 가난에 허덕이게 된다.

끝으로 신전·묘지· 사찰·교회·군부대 근처는 택지로 부적합하다. 신전·묘지·사찰·교회·군부대 근처는 보편 적으로 기운이 강하여 사람이 거주하기에 적당 하지 않다. 또한 그곳에 거주하면 강한 기의 영향 으로 생기를 빼앗기게 되어 점차 나약하게 되고 건강을 잃게 되므로 피해야 한다.

건물에 이끼가 낀 흉지

3) 양택의 선택 조건

주택은 기능면에서 추위와 더위 등의 기후변화와 외부의 위험으로부터 인간을 보호하는 은신처이고, 독립된 사생활을 영위하는 장소이기도 한다. 또한 사회생활을 할 수 있는 장소를 제공하고, 현대사회에선 '소유'라는 부富의 축적 수단이 되기도 한다.

하지만 이러한 주거지가 주택 가격의 급등으로 인해 그 수가 태부족하게 되어 주거 수준의 저하와 과밀過密을 이루었다. 이는 주거환경의 저질화를 초래하여 생산성 및 정신건강 등에 지대한 영향을 미친다.

거주지의 환경요건과 정신건강은 상호 밀접한 관계가 있다. 소음에 계속 노출되는 집에서 거주하면 신체적·정신적 건강에 매우 좋지 않다. 저수지나 강가의 습도가 높은 곳에서 거주하면 감성을 자극하여 신경질적으로 된다. 목조 주택에서 거주하면 자연적인 생활환경으로 스트레스를 최소화하여 준다. 터널과 고압선 부근에서 거주하면 기氣가 교란되어 정신질환자가 발생한다. 커다란 나무 같은 큰 생명체는 땅의 지기를 빼앗는다. 따라서 커다란 나무에 몸을 부딪쳐 운동하는 경우에도 몸의 기운氣運을 빼앗기게 된다. 또한 흐르는 물을 쳐다만 보고 있어도 기운을 빼앗기므로 우울증 환자가 된다. 커다란 집에 혼자 살고 있으면 넓은 땅에 기운을 빼앗기는 꼴이 된다.

거주지를 선택할 때의 중요한 기준을 『황제택경黃帝宅經』에서는 오허五虛와 오실五實로 나누어 언급하고 있다. 즉 5가지 좋지 않은 것이 있어 가난과 궁핍에 빠뜨리는 것이 '오허'이고, 지기를 받아 부귀를 누리게 하는 것이 '오실'이다.

양택의 오실五實의 조건을 갖춘 집에 살면 재물이 늘고 복록이 따른다. 오실을 살펴보면, 집은 아담하고 작은 듯하지만 식구가 많은 집,

집 규모에 비하여 문이 작은 집, 담장이나 울타리가 반듯한 집, 작은 집에 화초와 가축이 잘 자라는 집, 물이 집 앞을 감싸고 흐르는 집이다.

하지만 오허五虛의 조건에 해당하는 집에 살면 살림이 점차 궁핍해지고 가세가 기울어진다. 오허에는 대지는 넓은데 건물이 작은 집, 대문은 크고 집이 작은 것, 담장이나 창문이 없는 집, 집은 큰데 식구가 적은 것, 부엌의 위치가 올바르지 못하거나 침실과 가까이 있거나 집의 한가운데 우물이 있는 집이다.

이밖에도 집에서 가족이 점차 번창하거나 쇠락하지 않았다면 그 집에서 이사하지 말아야 한다. 그렇지 않으면 대체적으로 재앙이 따른다.

택지를 고를 때에는 배산임수, 전저후고, 풍광이 수려하고, 수구가 좁게 관쇄되며, 용맥이 택지에 입수되어야 한다. 또한 강, 하천, 길한 사격 등이 나의 주거지를 감싸 주면 길한 택지이다. 혹시 주위의 땅이 단단하고 적송이 있다면 길한 택지임을 확인해 볼 필요가 있다. 하지만 길한 택지와 반대되는 요건, 즉 경사지고, 반배되어 등지고, 보국의 밖이며, 주위에 철탑·큰 도로의 교차로·큰 나무·폭포·묘지·사찰·군부대가 있다거나, 택지 아래에 매립지·자갈·유골 ·수맥이 있으면 흉한 택지이다. 또한 도로, 물, 아파트, 산 등이 나의 거주지를 향해 충사沖射하면 매우 흉하므로 반드시 택지의 요건을 잘 살펴 주거지를 선택해야 한다.

5.3 택지의 5대 흉살

거주하고 있는 집이 나쁜 흉살이 있는지는 반드시 살펴서 피해야 한다. 산과 물, 그리고 도로에 의한 기운이 치고 들어오는 수살水殺, 골바람이 부는 풍살風殺, 주변이 흉측하게 파손된 파살破殺, 나의 집 주위가 높고 강하여 고압적인 압살壓殺, 나의 집을 충하는 충살衝殺이 대표적인 흉살이다. 주택, 아파트, 상가, 회사, 전원주택, 펜션 등 모든 주거지에서 반드시 피해야 할 흉살이다. 이를 택지피살법宅地避煞法이라고도 한다.

1) 수살水殺

강·하천·골짜기 등에서 물(水)의 기운이 택지에 치고 들어오는 것을 말한다. 물의 흐름이 반배反背 하거나 등을 돌려 흐르는 형태의 흉살이다. 수살의 영향을 받으면 단명, 파산, 빈곤해진다.

옆 그림은 하천이나 강의 물이 반배反背하여 흐르면서 아파트에

물의 흐름에 의한 수살

나쁜 기운이 치고 들어오는 예이다. 물이 감싸 안고 흐르지 않고, 아파트를 친 후 등을 돌려 흐르므로 마주 보이는 아파트에 수살의 흉살이 가해진다. 매우 좋지 않으므로 이런 곳의 주택이나 아파트의 거주는 피해야 한다.

아래 그림은 도로가 아파트를 치고 있는 예이다. 도로가 감싸 안아 주지 못하고 아파트를 치고 있으므로 정면에 보이는 아파트에는 수살의 흉살이 가해진다. 매우 좋지 않으므로 이런 곳에는 거주하지 말아야 한다.

도로의 흐름에 의한 수살

다음 그림은 경사진 도로가 주택을 치고 내려가고 있는 예이다. 도로가 아파트를 감싸 안아 주지 못하고, 삼각점에 있으므로 그림의 정면에 보이는 주택에는 수살의 흉살이 가해진다. 매우 좋지 않다. 더군다나 주택의 형상이 각진 돌출과 요함凹陷이 있어 더욱 흉하다.

경사진 도로의 흐름에 의한 수살

2) 풍살風殺

요함凹陷하게 뚫린 산의 계곡이나 골짜기에서 골바람이 부는 것을 풍살이라 한다. 이런 곳은 거주자의 건강을 유지하기가 어렵고 결국 집안이 망한다. 북서풍北西風(건해방乾亥方)의 바람을 그대로 받는 형세이면 재앙이 더욱 심하다. 이런 바람을 황천풍黃泉風이라 한다.

도심 속 높이 우뚝 솟아 있는 건물과 건물 사이에도 풍살이 발생한다. 'ㄷ'자형의 아파트 구조에서도 미세하나마 풍살이 작용된다. 앞

골짜기, 건물 아파트 사이에의 풍살

그림의 원안에 표시된 아파트에도 풍살이 미친다. 이런 동에서 거주하면 다른 동에 비하여 이사가 잦거나 몸이 아픈 환자가 발생되고 집안이 점차 기울어진다.

3) 파살破殺

파살

주거지 주변의 산이 깨지고 부서져 흉측한 경우 집안에 반드시 우환이 생긴다. 파살이 있는 곳에서 거주할 경우 심장마비나 뇌졸중 등의 건강질환이 발생되고 가산이 기울어 집안이 망하게 된다.

4) 압살壓殺

혈 자리의 묘나 택지宅地를 험준한 산이 고압高壓하는 살을 말한다. 산이나 바위 아래 들어선 주택은 심한 억눌림으로 인한 협심증 등의 건강질환과 근심걱정거리의 불안한 사건들이 빈발하게 발생된다. 높고 큰 아파트 숲 사이에 홀로 들어선 조그만 주택도 압살에 해당된다.

건강은 물론 가산을 탕진하여
결국 망하게 되는 흉살이다.
아래 그림은 최북催北(?~?)의
대표작품인 〈표훈사表訓寺〉이다.
금강산 표훈사의 그림을 분석
하여 보면 경치는 수려하나,
물이 감싸주지 못하고 약간
반배하며 압살의 흉살이 있다.
대부분 앞의 전망이 탁 트이고

압살

기암절벽이 있어 경치가 수려한 곳은 풍수적으로 좋지 않은 흉지가
대부분이다. 위 그림은 아파트 단지들 사이에 홀로 남은 조그만 주택
이다. 압살을 받고 있으며, 도로보다 낮은 곳에 주택이 위치하고 있어
매우 좋지 않다.

충살

5) 충살衝殺

충살을 능침살稜針殺이라고도 하는데, 뾰족하게 생긴 산의 능선이 거주지를 향해 나쁜 기운을 보내는 흉살이다. 충살이 있으면 큰 화나 가슴 아픈 흉사가 발생된다.

산의 능선이 가까울수록 피해가 크며 아파트의 긴 건물이나 큰 빌딩 건물도 충살을 일으킨다. 하지만 아파트나 큰 빌딩의 충살은 뾰족한 산의 능선에 비하여 상대적으로 약하게 충살을 내지만, 여러 동으로 부터 충살을 집중적으로 받게 되면 흉하다.

내가 거주하고 있는 곳이 나쁜 기운이 있다면 반드시 피해야 한다. 수살, 풍살, 파살, 압살 및 충살의 5대 흉살은 물론이고, 산과 물, 그리고 도로의 흐름과 형상을 살펴 좋지 않은 주거지는 필히 피해야 한다. 이때 도로의 흐름은 물의 흐름으로 살핀다. 도시에서는 주로 도로와 하천의 흐름을 살피고, 부락 단위의 작은 마을에서는 하수 또는 실개천의 흐름을 잘 살펴야 한다.

5.4 길흉택지의 응용

많은 사람이 거주하는 아파트의 같은 동에서도 집의 층과 호에 따라 좋고 나쁨이 확연히 구별된다. 같은 단지 내에서도 동에 따라, 층에 따라, 호에 따라 길흉은 천차만별이다. 이제까지 배운 면과 배, 수살, 그리고 충살의 이론을 내가 살고 있는 아파트에 적용해 보자.

1) 면面과 배背

밝고 아름답고 유정한 앞쪽을 '면面' 또는 '안'이라 하고, 어둡고 험하고 무정한 용의 뒤쪽을 '배背' 또는 '밖'이라고 한다. 주거지에서 용맥龍脈의 면에 해당하면 길하나 배에 해당하면 흉하다.

거주지에서의 도로는 물의 흐름으로 보므로 감아 도는 안쪽을 '면', 그렇지 않은 쪽을 '배'로 본다. '배'쪽은 도로가 아파트를 반배反背하여 흉하므로 주거지를 선정할 때 고려해야 할 중요한 요건이다.

도로에 의한 면과 배의 구분

2) 수살水殺

강·하천·골짜기 등에서 물의 기운이 택지를 치고 들어오면 5대 흉살凶殺 중 수살에 해당되어 흉하다. 다음 그림은 굽어진 도로가 거주지를 감싸 안아 주지 못하고 아파트를 친 후 등을 돌리고 있으므로 매우 좋지 않다. 도로는 양방향으로 수살을 적용한다. 특히 경사가 진 도로에서는 아래쪽으로 내려오는 굽어진 도로의 방향에 있는 아파트가 더욱 흉하다. 수살이 가해진 거주지에는 일이 잘 풀리지 않고 가산이 점점 기울며 건강 또한 좋지 않다.

굽어진 도로에 의해 발생되는 수살

3) 충살衝殺

뾰족하게 생긴 산의 능선이나 아파트 또는 큰 건물의 길쭉한 쪽이 나의 거주지를 향해 치고 들어오는 능침살棱針殺이 있는 형세로 나쁜 기운을 보내는 흉살이다. 충살을 받으면 큰 화나 가슴 아픈 흉사가 발생되고, 가까이에서 충살을 받을수록 피해가 더 크다. 아파트나 빌딩 등의 큰 건물의 충살은 산의 능선에 비해 충살이 가해지는 정도가 약하다.

4) 면面, 배背, 수살水殺, 충살衝殺의 종합 응용

주거지를 선정할 때 집 주변의 도로나 물의 흐름이 굽어 있다면 면과 배, 수살, 그리고 충살이 있는지 살펴보아야 한다. 이는 상가, 사무실,

건물에 의해 발생되는 충살

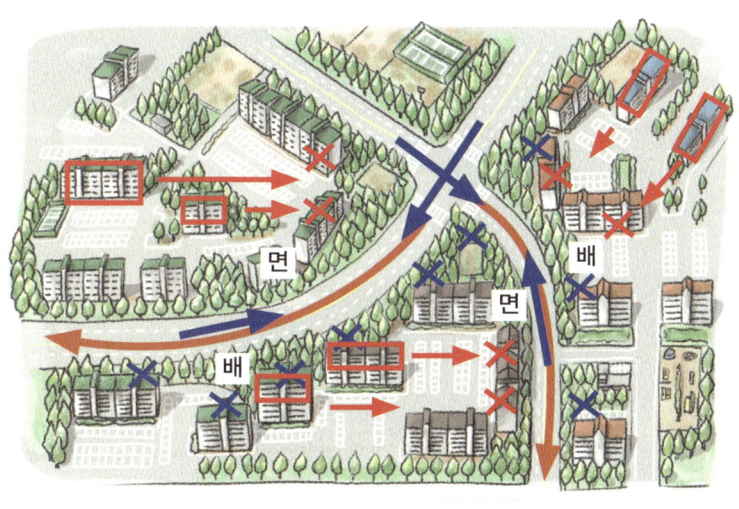

면과 배, 수살 및 충살의 종합 응용도

음택 등 모든 택지에 있어서 공통된 매우 중요한 요건이다. 나의 거주지가 면과 배 중 어디에 속해 있는지, 굽어진 도로에 의해 발생되는 수살은 있는지, 또한 주변 건물에 의해 충살이 발생되는지 살펴본다.

앞 쪽 그림은 이러한 내용을 종합적으로 나타낸 그림이다.

택지는 택지 자체의 모양과 형태, 그리고 용맥의 흐름 요건에 따라 길흉을 구분한다. 하지만 주거지의 부지가 넓게 정리되어 산과 물에 대한 흐름 파악이 어려운 아파트 단지에서는 도로의 흐름을 잘 살펴보아야 한다. 도로의 흐름에 따른 수살의 영향을 살핀 후 면, 배, 그리고 충살의 흐름을 잘 살펴야 한다. 아파트에서 충살에 대한 피해는 적은 편이지만, 수살의 영향이 있는 흉지에서의 거주는 반드시 피하도록 하자.

5.5 조상의 음택지인 묘지에서의 길흉

이제까지는 택지에 관한 내용 중 양택지에 대한 길흉관계를 살펴보았으나, 음택지에 대한 길흉도 따져 보아야 한다. 음택지는 기본적으로 양택지와 모든 택지의 길흉 조건이 동일하다. 하지만 땅을 파서 그 아래에 택지가 들어서는 만큼 땅 속의 변화하는 내용을 추가로 배워야 한다. 따라서 본 절에서는 묘지 밖과 무덤 속(광중壙中)에서의 나타난 현상을 병렴病廉 별로 시신의 상태, 묘지 밖 지상에서의 상태 변화, 자손에게 발생될 발생 질병을 차례로 분류하여 정리하였다. 이는 지상에서의 미묘한 변화를 파악하여 땅 속 무덤 안의 상태 변화를 판단하고 그에 대한 일반적인 문제의 발생 현상과 이유 및 처치를 공부하고자 함이다. 여기서 병렴病廉이란 땅 속에 집을 짓거나 장사葬事를 지낼 때 자생自生 혹은 외침에 의해 흉하고 해로운 일을 당하는 병질病疾을 말한다. 병렴과 관련하여 주자朱子(1130-1200)와 정약용丁若鏞(1762-1836)이 언급한 병렴의 내용, 『정조실록正祖實錄』에 나타난 병렴과 정조正祖(1752-1800, 재위 1776-1800)의 당시 상황을 비교해 공부하기로 한다. .

1) 무덤 밖 상태에 따른 무덤 속의 병렴과 시신의 상태

묘지광중墓地壙中에서 자생自生 혹은 외침에 의해 발생된 수렴, 목렴, 화렴, 충렴, 모렴, 빙렴 등의 병렴은 다음과 같다.

첫째, 수렴水廉이란 묘 속에 습기가 많아서 물이 차게 되는데 이때 벌어지는 냉혈冷穴 현상이다. 땅위에서는 봉분의 둘레석(호석護石)이 벌어지거나 갈라지게 되고 겨울이 되면 광중의 물이 얼어붙으므로 당연히 이장을 서둘러야 한다. 이런 곳에 묘를 쓰게 되면 자손 중에 익사자溺死者가 나오거나 정신병 또는 의처증 증세가 나타난다. 수재水災 또는 높은 데서 떨어져 죽거나 손발이 뒤틀리는 병이 발생되고 폭력이나 폭언 등을 일삼게 된다.

주변의 나무가 묘의 방향이나 바깥쪽으로 비스듬히 기울어지거나 봉분 한쪽이 심하게 꺼져 있으면 수렴을 의심해 보아야 한다. 매우 흉하다. 이는 지층이 심하게 움직이는 곳에서 나타나는 현상인데 시신이 물에 뜬 채로 뒤집히는 복시複視 현상이 일어나거나 다른 곳으로 이동하여 사라지게 된다. 이런 곳을 풍수 전문용어로 도시혈盜屍穴이라고 하는데 필히 이장을 해야 한다.

둘째, 목렴木廉은 나무뿌리가 엉켜 체골을 감거나 뼛속을 파고드는 것으로 그 후손은 다리나 관절, 그리고 목에 병이 발생되고 불구가 되기도 한다. 목렴은 주로 생기가 없는 푸석푸석한 혈지에 흔히 있게 된다.

셋째, 화렴火廉은 바람이 들어가 시신이 까맣게 그슬리는 것을 말한다. 바람이 계속해서 불기 때문에 수분이 증발하여 잔디가 말라죽게 되고 봉분의 한쪽 잔디가 벗겨진다. 이러한 바람을 전문 용어로 팔요풍八曜風(황천풍黃泉風)이라 한다. 이러한 바람을 막으려면 무덤 주위에 나무를 심거나, 무덤 주위를 둘러쌓은 나지막한 담인 곡장曲墻을 두른다. 그렇지 않으면 유골이 까맣게 변하며 벙어리나 정신질환자가 발생되고 자손이 끊기거나 가문이 쇠퇴하게 된다.

넷째, 충렴蟲廉은 묘에 뱀, 벌레, 두더지, 쥐 등에 의해 구멍이 뚫렸거나 개미집이나 벌집이 있을 때 벌어지는 병렴이다. 이는 묘 속이 습하기 때문에 동물의 거처로 삼는다. 후손은 종기, 피부병이나 괴질흉사怪疾凶死의 피해를 입는다.

묘에 개미집이 있을 경우 지하 6자 밑에 물이 있다고 보아야 한다. 이장하는 것이 최선이며 이장하지 않으면 유골이 검게 변하게 된다.

다섯째, 모렴毛廉은 그늘지고 축축한(음습陰濕) 땅에서 곰팡이 같은 가는 솜털(세모細毛)에 싸여 있는 경우이다. 이와 같은 경우에는 재물을 잃어버리고 병으로 인한 고통을 받는다.

여섯째, 빙렴氷廉은 무덤 속(광중壙中)이 한랭하여 체골體骨이 마치 동태凍太와 같이 꽁꽁 얼거나, 냉장고에 성에가 낀 듯 뿌옇게 얼어있는 것처럼 백태가 끼는 상태가 된다. 이때는 백혈병으로 인한 고통으로 자손이 결핍된다.

여섯 종류의 병렴 외에 무덤 밖과 안에서는 많은 변화가 이루어진다. 몇 가지 더 봉분의 상태와 이로 인해 발생되는 현상에 대해 알아본다.

무덤 밖의 잔디가 전혀 자라지 않고 붉은 흙이 그대로 보이면 흉하다. 이는 내룡來龍 위로 불어오는 흉한 바람 때문에 무덤 속에 살기가 스며 들기 때문이다. 이러한 것을 전문 용어로 용상팔살龍上八殺이라고 한다. 살 중에서 가장 두렵고 무서운 살이다. 용상팔살로부터 벗어 나려면 묘소의 잘못된 좌향坐向을 변경하여야 한다. 그렇지 않으면 재앙이 닥쳐 암·당뇨·신장병 등에 걸리거나 재난을 당해 하루아침에 망하게 된다.

봉분에 금이 가거나 갈라지며 가라앉으면 흉하다. 이는 수맥이 흐르기 때문인데 좌향을 고쳐 수맥에서 벗어나야 한다. 그렇지 않으면 유골이 검게 변하고 후손이 편치 못하게 된다.

봉분에 이끼가 끼거나 물풀이나 쑥대 같은 식물이 덮여서 자라면 흉하다. 봄에 서릿발이 녹을 때 뿌리 사이가 들뜬 후 말라 죽은 잔디 사이로 이끼나 쑥대가 들어차기 때문이다. 조속히 이장을 해야 한다. 그렇지 않으면 시신이 육탈되지 않으며 후손에게 큰 재앙이 있게 된다.

봉분의 한 부분이 움푹 파이면 흉하다. 기의 흐름이 비정상적이기 때문인데 이장을 해야 한다. 그렇지 않으면 소아마비 환자가 많이 발생한다.

내룡의 맥이 기형적으로 뒤틀린 곳에 음택을 사용하면 흉하다. 물이 차게 되고 충衝이 발생되므로 이장을 해야 한다. 이런 곳에 묘를 쓰면 척추 장애인이 태어나게 된다.

2) 병렴과 관련된 문헌

음택지를 선택함에 있어서의 중요성과 묘지 선택이 바르지 못하였을 때 묘에 나타나는 현상에 대해 주자朱子는 『산릉의장山陵議狀』에서 구체적으로 서술하고 있다. "혹시나 땅을 선택함에 있어 세밀하지 못하여 땅이 좋지 못하다면 반드시 물이나 땅강아지, 개미 혹은 바람 등과 같은 것들이 광중을 침범할 것이다. 그렇게 되면 그 유골과 혼령이 불안할 것이며 재앙이나 사망 혹은 대가 끊기는 우환이 있을 것이다. 대단히 두려워해야 한다.[9]"라고 수렴과 충렴, 그리고 화렴의 발생 가능성과 후손에 미치는 변고를 염려하였다.

정약용丁若鏞의 『여유당전서與猶堂全書』에도 이와 유사한 내용이 씌어져 있다. "어린애가 갑자기 종기를 앓아 피부가 벌레 갉아먹은 나무처럼 되었다. 이를 본 지사地師가, '묘묘墓의 건술방乾戌方이 바람을 받아 광중에 있는 시체에 벌레가 생긴 것이 빌미가 되었다' 한다. 무덤을 파고서 살펴보면 과연 사실이다. 이러니 할 말이 있을 수 있겠는가. 큰아들이 높은 데서 떨어져 죽고 어린애가 손발이 뒤틀리는 병에 걸렸다. 이를 본 지사는, '묘 속의 시체가 뒤집히는 탓으로 시체의 등이 위로 젖혀진 것이 빌미가 되었다' 한다. 무덤을 파고서 살펴보면 과연

---

9) 『其或擇之不精地之不吉則必有水泉蟻地風之屬以賊其內使其形神不安而子孫亦有厄亡絕滅之憂甚可畏也』, (『주희집朱熹集』 10책 중 2책, 권15, 『산릉의장山陵議狀』)

사실이다. 이러니 할 말이 있을 수 있겠는가[10)]"라며 충렴과 복시 현상인 도시혈盜屍穴에 대해 언급하고 있다. 도시혈이란 땅 안의 흙이 땅속으로 흘러 내려가는 현상을 말한다. 이는 지층이 심하게 움직이는 곳에서 나타나는 현상인데 시신이 물에 뜬 채로 뒤집히는 복시 현상이 일어나거나 다른 곳으로 이동하여 사라지게 된다.

또한 『정조실록』에는 "원소園所에 나아가 빈전殯殿에 곡하고, 이어 구광舊壙을 살폈는데 광중壙中에 거의 한 치寸 남짓 물이 고았고, 화기火氣는 외재궁外梓宮 천판天版으로부터 좌우의 협판夾版에 이르기까지 검게 그을린 빛을 띠고 있었으며, 빙류氷溜는 외재궁의 좌우 협판夾板에 늘어진 것이 많이 있었다. 상上이 지난 일을 추념하고 눈물을 흘리며 애통해 하였다.[11)]"라고 사도세자思悼世子(1735-1762) 묘소의 광중에 수렴과 화렴, 그리고 빙렴에 대해 상세히 묘사되어 있다.

사도세자의 묘에 3종류의 병렴이 깃든 상태에서 그의 아들인 정조正祖의 당시 상황은 어떠했는지 『정조실록』에 있는 내용을 정리해 보면 집안에 큰 화가 있었음을 알 수 있다. 1786년 5월 그동안 자녀가 없었기 때문에 정성을 들였던 혈육인 원자 문효세자文孝世子(1782-1786)의 사망, 그해 9월 수태 중이었던 의빈宜嬪 성씨成氏(1753-1786)와 왕세자의 사망, 11월 조카 은언군의 아들인 상계군 담湛의 사망까지 모두 정조와 그의 왕실에 4명의 사망자가 발생되었음을 알 수 있다.

조상의 봉분에 금이 가거나 이끼가 끼었는지, 잔디가 자라지 않고

10) 『孩兒忽病瘡. 蟲蝕膚如木. 師曰墓受乾戌風. 窀有蟲蝕屍祟也. 掘視之良然. 尙有說乎. 長子墜而死. 孩兒瘑而瘁. 師曰墓犯忌翻屍背在上祟也. 掘視之良然. 尙有說乎』, (『여유당전서與猶堂全書』제일집, 다산시문집茶山詩文集 제십일권, 논論, 『풍수론風水論』)

11) 『詣園所. 哭于殯殿. 仍審舊壙. 壙中渟滀之水. 深幾一寸有餘. 火氣則自外梓宮天板. 至左右夾板. 有焦黑之色. 氷溜則外梓宮左右夾板. 多有垂垂者. 上追念旣往. 掩涕哀慟』, (『정조실록』권14, 정조 십삼년 시월 사일)

구멍이 뚫렸는지 등의 이상 유무를 세심하게 점검해 보자. 묘지에서의 잘못된 병렴은 자손의 질병과 밀접한 관계가 있음에 유의해야 한다.

본 절에서는 택지의 형태와 택지 주위의 흐름 요건을 잘 살펴 거주지의 좋고 나쁨을 구별하는 방법을 배웠다.

거주지는 산의 형태와 흐름, 강과 하천 등 물의 형태와 흐름, 도로, 아파트 및 건물 배치, 택지의 높고 낮음 등 택지 주위의 흐름 요건을 종합적으로 검토하여 길흉을 구분하여야 한다.

첫째, 택지 형상에 따라 확실하게 길흉을 달리하므로 살기에 편한 형태의 택지를 선택하여야 한다. 이때 택지의 앞은 좁고 뒤는 넓어야 길하며, 삼각형 모양의 택지의 형태는 모두 흉하다. 특히 돌출이나 요함은 더욱 흉하므로 피해야 한다.

둘째, 산과 물이 어떻게 흘러가는지 잘 살펴서 택지를 선택하여야 한다. 배산임수, 전저후고, 평탄 원만한 명당보국, 용맥의 입수, 그리고 길한 사격이 감싸야 길하다. 그러나 좌우청백이 등을 진 곳, 안산과 조산이 배역하는 곳, 경사진 곳, 돌출하거나 절벽이나 낭떠러지 및 산의 절개지, 폭포 근처, 골짜기 등은 흉하다.

셋째, 5대 흉살이 있는 곳은 거주지로 적절하지 못하므로 피한다. 산과 물 그리고 도로에 의한 기운이 치고 들어오는 수살, 골바람이 부는 풍살, 주변이 흉측하게 파손된 파살, 나의 집 주위가 높고 강하여 고압적인 압살, 나의 집을 충하는 충살이 있는 택지는 반드시 피한다.

꽃이 지는 걸 바람에 탓하랴

영산榮山 배상열

산봉우리 휘돌아 산언덕 굽이치고
아늑한 숲 속 개울 물 감싸 도는,
그곳에 한마지기 땅 일궈
집 한 칸 들이세.

한 치 높이 두룬 무궁화 울타리와 백일홍 사이에
이엉 엮어 정자 지우고,
상치며 오이랑 고추랑
한 자락씩 채소 가꾸세.

동구洞口 밖엔 살구 사과 키우고
뒤뜰엔 측백과 대나무 쳐서,
수승화강水昇火降으로 물불 다스려
도인導引으로 거듭나세.

마주하는 용호龍虎에 적송赤松과 은사시 가꾸고
뜰 앞 연못 너미에 버들 심궈,
벗 삼은 자연自然과의 합일슴一
선가仙家의 부귀영화富貴榮華가 이 뿐이랴.

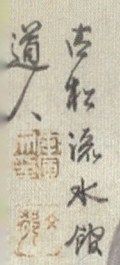

2부

◎

풍수의 적용

　2부에서는 1부에서 다뤘던 산 · 물 · 택지에 대한 지식을 기반으로 약간 더 까다로운 혈穴에 대한 이론을 익힌 뒤, 그 이론을 실생활에 응용하여 적용할 수 있도록 꾸몄다.

　먼저 기氣의 종류와 형체를 소개하고, 좋은 주거지를 찾기 위해 혈의 형태와 흐름, 혈을 맺는 방법을 추가로 익힐 수 있게 하였다. 그리고 혈에 대한 이론에 이어 공부 잘 되는 집, 부자 되는 집, 장사 잘 되는 상가 및 좋은 음택지를 선정할 수 있는 능력을 이 책을 대하는 독자들이 스스로 배양할 수 있도록 하였다.

　그러기 위해서는 본문에 있는 내용과 함께 풍수지리 요건을 종합적으로 복습 정리하고, 현장을 방문한 답사자의 입장에 서서 현장감 있게 이해도를 높이는 검토와 점검이 뒤따라야 하겠다.

제 6 장

복이 넝쿨째 들어오는
집안 꾸미기

이제까지 살기 좋은 주거지 선정을 위하여 꼭 필요한 기초 이론과 산·물·택지의 형태와 흐름을 선별하는 방법을 익혔다.

본 장에서는 주거지에서 보다 더 행복하게 살아가기 위해 기를 살리고 복을 부르는 집안 꾸미는 법을 소개하고자 한다. 이런 생활풍수는 보기에 아름답고 기분을 좋게 하는 것이 핵심이다. 풍수이론을 잘 익혀 전체적으로 조화를 이루면서 집안의 기를 원활하게 흐르도록 하고 나쁜 기의 출입을 막도록 하자.

6.1 거실 꾸미기

복이 넘치는 거실을 꾸미려면 거실 조명, 가구, 가전제품과 수족관, 창문, 베란다, 거울, 꽃과 그림 등에 대해 특히 관심을 가져야 한다.
아파트의 양택에서 거실은 무게중심이며 혈이다. 주택의 무게중심은 마당이며 옛 가옥은 대청이 된다. 집 전체의 기운을 관장하는 거실의 배치는 대단히 중요하다. 거실 꾸미기에 앞서 집안 전체의 공통된 내용부터 알아본다.

1) 거실 공통

사람이 없는 빈방은 정체된 기를 소통시키기 위해 항상 문을 열어 둔다. 집안에 끼어 있는 먼지는 나쁜 기운과 액운을 의미하므로 먼지가 끼지 않도록 신경쓴다. 채광과 통풍이 중요하므로 적당한 빛이 들어오도록 하고, 새로운 기가 들어올 수 있도록 통풍시설에 힘쓴다.

집안에 죽은 생물이나 꽃 등은 반드시 제거하고, 관엽 식물을 키운다. 사람 키보다 큰 식물을 집안에 두는 것은 좋지 않다. 관엽 식물은 볕이 잘 들지 않는 곳이나 구석진 곳에 놓는다.

2) 거실 조명

거실조명은 원형이나 정사각형보다는 진취적인 직사각 형태가 좋으며 밝아야 길하다. 천장에 조명 기구 하나만 달아놓으면 가족 운이 좋지 않다. 가족 간에 화합을 위해 중심의 큰 등 주위에 간접 조명이나 벽의 등으로 보충한다.

스탠드의 기둥은 길고 하나로 된 것이 좋다. 소파 옆에 키가 큰 스탠드를 놓아두면 마찰과 다툼을 예방 하므로 사회 활동에 긍정적이며, 양기가 충만하고 진취적으로 된다.

3) 가전제품과 수족관

TV나 오디오 등의 가전제품을 서쪽에 두면 좋지 않으므로 동쪽에 배치한다. 서쪽에 놓으면 아이들이 텔레비전에 빠져들어 공부를 등한시하게 된다. TV 주위에 관엽 식물을 놓으면 좋은 기운이 상승한다.

거실에 수족관을 설치하면 부를 가져다주므로 금전운은 좋아지지만 교재운이 저하된다. 어항의 물은 고인 물이므로 앞마당의 연못이 좋지 않는 것과 같은 이치이다. 수족관은 거실 내의 남동쪽, 동쪽, 북쪽에 설치하고, 기포발생기와 수초를 적당히 심어 항상 청결을 유지토록 한다. 또한 노란색이나 금색의 물고기를 섞어 키우도록 한다.

4) 거실 가구

사람은 양陽이며 가구는 음陰이다. 따라서 평수에 비해 가구가 너무 크거나 위압감을 주는 고압적인 배치는 음의 기운이 강해져서 매사에 하는 일이 꼬이게 된다. 또한 사용하지 않은 가구는 음기이니 과감히 버린다.

특히 골동품이나 고가구를 어둡고 후미진 구석에 두면 더욱 그 기가 음습하고 탁해져 가족들의 건강을 해치게 된다.

거실 탁자를 고를 때 진취적인 사고방식이 필요한 젊은 부부에게 원형 테이블은 좋지 않다. 사회생활의 발전이 있는 직사각형의 사각 탁자가 좋으며 자연 소재의 원목 테이블이 좋다. 음기가 강한 유리, 돌, 대리석 테이블은 양기를 잠식시키므로 좋지 않다. 탁자에 유리를 깔 경우 천을 깔고 그 위에 유리를 올리도록 한다.

거실에 놓는 소파는 음기에 해당한다. 음기인 소파가 지나치게 크면 인간의 양기를 잠식하므로 발전이 없고 하는 일이 꼬이게 된다. 소파의 방향이 현관을 바라보고 앉으면 생기의 흐름이 좋지 못하고 가족관계가 소원해지므로 현관을 등지고 앉을 수 있도록 'ㄱ'자나 'ㄴ'자로 놓는다. 배산背山의 이치이다. 다음 그림은 현관문 쪽에 소파를 배치하고 동쪽에 가전제품을 올바르게 배치한 예이며, 사진은 TV는 동쪽에 잘 배치하였으나, 소파가 현관문을 바라보므로 바르지 못한 예이다.

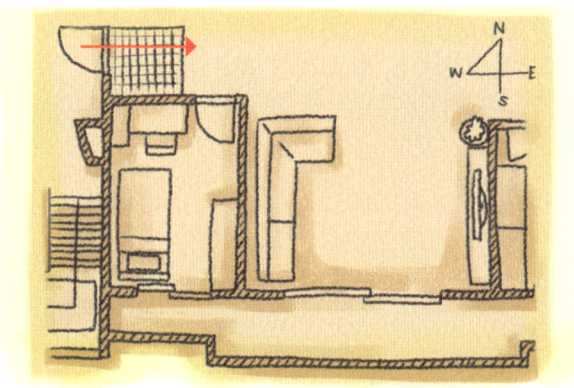

소파의 바른 배치

전자제품의 동쪽 배치

5) 창문

  창문이 크면 재물이 빠져나가기 쉽다. 따라서 창문이 크면 창가에 화초나 커튼, 블라인드 등을 사용해서 큰 창문을 가려주면 좋다.

  좋은 기운과 많은 복을 받고자 창문이나 대문을 크게 하는 경우가 많다. 하지만 이것은 오히려 내가 애써 가꾼 복을 문을 통해 내보내기 쉽다. 상가든 사무실이든 집이든 창문이나 대문이 집 규모에 비해서 클 경우 화를 불러일으키므로 흉하다.

6) 베란다

집밖의 기운이 들어올 수 있도록 베란다에 물건을 쌓아 두지 않는다. 골프채나 수석 등은 보이지 않는 곳에 둔다.

또 베란다를 거실로 활용하면 흉하긴 하지만, 꼭 사용해야 할 때는 깨끗하고 밝게 유지한다.

7) 벽지와 커튼

벽지의 색은 화려하지 않은 아이보리나 크림색의 문양이 좋다. 화려한 무늬나 색상의 커튼은 소비욕이 강해지고 재산 형성 과정이 느려지는 단점이 있다.

두꺼운 재질의 커튼은 기를 차단하므로 재물 운이 약해져 손재損財를 본다. 따라서 두껍지 않으며 차분한 색상의 꽃무늬나 밝고 깨끗한 색상의 커튼을 단다.

8) 거울

거울은 기氣를 혼란시키며 가족들의 융합에 방해하므로 거실에는 거울을 설치하지 않는 것이 좋다. 큰 거울은 사람의 기운을 빼앗으므로 거울 앞에 화분이나 장식물을 두면 기氣가 반사되는 것을 막을 수 있다.

거울 앞의 화분이나 장식물

9) 그림과 꽃

음기가 강한 그림, 음침하고 어두운 그림, 폭포, 낙화落花, 낙엽과 배반하는 그림을 거실에 걸어 놓으면 집안에 반드시 화를 불러오므로 매우 좋지 않다. 특히 폭포의 음기가 강하게 나타난 그림을 집안 거실에 걸어두면 흉하다.

또 차가운 색깔인 검은색이나 회색 등으로 그려진 그림이나 설원의 사진 등은 사랑의 열기를 식히므로 걸지 않는 것이 좋다. 어둡고 무거운 이미지의 가훈·인물화·추상화 등도 좋은 기운을 얻을 수 없으므로 피한다. 현관에서 바라보이는 곳에 꽃 그림이나 가족사진을 걸어 두는 것이 좋다.

거실에는 금전운과 재산운이 상승할 수 있도록 관쇄가 잘되어 있는 무곡금성의 산이 그려진 풍경화나 사진을 걸어두면 길하다.

꽃 그림을 거실에 걸어둘 경우 만개된 그림은 낙화될 시점이라 운세가 급격히 떨어지므로 꽃망울이 혼합되어 있는 생기를 주는 꽃 그림이 좋다.

또 집안에 꽃이나 화분에 핀 꽃을 둘 때는 될 수 있는 대로 건강 치료에 효과가 있는 것을 두면 좋다. 장미꽃의 향은 콩팥을 강하게 하여 밝고 유쾌한 기분을 갖게 하므로 피로 해소, 신경안정과 숙면에 좋다. 해바라기는 양기 꽃으로 강한 생기를 받을 수 있다. 박하향이 나는 프리지어꽃 향기는 혈압을 내리는 효과가 있으며 백합은 당뇨병에 효과가 있고 불쾌한 기분이 사라진다. 글라디올러스는 정신을 맑게 해주고 심신의 고통을 완화시켜 주며 냉증으로 인한 요통에 효과가 있다. 그중에서도 핑크색의 글라디올러스가 가장 효과가 크다.

회화에서 그 소재가 되는 매화·난초·국화·대나무의 고결한 아름

오행의 건강과 사군자(난초蘭, 국화菊, 대나무竹, 매화梅)

다움이 군자君子와 같다는 뜻으로 일컫는 사군자四君子를 나의 건강과 관련하여 오행으로 구별해 보면 다음과 같다.

난초는 봄의 식물이며 동쪽을 뜻하는 목木이다. 목木이 약한 사람 즉 허리, 간과 눈의 기능이 나쁜 사람에게 잘 맞는다.

대나무는 대표적인 여름 식물이며 남쪽에 해당하는 화火이다. 화火가 부족하다면 대나무 그림을 걸어두면 화기火氣를 얻게 되어 몸과 마음이 건강해지는 것이다. 침실의 머리 방향을 남쪽으로 하고 옷도 붉은색을 입으면 좋다.

국화는 가을 식물이며 서쪽을 뜻하는 금金이다, 금金 기운이 부족한 사람인 닭띠나 원숭이띠에게 잘 맞는다.

매화는 겨울 식물이며 북쪽을 뜻하는 수水이다. 수水가 부족한 사람은 매화 그림이나 꽃을 걸어두고 수기水氣를 얻으면 좋다. 위 그림은 강세황姜世晃의 〈사군자四君子〉이다.

침대 가까이에는 꽃과 꽃이 핀 화분을 두지 않고 꼭 두고 싶다면 1m 이상 떨어진 곳에 둔다. 꽃이 필 때 기氣를 빨아들이거나 꽃가루 알레르기증세가 나타날 수 있기 때문이다. 하지만 침대 주변과 창가에 꽃이 피지 않는 난과 관엽 식물을 두면 침실의 기운을 시들거나 상하지 않게 해주고 생기가 있게 한다.

　꽃과 화분은 해로운 기운이 모이는 구석에 둔다. 후미진 구석에 꽃을 장식하여 나쁜 기운을 해소시켜 주는 것이 좋다. 생화나 조화나 관엽 식물을 두거나 이와 관련된 그림을 둔다.

6.2 기타 집안 꾸미기

행복하게 살아가기 위해서는 거실 꾸미기 외에도 안방과 침실, 아이 방, 대문, 마당, 주방, 욕실 등을 기氣를 살리고 복福을 부를 수 있도록 꾸미고 배치하여야 한다. 특히 방의 위치에 따라 침대와 책상의 배치를 적절하게 하고, 집안 마당에는 심어야 할 나무를 구별하여 심도록 한다.

1) 안방 침실 꾸미기

'나의 집 배치 방법'(7.1장)을 참조하여 현관문과 동일한 사택 방위에 해당하는 곳을 안방으로 사용하면 좋다. 침실은 화려하기 보다는 차분한 분위기가 좋다. 침실이 너무 밝으면 좋지 않다. 침실은 어두워야 재물이 쌓이므로 너무 큰 창문이 있다면 커튼으로 조절한다. 벽에 장식을 많이 걸지 않는 것이 좋으며 부부 사진만

침실의 밝기

둔다. 아이를 갖고자 한다면 석류 그림이나 열매를 침실에 두면 좋다.

자녀들에게 안방을 주고 부부가 작은 방을 사용하면 가정이 불행해진다. 또 현관문(대문)과 마주 보이는 안방은 좋지 않다. 현관문과 일직선으로 마주보면 안방의 기가 새어 나가기 때문이다. 특히 주택에서는 대문에서 보이지 않는 곳에 안방을 둔다.

침실에서 거울의 사용은 가급적 자제한다. 거울에 잠자는 모습이 비치면 좋지 않으므로 가급적 작은 것을 사용하거나 보이지 않는 곳에 거울을 설치한다. 또한 침실에 전자 제품을 두면 기의 흐름을 방해하여 숙면을 취하기 어려우므로 침실에는 두지 않는다.

방의 문과 맞은편에 위치한 침대는 충살衝殺이 있으므로 문과 대각선 위치의 창문 쪽에 둔다. 이때 침대 머리 방향은 문을 바라보는 위치에 두되 남쪽이나 동쪽 방향이면 더욱 좋다. 침대 안쪽은 남편, 바깥쪽은 아내가 사용하며 침대는 창문이나 벽면에서 30cm 이상 떨어진 곳에 놓는다.

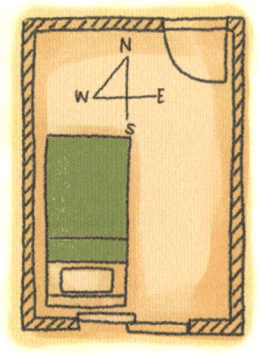 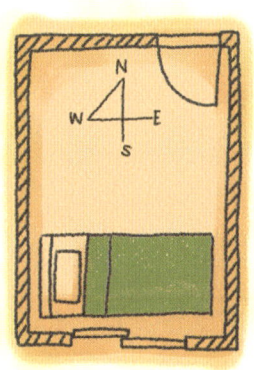

침대 배치 : 좌(○), 우(×)

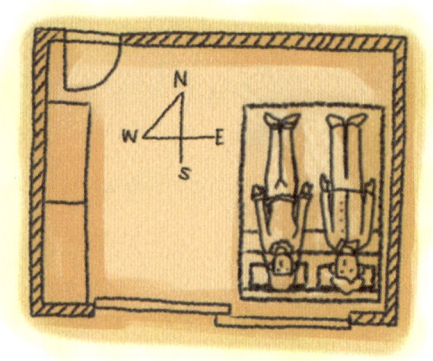

부부 침대 배치 사용

안방 침실 안에 화장실이 있는 경우 화장실 방향으로 머리를 두지 않아야 한다. 화장실의 음습한 기운이 좋은 사랑의 감정을 퇴색시키기 때문이다. 침대 머리에는 장식이나 물건 등 가급적 아무것도 두지 말자. 침대 머리가 복잡하게 꺾이고 구불거리는 것은 삶을 격렬하고 굴곡지게 만들 수 있으므로 될 수 있는 대로 피하자.

2) 아이 방 꾸미기

건강이 좋지 않은 아이의 방은 밝고 화려한 핑크색이나 주황색, 베이지색을 주로 사용하여 꾸미는 것이 좋다. 벽에는 풍경화를 걸어 두는 것이 좋으며 침대 옆에 흰색 꽃이나 핑크색 소품을 장식하면 기氣의 흐름이 좋아진다.

주의가 산만해서 학습능력이 떨어지는 아이는 흰색 가구를 놓아 준다. 기하학적 패턴이나 사선斜線 패턴의 커튼은 집중이 되지 않아 공부하는 학생에게 좋지 않다. 아이가 시험을 준비하고 있다면 세로 패턴의 커튼을 단다.

책상은 차분한 분위기에서 공부할 수 있도록 북쪽을 향하도록 놓는다. 무늬가 있는 책상은 아이들의 마음을 혼란스럽게 한다. 화려한 색상이나 무늬 있는 책상보다는 나뭇결이 있는 차분한 것을 고른다. 그리고 아이의 책상 위치는 방문을 등지지 않도록 한다. 집중력의 증가로 얻는 이익보다 편협한 인격 형성으로 문제가 발생할 수 있기 때문이다.

아이의 침대 머리는 둥근 산山 모양의 완만한 무곡금성 형태의 곡선이 좋다.

3) 현관문(대문)과 마당 꾸미기

현관의 조명은 어둡게 하지 않는다. 현관문은 소리가 나면 좋지 않으므로 소리 나지 않게 여닫을 수 있도록 한다.

현관과 정면으로 마주 보는 거울은 들어오는 행운을 돌려보낸다. 현관 거울이 밖을 향해 있으면 양기陽氣를 밖으로 내쫓으므로 좋지 않다. 또한 대문(현관문)이 안방과 마주 보이면 흉하다.

기의 통로인 현관은 승진, 진로 및 금전과 관계되므로 신발을 항상 가지런히 정리한다. 신발장 위에 꽃을 장식하면 밖에서 들어온 기운이 상승한다. 현관에 화려한 매트를 깔면 이사를 자주 가거나 전근이 잦아지므로 수수한 매트를 사용한다. 또 현관에서 나쁜 냄새가 나면 좋은 기운도 나쁜 기운으로 바뀌니 청결한 상태를 유지한다.

대문이 집 안쪽으로 열리는 구조는 좋지 않으므로 바깥쪽으로 열리도록 하고, 도로보다 약간 높게 두며 대문 위에 지붕을 설치한다. 주택의 마당에서 비를 쓸 경우 대문에서 집 안쪽으로 비 쓸기를 한다. 담장에 구멍이 뚫리거나 허물어진 곳은 집안 내부가 들여다보여 흉하다.

따라서 담장의 높이는 210cm 정도가 적당하다. 또한 담장을 두르지 않고 나무나 화초를 심는다고 해도 담장을 대신할 수는 없다. 그리고 집안에는 음기가 강한 큰 돌이나 대리석을 두지 않는다.

주택에서 나무를 심을 때 다음과 같은 사항은 반드시 피해야 한다. 정원에 나무를 심으면 흉하며, 특히 크게 자라는 나무를 심으면 매우 흉하다. 집의 문 앞이나 북서쪽에 큰 나무가 있으면 화를 초래하고 흉하다. 집안에 묵은 나무와 오래 사는 나무, 지나치게 크게 자라는 나무가 있으면 가족 중에 병자가 발생하고 가운이 기울게 된다. 나무 가지가 대문을 막거나, 나무뿌리가 집안으로 뻗거나, 또는 지붕 위에 죽은 나무가 뻗히면 기운이 쇠퇴하기 때문이다. 그리고 과일나무가 무성하게 지붕을 덮으면 재운이 없어지고 흉하다. 두 나무가 양옆에서 지붕을 끼고 있는 형상이면 병자가 발생하고 재수가 없으며 흉한 일이 많아진다.

집안에 나무를 심을 때는 대나무, 사철나무, 매화나무, 감나무, 석류나무, 살구나무, 대추나무, 장미와 작고 곧은 소나무를 심는다. 하지만 대나무와 감나무를 집의 문 앞에 심으면 화를 초래하게 된다.

집안에 심어서는 안 될 나무는 등나무, 복숭아나무, 자두나무, 사과나무, 배나무, 버드나무, 오동나무, 잣나무나무, 단풍나무, 백양나무, 소철, 파초 등이다. 특히 우물가에 꽃나무나 큰 나무를 심게 되면 불길하다.

4) 주방 꾸미기

식탁은 좌석 배치를 적절하게 하여 가족 간의 위계질서를 지키는 것이 중요하다. 연장자와 손아랫사람의 관계, 고부간의 갈등을 없애기 위해 연장자가 서쪽이나 북쪽에 앉아 동쪽이나 남쪽을 향하고 나이가 적은 사람은 반대방향에 앉는다. 상이나 식탁의 모서리에 앉는 것은 좋지 않다. 또한 현관에서 마주 보이는 부엌은 좋지 않다.

식탁의 조명은 밝고 은은한 것이 좋다. 절전 등의 이유로 부엌을 침침하게 하는 것은 좋지 않다. 그리고 식탁 위나 싱크대 위에 물건이나 약을 두지 않는다.

주방의 그릇은 운(運)을 담을 수 있도록 뒤집지 말고 바로 놓아두는 것이 좋다. 식칼은 칼을 수납할 수 있는 칼꽂이에 두면 흉한 기운이 나타나지 않으므로 항상 잘 보관한다.

 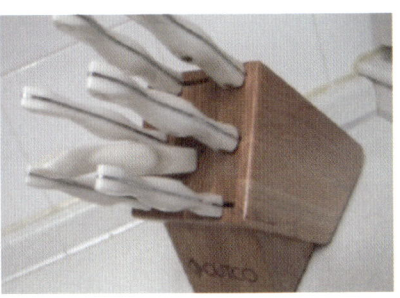

가스레인지는 불(火)이므로 재물(財物)을 의미한다. 그러니 사용 후 항상 깨끗하게 한다. 또한 전자레인지의 화기와 냉장고의 냉기가 충돌하면 주부가 불필요한 지출을 하게 되므로 가급적 냉장고와 전자레인지를 분리시켜 놓는다. 어쩔 수 없이 같은 방향에 설치한다면 근처에 반드시 관엽 식물을 놓아 흉한 작용을 막는다.

5) 욕실 꾸미기

물이 고여 있으면 좋지 않으므로 욕조에 고인 물은 항상 사용 후

곧바로 뺀다. 욕실은 환해야 하는데 습기가 가득한 음기를 쫓아내기 위해서는 밝고 환한 조명이 필수적이다.

욕실에서 불쾌한 냄새가 나면 집안의 기운이 좋지 않은 기운으로 바뀌어져 금전운이 약해지므로 안방에 딸린 욕실은 더욱 청결히 한다.

금전운의 색깔은 황금색과 밀접한 관련이 있으며 서쪽은 금전운을 높이는 최고의 방위이다. 서쪽에 노란색을 배치하는 것으로 금전운을 상승시킬 수 있으며 진한 노란색이면 더 좋다.

옷, 속옷, 소지품. 액세서리, 가방, 수첩, 지갑 등의 소품들을 노란색으로 활용한다. 노란색의 귤, 오렌지, 바나나 등의 과일 그림이나 노란 꽃을 서쪽에 둔다. 가정이나 회사의 경제사정이 안 좋아졌다면 우선 서쪽에 위치한 방을 찾아 그 방의 서쪽을 노란빛으로 장식한다. 여기에 노란색 커튼을 함께 꾸미면 더욱 좋다.

북쪽을 향해 놓여 있는 책상의 왼쪽에도 노란색의 펜과 노트를 둔다. 또한 따뜻한 느낌을 주는 빨강, 주황, 노랑 같은 포근하고 따뜻한 계열의 꽃이나 핑크색 계열의 그림을 현관에 걸어 두면 좋은 기운이 상승해 금전운을 기대할 수 있다.

제 7 장

나의 집과 사무실 배치

이상적인 거주지를 선택한 뒤에도 나의 집과 사무실의 배치를 적절히 해서 보다 훌륭한 거주지로 거듭나게 해야 한다. 이 장에서는 나의 집과 사무실의 배치 방법을 익히도록 하자.

나의 집 배치방법은 어느 방에서 누가 어떻게 거주해야 좋은지 현관문을 기준으로 동사택東四宅과 서사택西四宅으로 구분하여 배우게 된다.

가옥의 방향이나 위치, 구조에 따른 좋은 방과 나쁜 방의 구별법을 익히자. 이어 각 방의 배치가 정해지면 침대의 위치, 머리 방향, 책상, 소파, 전자 기구 등의 배치하는 방법을 알아보도록 한다.

또한 좋은 위치에 있는 사무실을 고른 뒤에도 실내 공간 배치를 효율적으로 하여야 하고, 출입문에 따른 책상 배치와 공간 꾸미기를 적절히 하면 업무 효율이 더 좋아지게 된다.

7.1 나의 집 배치 방법

좋은 주거지를 선택하면 이어서 어떤 방에서 누가 거주해야 하는지 결정해야 한다. 현관문을 기준으로 구성에 따라 좋은 방과 나쁜 방을 구별하여 좋은 방향의 방에 가족이 기거하도록 한다.

1) 가택구성법家宅九星法에 의한 방 배치

가택구성법은 가옥의 방향이나 위치, 구조가 구성九星에 따라 길흉화복이 작용하는 것을 연구하는 학문이다. 현관(출입)문의 방위를 기준으로, 속한 구성을 보고 판단하는데 이를 두고 전문용어로 기두起頭라 한다. 기두는 집에서 가장 공간이 넓고 힘이 왕성한 곳이며 건물 중량의 중심점 또는 출입문이다. 이는 양택에 있어 좌향의 상태를 확인하는 지점이다.

집의 중앙에서 현관문의 방위를 측정하여 기준으로 삼아 동서사택궁東西四宅宮을 파악한다. 다시 설명하면 집(일반주택, 아파트, 사무실 등)의 대문이 동·동남·남·북쪽이면 동사택東四宅이 된다. 그리고 대문이 서·남서·북동·북서쪽 방향이면 서사택西四宅이 된다.

방 배치에 대한 길·흉의 구분은 대문과 같은 사택이면 길한 방위이고, 다른 사택이면 흉하다. 예를 들어 집의 중앙에서 대문의 방향이 북쪽이면 동사택이 되며, 같은 사택인 동·동남·남쪽의 방향이 길하며, 다른 사택인 서·남서·북동·북서쪽 방향이면 흉하다.

기두 방위 기준으로 본 각 방배치의 길흉

현관 방위 배치 방위	북 壬子癸	동북 丑艮寅	동 甲卯乙	동남 辰巽巳	남 丙午丁	남서 未坤申	서 庚酉辛	서북 戌乾亥
북 감坎 ☵	보필 輔弼	오귀 五鬼	천을 天乙	생기 生氣	연년 延年	절명 絶命	화해 禍害	육살 六殺
동북 간艮 ☶	오귀 (녹존)	보필 (좌보)	육살 (문곡)	절명 (파군)	화해 (염정)	생기 (탐랑)	연년 (무곡)	천을 (거문)
동 진震 ☳	천을	육살	보필	연년	생기	화해	절명	오귀
동남 손巽 ☴	생기	절명	연년	보필	천을	오귀	육살	화해
남 이離 ☲	연년	화해	생기	천을	보필	육살	오귀	절명
남서 곤坤 ☷	절명	생기	화해	오귀	육살	보필	천을	연년
서 태兌 ☱	화해	연년	절명	육살	오귀	천을	보필	생기
서북 건乾 ☰	육살	천을	오귀	화해	절명	연년	생기	보필

현관문의 방향과 같은 사택궁에는 대문, 부엌, 안방, 자녀방, 거실, 우물, 사랑채 등을 길한 방위에 배치하고, 현관문의 방향과 다른 사택궁에는 화장실, 하수구, 창고, 축사, 쓰레기장 등을 흉한 방위에 배치한다. 앞의 표는 현관문 방위를 기준으로 각 방의 배치의 길흉을 알려주고 있다.

2) 대문이 북쪽인 나의 집 배치(동사택의 예)

아래 그림은 현관문이 집의 중앙에서 북쪽에 위치하고 있는 동사택의 예이다. 길한 방위인 동, 동남 및 남쪽 방위에 어떤 방을 배치할 것인지에 대해 앞장의 가택구성법에 따라 배치하게 되면 남쪽 무곡(연년延年) 방향에는 거실을, 동쪽 거문(천을天乙) 방위에는 승진을 위해 안방을, 동남쪽 탐랑(생기生氣) 방향에는 학생인 아들이 사용하도록 방을 배치하여야 하므로 동쪽 방위에 있는 화장실을 리모델링하여 안방으로 사용하면 된다.

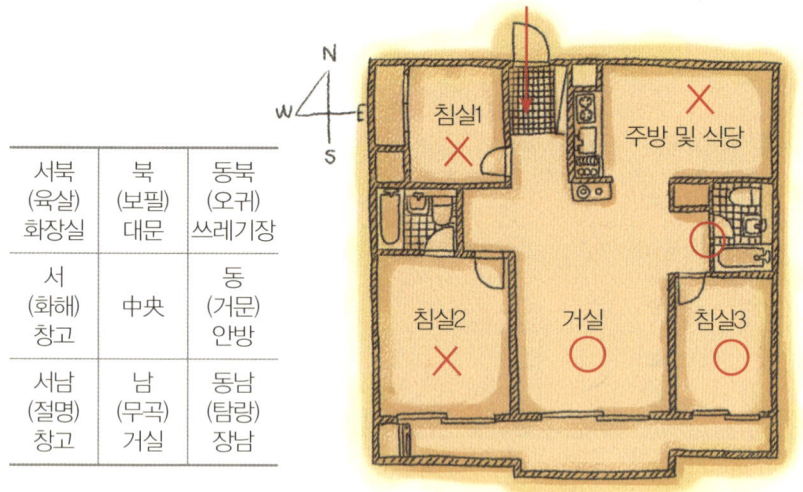

서북 (육살) 화장실	북 (보필) 대문	동북 (오귀) 쓰레기장
서 (화해) 창고	中央	동 (거문) 안방
서남 (절명) 창고	남 (무곡) 거실	동남 (탐랑) 장남

동사택의 방 배치

3) 대문이 서쪽인 나의 집 배치(서사택의 예)

현관문이 집의 중앙에서 서쪽에 위치하고 있는 서사택西四宅의 예이다. 현관문과 같은 길한 방향은 서·동북·서남·서북 방향이다.

따라서 길한 방위에 누구를 어떤 방에 배치할 것인지 가택구성법에 의한 길흉표를 참고하여 가족 구성원의 특성에 따라 배치하였다.

남서쪽 거문(천을天乙) 방향에는 고시를 준비하고 있는 아들의 방(침실 3)으로 배치하였고, 북동쪽 무곡(연년延年) 방향에는 사업을 하고 있는 장녀의 방(침실 2)으로 배치하였다. 북서쪽 탐랑(생기生氣) 방향에 있는 방(침실 4)은 좁아서 사용하기 어려우므로 서재로 꾸미기로 했다. 가장 중요한, 부부가 사용하는 안방은 길한 방향은 아니지만 아파트 구조상 할 수 없이 큰방인 동남쪽 방(침실 1)을 그대로 사용하기로 했다.

침대의 위치는 방문이 있는 면과 평행이 아닌 마주 보이는 곳에 설치하였고, 머리를 남쪽과 동쪽 방향으로 자연스럽게 누울 수 있도록 침대를 배치하였다. 장녀의 침대만 예외적으로 방의 구조상 출입문의 면과 평행이 되게 배치하였지만, 방문과 마주 보이게 하고 동쪽에 머리를 두었다.

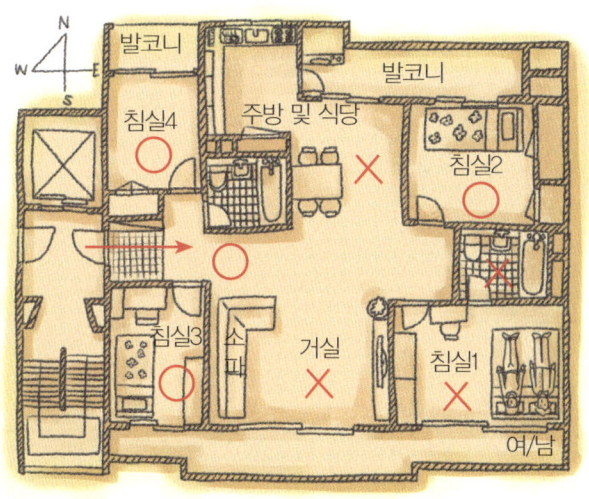

서사택의 방 배치

부부 침대에서는 남편이 벽 쪽, 아내가 출입문 쪽에 누울 수 있게 하였다. 안방 욕실의 문과 침대 머리가 반대방향으로 떨어져 있어 배치가 잘되었다.

거실의 소파는 현관에서 직접 거실이 훔쳐 보이는 기의 흐름을 차단할 수 있도록 'ㄱ'자의 반대 방향으로 설치하였고, 동쪽에 TV나 전자 기구를 놓아서 동쪽 방향을 바라보고 앉을 수 있도록 소파를 배치하였다.

방 배치는 가택구성법에 따라 한다. 먼저 집의 중앙으로부터 현관문 방위를 측정한다. 그리고 동서사택궁東西四宅宮을 파악하여 대문 방향과 같은 사택궁에 가족 구성원의 방을 배치한다. 각 방의 배치가 정해지면 침대의 위치, 머리 방향, 책상, 소파, 전자 기구 등을 배치한다.

7.2 나의 사무실 배치

사무실은 좋은 기운을 받는 위치와 기氣가 있는 층별 높이에 따라 길흉이 현저하게 다르다. 좋은 기가 있는 곳, 물이 모이는 곳과 흉하지 않는 조건들을 갖춘 사무실은 좋은 위치라 할 수 있다. 좋은 위치에 있는 사무실은 실내 공간 배치를 효율적으로 하여야 하고, 책상 배치와 공간 꾸미기를 적절히 하면 업무 효율의 극대화와 부富를 이룰 수 있다.

1) 좋은 사무실 고르기

사무실 배치를 하려면 가택구성법에 의한 동·서사택궁을 먼저 파악한다. 건물 중심에서 출입문의 방향을 파악하여 동·서사택을 구분한다. 그리고 출입문과 같은 사택의 길한 위치에 사무실을 배치한다.

그런데 같은 동·서사택궁이라 하더라도 다음 사항은 피하자. 산 능선이나 다른 건물의 모서리가 나의 사무실을 향하는 능침살이 있는 곳, 산의 골짜기가 나의 사무실을 향하는 곳, 사무실에서 보이는 산이 주름이 많아 골짜기가 많이 보이는 곳, 도로나 하천이 사무실을 치고 들어오는 곳, 도로, 하천, 산 및 다른 큰 건물이 나의 사무실을 반배 反背하는 곳, 경사가 심해 빗물이 빠르게 흘러 내려가는 것이 보이는 곳, 사무실에서 보이는 사옥의 택지가 삼각형의 모서리인 곳, 사옥의 대지가 전면이 넓고 후면이 짧은 직사각형이나 마름모형인 곳, 산의 절개 면이나 절벽이 사무실에서 보이는 곳, 건물 밖에서 보아 나의 사무실의 건물 벽에 이끼가 끼어 있는 곳, 사무실 가까이 군부대, 교회, 병원, 신전, 터널, 고압선이나 철탑이 있는 곳 등은 사무실로 적합하지 않으니 피하도록 한다.

2) 사무실 배치

출입문과 직접 마주 보이는 맞은편에 위치한 통로 끝 책상은 수살水殺이 있기 때문에 흉하다. 사무실 밖의 좋지 않은 기운이 통로를 따라 치고 들어오므로 피해야 한다. 또한 사무실 내에서의 통로는 작은 도로 (물)나 도랑으로 간주하므로 통로의 끝부분에 책상을 놓는 것은 피해야 한다.

출입문과 직접 마주 보이는 맞은편에 위치한 사무실의 책상은 출입문과 마주 보이는 곳에 놓지 않고 대각선 위치에 배치하며 문을 바라보고 앉을 수 있도록 한다.

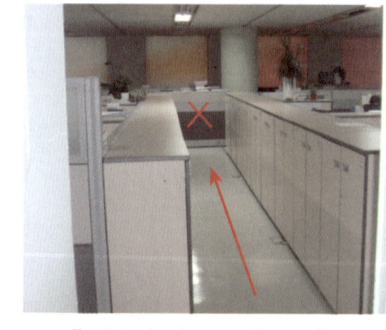

출입문과 마주 보이는 곳(×)   사무실 내의 통로 끝 부분(×)

사무실 출입문이 열리는 방향은 사무실 바깥쪽으로 열리게 설치한다. 이는 상가나 가정집의 대문이 바깥쪽으로 열리도록 하는 이치와 같다.

앞의 그림 중 우측의 사무실 내에 있는 통로 끝에 책상을 배치하는 것은 피해야 한다. 특히, 좌측 그림의 출입문에서 마주 보이는 곳에 책상을 배치하는 것은 매우 흉하니 반드시 피해야 한다. 이곳에서 근무를 하게 되면 업무 효율이 뒤떨어질뿐 아니라 업무를 잘못 처리하여 회사에 큰 손실을 입히게 될 가능성이 매우 크다.

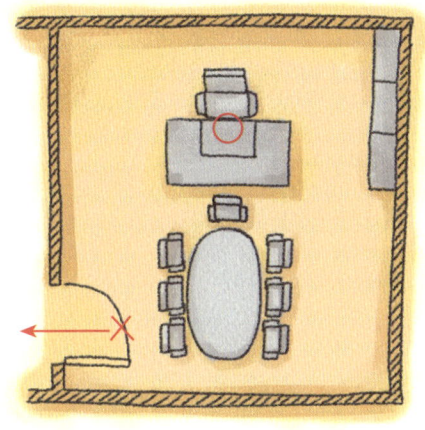

출입문과 책상의 위치

위의 그림은 출입문과 책상 배치에 대한 예이다. 책상은 출입문과 마주보이는 곳에 잘 배치하였으나 출입문의 열리는 방향이 안쪽으로 열리게 되므로 반대 방향인 바깥쪽으로 열리게 설치하여야 한다.

다음 그림은 사무실을 바르게 수정하여 재배치하는 예를 들었다. 사무실을 변경하기 전에는 출입문이 안쪽으로 열리고, 직원들의 책상이 출입문에 직접 노출되어 있으며, 임원 방의 출입문이 너무 안쪽으로 치우쳐 있었다.

설계 변경 후에는 출입문을 바깥쪽으로 열리게 하였고, 출입문 앞에
는 직원 책상이 출입문에 직접 노출되는 것을 피하기 위해 칸막이를
설치하였다. 또한 임원 방의 출입문을 직원들과의 동선을 짧게 하기
위해 변경하였고, 팀장의 책상은 창문을 등지고 이동하는 통로의 동선
을 바라보며 앉을 수 있도록 변경하여 설치하였다.

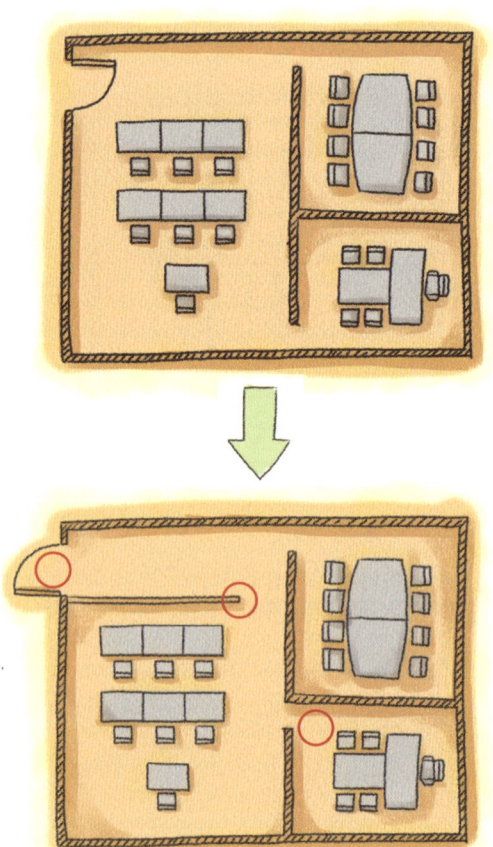

사무실 배치 변경 전(위, ×)와 변경 후(아래, ○)

다음(쪽) 그림은 업무 효율이 떨어지는 사무실의 배치를 예를 들었다.

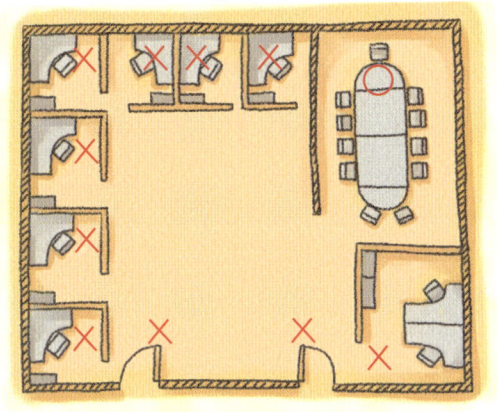

업무 효율이 떨어지는 사무실 배치 (×)

　직원들의 책상이 모두 문을 등지고 앉도록 배치되어 있다. 집중력 저하로 업무 능률이 뒤떨어지므로 책상을 재배치하여야 한다.

　또한 출입문에 직접 사무실 내부가 노출되는 것을 피하기 위해 칸막이를 설치하고, 두 개의 출입문 중 하나를 폐쇄하여 재물의 기운이 소실되는 것을 막아야 하며, 출입문이 열리는 방향도 바깥쪽으로 열릴 수 있도록 재설치하여야 한다.

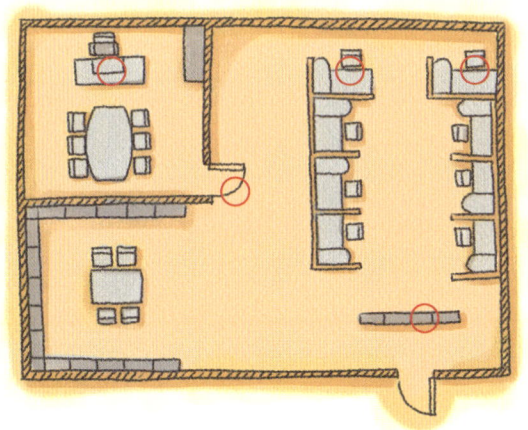

업무 효율이 향상되는 좋은 사무실 배치 (○)

앞(쪽) 그림은 업무 능률이 향상되는 좋은 사무실 배치를 예로 들었다. 문과 마주보이는 책상의 배치, 출입문의 여는 방향, 사무실을 보호하는 칸막이 등이 잘 배치되었다.

3) 사무실 꾸미기

좋은 환경의 사무실을 고른 후 배치가 끝나면 업무 능률 향상을 위해 내부 꾸미기를 해야 한다.

사무실 실내에는 관엽 식물을 키운다. 창가에 화초, 커튼, 블라인드 등을 사용하여 사무실의 좋은 기운이 밖으로 빠져 나가지 않도록 하며, 실내조명은 부의 창출을 위해 항상 밝게 한다.

사무실의 출입문은 여러 개 두지 않고 가급적 하나의 출입문을 사용하도록 하며, 출입문과 마주 보이는 곳은 문서보관을 위한 캐비닛이나 탕비실 등 기타 용도로 사용한다.

회의실의 탁자는 원형이나 정사각형을 놓지 않고 직사각형으로 놓는다. 원형이나 정사각형의 회의용 탁자는 회의 시간이 길어지고 원만한 진행이 어려우며 안건에 대한 결론 도출이 쉽지 않게 되어 발전이 어렵다.

가택구성법에 따라 사무실의 길흉을 구분하고, 그중에 충살, 수살, 풍살, 반배 등에 대해 산, 물, 택지의 흐름과 유형을 따져 흉한 조건을 피한 후 사무실을 선택한다. 사무실이 선정되면 사무실 내에 문, 책상, 회의실 등을 적절히 배치하고, 업무 효율을 극대화할 수 있도록 사무실을 꾸민다.

제**8**장
사람에게 큰 영향을 끼치는 땅의 기운

한 차원 높은 세계를 체험할 수 있는 정보가 실려 있는 기氣는 스스로의 생명, 즉 자의식을 갖고 있는 에너지이다.

기의 상태는 인간의 본능적인 기감氣感 능력으로 그것의 본질을 이해하고 구분할 수 있다. 더 나아가 기를 볼 수 있도록 개안이 되면, 보다 더 정확하게 기의 형태나 크기, 혈 자리 등을 선별해 낼 수 있다. 이를 위해선 체계적인 기공수련으로 천목天目을 열어야 하지만 호흡 수련을 한다고 누구나 기를 보고 느낄 수 있는 특이공능特異功能이 생기지는 않는다.

또한 기를 보는 능력이 생겼다 하더라도 파장波長이나 파동波動 등, 기를 보는 사람의 의식에 따라, 또 기를 어떻게 보는가에 따라 그에 대한 성질이 달라진다.

이 장에서는 '지기의 기본 이론'과 '개안이 되어 바라본 기의 종류와 형체形體'를 소개하고, 육안肉眼으로 좋은 기운이 있는 혈 자리 찾는 방법'에 대해 익히도록 한다.

8.1 지기의 기본 이론

1) 지기론地氣論

땅 위의 모든 물질은 땅 기운(지기地氣)의 지배를 받는다는 이론이 지기론이다. 오기五氣는 땅속을 흘러 돌아다니다가 발發하여 만물을 생성한다. 또한 기는 바람을 만나면 흩어지며, 물을 만나면 더 이상 움직이지 않는다.

2) 동기감응론同氣感應論

음택의 좋고 나쁜 기운이 후손들에게 끼치는 영향을 '발음發蔭', '발복發福' 또는 '동기감응同氣感應'이라고 한다. 땅의 좋고 나쁜 기운에 따라 후손이 좋고 나쁜 기운을 받는 이론이 동기감응론이다.

곽박郭璞이 쓴 『장서藏書』에 "땅속에는 오행의 생기가 흘러 다니는데, 사람은 곧 부모에게서 몸을 받는다. 부모의 유골이 생기를 받으면 그 자손은 음덕을 받게 된다"라고 동기감응 이론을 소개하였고, "구리 광산이 서쪽에서 무너지는데 종이 동쪽에서 응하여 울림과 같다. 봄이 되어 나무에 꽃이 피면, 방안에 있던 밤송이에도 싹이 튼다"라고 동기 감응론을 설명하고 있다.

8.2 기의 종류와 형체

기氣란 동양철학에서 만물 또는 우주를 구성하는 기본 요소 물질의 근원 및 본질을 말한다. 기에는 한 차원 높은, 지적인 세계를 체험할 수 있는 정보가 실려 있고, 스스로의 생명, 즉 자의식을 갖고 있는 에너지가 있다. 율곡은 기란 지각하는 것으로 외부의 자극에 의해 움직이므로 마음은 곧 기라고 하였다.

기의 성질에는 강하고 약함(강약強弱), 맑음과 흐림(청탁淸濁), 밝음과 어두움(명암明暗), 치우침과 온전함(편전偏全) 등이 있는데, 기의 흐름이 정상적으로 층류層流(Laminar Flow)를 이뤄 엉킴이 없으면 그 기가 맑다. 또한 강도가 강한 기일수록 밝으며, 사람을 편안케 하는 정기精氣는 밝고 맑고 온화하다.

1) 기의 종류

기의 종류는 크게 나누어 우주의 기(천기天氣), 인간의 기(인기人氣)와 땅의 기(지기地氣)의 세 가지로 대별할 수 있다.

'천기天氣'는 수정처럼 맑고 투명한 마음을 갖게 하는 기운이며 인간의 영성을 깨우는 힘이 있다. 천기와 지기의 영향을 받는 '인기人氣'는 사람의 기운으로, 사람들은 지기의 영향을 강하게 받아 지기가 좋은 곳에서 행복과 번영을 추구한다. '지기地氣'는 지구 자체에서 생성된 기운으로 땅 위의 외기와 땅속의 내기로 나누어진다.

'외기外氣'는 천기의 영향도 받지만 대부분 땅 위에 형성된 물체, 산, 건물, 빌딩, 호수, 하천 등의 기운들이 지상의 공중에서 서로 기를

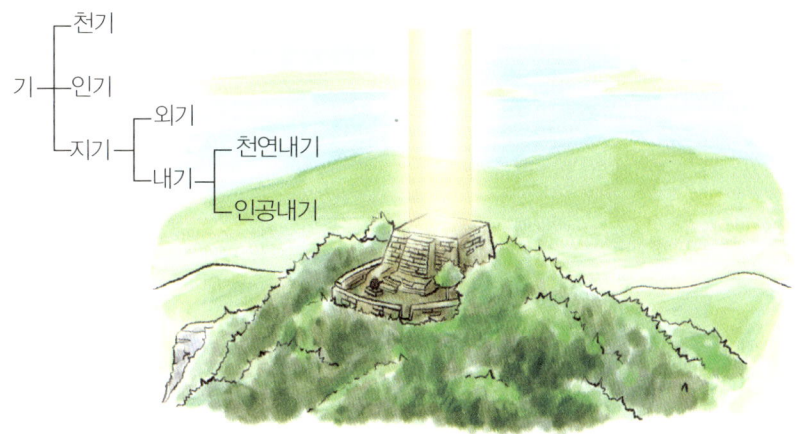

마니산 참성단, 원통형의 강한 천연내기 모습

주고받으며 생성·소멸된다. '내기內氣'는 다시 자연적인 천연내기와 인위적인 인공내기로 나누어서 기의 상태를 살필 수 있다.

강화도 마니산 참성단의 제단에는 투명하고 곱고 맑으며 강한 천연내기의 기둥이 직경 4~5m 크기의 둥그렇고 큰 원통형의 모습으로 100m 이상 곧게 하늘로 뻗어 천상의 기운(천기)과 직면하여 있다.

이와 유사한 성질의 내기는 캐나다 몬트리올에 있는 성요셉 성당에서도 찾아볼 수 있다. 기의 성질이나 규모면에서 참성단의 기체보다 약하지만 성당 돔의 중앙부분에서 하늘로 곧게 뻗어있다. 이 성당을 세우고 성당 지하에 거주했던 앙드레 수도사는 불치병을 고치는 불가사의한 힘을 지닌, 기적을 일으키는 인물로 유명하다.

2) 외기外氣

땅 위의 외기의 형태는 너무나 다양하지만 거주지 선정과 관련하여 풍수와 직접적인 영향이 있는 외기만 소개하기로 한다. 지상 위에 펼쳐져 있는 '기장氣場(Field of Mind)'과 땅속으로 강력하게 빨려 들어가는 '흡기吸氣'가 거주지에 직접 영향을 주는 외기에 속한다.

가. 지상 위에 형성된 기장

땅 위의 물체, 산, 건물, 빌딩, 호수, 하천 등의 기운이 지상의 공중에서 서로 기를 주고받으며 기장을 형성하는데 어떤 것은 길하고 또 어떤 것은 흉하다.

산과 물 등의 지형이 어떻게 솟아 있고 흐르는가에 따라 대기의 기장이 변하게 되는데, 장풍 득수가 잘 갖춰진 보국에서는 기장의 흐름이 매우 조화롭고 안정적이다.

하지만 거주지 주위에 있는 사산四山이 조화롭지 못할 때에는 사산에서 내뿜는 기의 영향으로 기운이 화합되어 어울리지 못하고 여러 개의 기층氣層과 기단氣團(거대한 기운 덩어리)이 서로 충돌하여 마치 지진이 일어나는 것과 같은 기의 꼬임과 뒤틀림 현상이 일어난다.

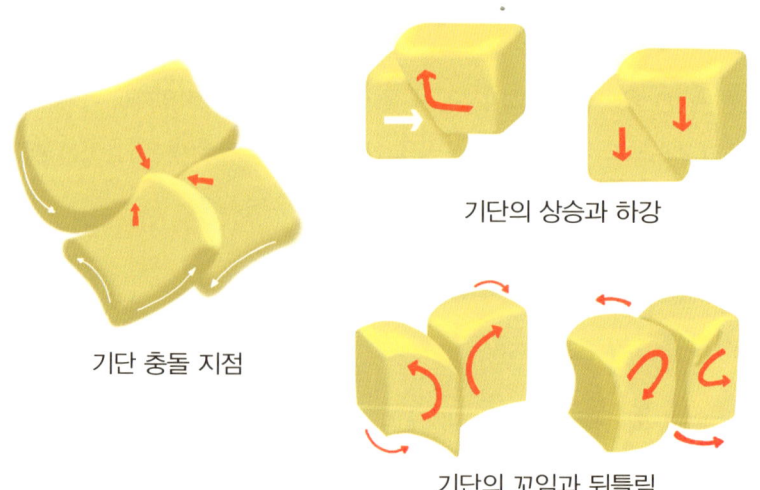

기단 충돌 지점

기단의 상승과 하강

기단의 꼬임과 뒤틀림

이는 사산의 어느 한쪽이 너무 강하거나 균형을 이루지 못한 경우에 발생하며, 특히 산이 파괴되고 흉한 모습인 경우에는 그곳에서 기의 형체가 불균형 상태로 변하기 때문에 더욱 심한 뒤틀림 현상이 발생된다. 이런 꼬임 현상이 발생되는 곳에서 거주하면 정신 질환이 발생되고 심장마비로 사망하거나 횡사한다.

앞의 그림은 강약, 청탁, 명암 및 편전이 있는 서로 다른 성질의 기단과 기단이 서로 충돌(좌)하여 기단이 소용돌이치듯 변화되는 모습이며, 기단의 돌발적인 상승과 하강(우 상단), 틀어짐과 꼬임 현상(우 하단)을 그림으로 표현하였다.

나. 외기가 땅속으로 강력하게 빨려 들어가는 흡기처吸氣處

지상의 외기가 혈 자리에 강력히 빨려 들어가는 현상이다. 전남 영암군 미암면 채지리 독천 비래산에 있는 경주이씨의 여근혈女根穴 명당이 대표적인 예이다. 지상의 외기인 양기가 5~6m 상공에서 음핵陰核 부분인 음순혈陰脣穴로 강하게 빨려 들어가는 모습이다. 정면에는 남근男根 모습인 산이 있다.

경주이씨 여근혈의 특징은 이와 반대로 혈장 앞 4~5m 아래 부분에서 30~40cm 폭의 3~4m 높이로 약한 내기가 솟아오르는 것을 확인할 수 있다.

이곳은 음기가 너무 성해 산 밑에 독촌 우시장을 만들어 강한 음기를 중화한 후부터는 근친상간 같은 일이 일어나지 않았다 한다.

영암군 군서면 동구림리 성기동에 있는 왕인박사王仁博士 탄생지도 외기가 땅속으로 빨려 들어가는 대표적인 흡기처이다. 이곳은 태조산과 주산이 염정성으로 회령고조回龍顧祖하여 횡룡으로 입수한 후 여벽혈

외기가 땅속으로 빨려 들어가는 흡기처

犁鐴穴을 맺는다. 왕인 박사 모친이 성기천聖基川에 떠내려 온 오이를 먹고 잉태하였다는 곳으로 2~3m 폭과 10m 높이의 외기가 하강하며 땅속으로 빨려 들어간다.

위의 경주 이씨 여근혈에 대한 기의 모습은 넓은 상부에서 좁은 하부로 기가 모여지며 빨려 들어가는 원추형의 입혈入穴 형태이나, 왕인박사 탄생지는 상부가 하부보다 약간 넓은 원통형에 가까운 기의 모습으로 입혈된다.

3) 내기內氣

기가 용맥을 따라 땅속에서 흐르다 땅 위로 솟아나는 기를 '내기'라고 한다. 땅에서 솟아나는 내기의 종류는 크게 천연적인 천연내기天然內氣

와 인위적인 인공내기人工內氣로 나누어진다. 풍수지리학에서 언급되고 있는 거의 대부분의 기는 내기에 해당된다. 건물이 들어서 있지 않는 곳과 음택 등 자연 상태의 땅에서 솟아나오는 지기를 '천연내기'라 하고, 양택이 들어선 곳에서 솟아오르는 지기를 '인공내기'라 한다. 천연내기와 인공내기는 종류와 형체에 따라 길흉이 다르므로 일반 주택이나 아파트, 특히 전원주택에서 주거지 선정 시 신중하게 결정 해야 한다. 본 절에서는 오행에 의한 내기의 종류와 형체를 알아보고 천연내기와 인공내기의 세부 내용에 대해 알아본다.

가. 오행에 의한 내기의 종류와 형체

오행의 내기에 대한 기의 형세를 파동의 측면에서 살펴보자. 상생은 진동하는 계의 진폭이 급격하게 늘어나는 공진共振에 의한 증폭 현상이다. 상극은 서로 맞서거나 충돌하여 해를 끼쳐 줄어드는 감소에

수기형체

금기형체   토기형체   목기형체

화기형체

오행의 형태에 따른 내기의 형체

의한 소멸이나, 서로 대립하고 충돌하여 역량을 소모하고 상하게 하는 상충相衝 현상이다. 이러한 결과로 나타난 오행의 내기에 대한 기의 형세가 형체와 색깔을 나타낸다.

오행의 형태에 따른 내기의 형체는 목기형체木氣形體, 화기형체火氣形體, 토기형체土氣形體, 금기형체金氣形體 및 수기형체水氣形體로 나뉜다.

❶ 목기형체木氣形體

'목기형체'는 산의 구성九星인 탐랑성貪狼星과 동일하며 오행은 목성이다. 총명, 문필, 관직 등 귀貴를 관장하는 본성 또한 동일하다. 여기에는 첨탐기체尖貪氣體, 원탐기체圓貪氣體 및 소탐기체小貪氣體 등이 있다.

'첨탐기체尖貪氣體'란 죽순과 같이 뾰족하게 지상으로 솟은 기의 형체를 말한다. 대나무와 같이 기체의 기둥의 폭이 좁은 것을 '협첨狹尖'이라 하고, 원통의 폭이 넓고 큰 것을 '광첨廣尖'이라고 한다. 첨탐은 대 문장가나 학자, 문필가의 기운이다.

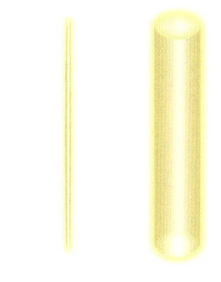

협첨(좌)과 광첨(우)의 첨탐기체

'원탐기체圓貪氣體'는 솟아 오른 기의 상부 끝부분의 형체가 원형으로 기체의 하부는 비교적 넓은 편이나 금기형체金氣形體보다는 좁고, 기의 상체에서 하체로 내려오는 형태가 곡선이 없고 단정하게 직선으로 이어져 균형이 잡혀 있다. 사회적 지위가 높고 귀한 귀인貴人을 상징한다.

원탐기체

'소탐기체小貪氣體'는 솟아오른 기의 윗부분이 거문일자巨文一字의 형태이나, 상부의 일자에서 작은 죽순이나 작은 원통 등의 뾰족한 첨체尖體가 하나 또는 그 이상 솟아 있다. 이는 높은 관직에 오르는 학자를 상징한다. 소탐기체는 찾아보기가 힘들 정도로 드물게 나타난다.

소탐기체

❷ 토기형체土氣形體

'토기형체'는 산의 구성九星인 거문성巨文星과 동일하며 오행은 토성이다. 재물, 관직, 고시, 장수 등 부귀를 관장하는 본성 또한 동일하며 기체의 상부 쪽이 일자형一字形이다. 목형의 소탐기체 小貪氣體는

토기형체

일자형 위에 뾰족한 목체가 있는 반면 토기형체土氣形體는 형성된 기의 상부가 순수한 일자 字의 모습이다.

❸ 수기형체水氣形體

'수기형체'는 산의 구성九星인 문곡성巨文星과 동일하며 오행은 수성이다. 문장, 도박, 사치 등을 관장하는 본성 또한 동일하다. 기체의 상부 쪽이 물결치듯 미미한 반원의 연속된 모습이다. 금형의 금기형체金氣形體는 기체의 상부 쪽이 뚜렷하게 반원의 모습으로 1~2개 솟아 있으나, 수기형체는 여러 개의 반원의 모습으로 물결치듯 기가 솟아 있다.

기울어지지 않고 균형을 이뤄야 길한 형체이다.

수기형체

❹ 화기형체火氣形體

'화기형체'는 산의 구성九星인 염정성廉貞星과 동일하며 오행은 화성이다. 화해禍害, 재앙, 고난, 반역, 패망 등을 관장하는 본성 또한 동일하며 기체의 상부 쪽이 뾰족뾰족하고 날카로움이 반복되어 있다. 목형의 목기형체木氣形體는 기체의 상부 쪽이 죽순처럼 뾰족한 모습으로 1~2개 균형 있게 솟아 있으나, 화기형체는 여러 개의 뾰족한 바늘방석의 모습으로 기의 형체가 기울어져 솟아 있다. 아파트나 상가 건물의 인공내기에서 주로 볼 수 있는 기의 형체인데 흉하므로 피해야 한다. 화기형체가 있는 곳에서 거주하면 노력만큼 성적이 향상되지 않으며 공부가 싫어진다. 또한 급격히 재운이 기울어져 사업이 실패하게 된다.

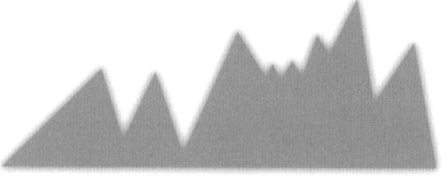

화기형체

❺ 금기형체金氣形體

'금기형체'는 산의 구성九星인 무곡성武曲星과 동일하며 오행은 금성이다. 무장, 장군, 부자, 재물 등을 관장하는 본성 또한 동일하다.

기체의 상부 쪽이 종鐘이나 가마솥을 엎어 놓은 모습이다. 수형의 수기형체水氣形體는 기체의 상부 쪽이 반원이 물결치듯 반복된 모습이나, 금기형체는 반원이 1~2개 정도 솟아 있다.

형태는 종을 엎어놓은 것 같은 '복종형覆鐘形'과 가마솥을 엎어놓은 것 같은 '복부형覆釜形'이 있다. 그 외에도 분수噴水 형태의 기를 뿜는 '원반분수형圓盤噴水形'은 공중에 2겹 혹은 3겹의 기층으로 원반을 형성하기도 한다. 또한 반원형의 무지개 형체인 '홍예형虹蜺形'은 보통 하나이나, 지상의 공중에 2겹의 '쌍홍예雙虹蜺'와 3겹의 '삼홍예三虹蜺'의 형체도 있다.

금기형체 : 복부형(상단 좌), 홍예형(상단 우), 원반분수형(하단)

나. 천연내기天然內氣

건축물이나 구조물이 없는 지상의 땅 속에서 솟아 나오는 내기를 천연내기라 한다. 천연내기는 혈처에서 솟아나오는 자연 그대로의 생기이다. 무덤의 봉분이나 구조물이 간단한 주택의 정혈처에서 솟는 내기도 천연내기에 속한다. 오행에 의한 내기의 형태는 간단히 정리하여 표현하였지만 실제로는 이보다 더 다양하다.

주로 많이 나타나는 천연내기의 형체로는 목木 · 화火 · 금金 · 수기형체水氣形體이다. 목기형체 중 첨탐기체尖貪氣體는 대나무와 같이 기체의 기둥의 폭이 좁은 협첨狹尖과 원통의 폭이 넓고 큰 광첨廣尖이 자주 나타난다. 또한 금기형체金氣形體는 원반분수형圓盤噴水形의 기에 대한 형체가 대부분이다.

원반분수형의 금기형체

목기형체 중 원탑과 소탑의 형체, 토기형체, 그리고 금기형체 중 복부형의 형체는 천연내기에서 자주 나타나지 않는 편이다.

고산孤山 윤선도尹善道(1587-1671)는 윤유심尹唯深의 아들로 서울에서 태어나 8세 때 큰아버지 인 윤유기尹唯幾의 양자로 들어가 전남 해남에서 자랐다.

해남에 있는 윤유기의 묘(앞의 사진)에서 분출되는 천연내기는 금기형체인 원반분수형의 대표적인 예이다.

봉분 둘레 크기 정도 되는 분수 형태의 기가 7~8m 정도 하늘로 솟은 후 주위로 분수처럼 퍼지는 형체이다. 부자와 재물, 그리고 진귀珍貴함을 함께 상징한다. 원반분수형으로는 국내에서 열손가락 안에 손꼽히는 크기의 음택이다.

경남 진주시 미천면에 있는 조선 전기의 문신인 하륜河崙(1347-1416)의 묘는 대나무처럼 기체의 기둥의 폭이 좁은 대표적인 협첨狹尖의 첨탐기체尖貪氣體 이다.

목기형체木氣形體인 내기는 감기면서 50~70cm의 폭으로 25m 정도를 솟구쳐 오른다. 협첨의 상부 끝에서 육각형의 접시꽃 모양으로 하늘을 향해 기화氣花를 맺는 비교적 강하며 잔잔한 기운이다.

목기형체의 협첨

성품이 중후하고 대범하며 시문詩文에 능통한 성리학자 하륜은 계룡산 천도를 반대하였다. 하륜의 조부 하시원河侍源과 조모 진양晉陽 정씨鄭氏의 묘도 동일한 협첨의 대나무의 기운이다.

다. 인공내기人工內氣

지상에 건축물이나 구축물이 들어선 곳에는 응당 그 건물에 오기五氣 의 기운이 형성된다. 이렇게 인위적인 힘이 가해져 이루어진 내기를 인공내기라고 한다.

인공내기는 보통 아파트, 상가, 빌딩 등의 구조물에서 나타나는데 오행에 의한 내기와 형체에서 소개한 목·화·토·금·수의 기형체 氣形體로 분류할 수 있다. 그 중에 자연내기에 많이 존재하는 금기형체인 원반분수형의 형체는 잘 나타나지 않는다.

같은 단지 내의 아파트에서는 동마다 비슷한 기의 형체를 지니고 있 으나, 용맥의 흐름이 다른 곳에서는 전혀 다른 기의 형체가 형성된다. 또한 같은 아파트 단지 내의 같은 동과 같은 층에서도 호수의 라인(Line) 에 따라 기의 형체뿐 아니라 기의 존재여부도 천차만별로 다름을 알 수 있다.

강변이나 천변川邊 주위의 굴곡진 퇴적층 지대의 아파트 단지에서는 인공내기가 보통 2~4층 내외로 솟아올라 형성되어 있으나 1층 조차도 기가 전혀 없는 곳도 있다.

하루의 대부분을 가정에서 기거하는 주부가 기가 없는 곳에서 거주할 경우에는 지기를 받지 못해 여러 해가 지나면 오장육부 전체가 약해져 몸이 시름시름 아파온다. 이렇게 생기가 없는 곳에서 장기간 거주하면 아이의 교육이나 건강 장수, 부귀 등의 미래를 기약할 수 없게 된다.

거주지는 부와 재산을 가져오는 금기형체가 금상첨화이며 기운의 형체가 나를 감싸주는 층의 라인에서 거주하면 매우 좋다.

❶ 상가의 인공내기人工內氣

상가건물에서는 당연히 재산을 가져오는 금기형체의 상가를 선택해야 한다. 하지만 기운이 전혀 없는 곳에서는 노력한 대가만큼 재산을 모으기 쉽지 않으므로 기운이 상존하는 곳을 택한다. 특히 아래 그림의 예와 같이 화기형체의 상가에서 독서실이나 서점, PC방 등을 운영하면 매우 좋지 않으며, 공부하는 학생은 바늘방석에 앉아 있는 것 같아 진득하게 앉아서 공부를 할 수 없게 된다.

상생相生으로 목생화木生火가 되어 공부와 학문에 해당되는 탐랑 목성木星의 기운을 빼앗기게 되어 공부를 해도 소득이 없게 되는 것이다.

또 상극相剋으로 화극금火克金하여 돈이 되는 무곡금성의 기운을 극하게 되므로 속히 사업이 망하고 가산이 기울어진다. 거주지나 상가, 사무실 로는 적합하지 않는 반드시 피해야 할 흉한 기의 형체이다.

화기형체인 상가건물

❷ 아파트의 인공내기人工內氣

　　수험생이 있는 가정의 거주지는 기의 형체가 목기형체木氣形體인 곳을 선택하고, 회사 사옥, 사무실, 상가 등 사업을 하는 집안에서는 부富와 재산을 가져오는 금기형체金氣形體의 거주지를 선택해야 한다. 승진이 필요한 가정은 토기형체土氣形體의 거주지를, 연예 활동을 하는 가정에서는 수기형체水氣形體의 거주지를 선택하면 된다. 하지만 화기형체火氣形體의 경우에는 대부분 거주하기엔 좋지 않으므로 피하도록 한다.

　　기운이 전혀 없는 곳에서의 일시적인 거주는 무관하겠으나, 장기 거주 시에는 심신이 피로하여 노력한 만큼 건강과 명예와 부를 얻지 못하고 잃기 쉬우므로 피해야 하며, 주택, 아파트, 상가, 사옥 등 모든 건물에 동일하게 적용된다.

　　아래의 그림은 서울 근교의 어느 아파트에 형성된 인공내기의 모습이다. 단지 내 아파트의 각 동에 대한 기의 형체가 대부분 금기형체이지만 목기형체도 존재하며, 각 동과 호수에 따라 기의 유무 자체도 다름을 알 수 있다. 특히 5동과 6동의 3호 라인은 무곡성, 13동의 2호 라인은 탐랑성의 기 형체를 나타내고 있다.

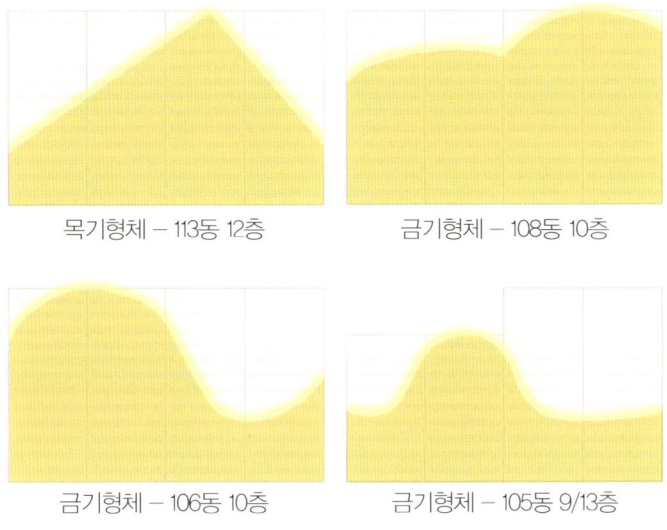

| 목기형체 – 113동 12층 | 금기형체 – 108동 10층 |
| 금기형체 – 106동 10층 | 금기형체 – 105동 9/13층 |

아파트에 형성된 인공내기의 예

　건강과 부귀를 얻어 안정적인 삶을 영위하는 것을 추구하는 기풍수지리학氣風水地理學은 땅 위의 외기와 땅에서 솟아나는 내기에 대한 기의 상태를 모두 살피지만 풍수와 직접 연관된 내기의 특성을 주로 파악한다.

　아파트나 빌딩에서 동·호수에 대한 기의 존재 여부와 분별은 매우 중요하다. 풍수 역학적으로는 층·호수 별로 정확한 기의 존재와 다름을 구별할 수 없지만, 기풍수는 주택, 아파트, 상가 및 사무실에서 층·호수 별로 기의 형체를 파악할 수 있으며, 음택의 정혈처 또한 보다 정확한 기의 진단이 가능하다. 그래서 이에 따라 각각의 특성에 맞는 거주지로 활용이 가능하다.

제 9 장
좋은 기운이 있는
혈 자리 찾는 방법

8장에서는 개안開眼으로 바라본 기氣의 종류와 형체에 대해 간단히 소개하였다. 이 장에서는 기를 보는 능력이 없는 사람들도 보다 정확하게 기의 형태나 크기, 혈 자리 등을 선별할 수 있도록 '육안肉眼으로 좋은 혈穴 자리 찾는 방법'에 대해 서술하고자 한다.

혈을 찾는 것은 수천 년 동안 자연과 함께 생활하면서 삶의 경험을 토대로 정립시켜 놓은 동양의 통계적 이론이다. 좋은 주거지의 혈 자리는 사람의 경혈經穴에 침을 놓듯 정확하게 찾아야 하지만, 풍수 역학적인 해법으로는 지기가 솟아나거나 빨려 들어가는 정혈처 자리를 정확히 찾아서 정하기가 어려운 실정이다.

혈 자리 찾는 방법은 숙련된 고도의 풍수적 노하우가 필요하므로, 이를 공부하기 전에 혈을 맺는 결지법, 혈장의 종류와 역할, 혈의 사상四象, 혈의 구성九星에 대해 기본 이론과 원리를 먼저 익히도록 하자.

첫째, 용이 혈을 맺는 결지방법을 익힌다.

둘째, 혈장을 구성構成하는 종류와 역할을 익힌다.

셋째, 혈의 모양에 따른 형태를 구별할 수 있어야 한다.

넷째, 구성九星에 의한 주산과 혈의 결지 형태를 파악한다.

9.1 혈을 맺게 하는 결지법

용이 혈을 맺을 수 있는 요건에는 크게 좌우선룡左右旋龍과 결인속기結咽束氣의 결지 방법이 있다. 좌우선룡이나 결인속기의 둘 중 하나의 이론을 만족시키면 혈을 맺게 된다.

1) 좌우선룡左右旋龍

용맥의 끝이 좌측 혹은 우측으로 돌아가는 법칙을 '좌우선법'이라 말하며, 좌우선법으로 혈을 맺을 때 그 용의 줄기를 하수사下水砂라 한다.

'좌선룡左旋龍'이란 다음 쪽 왼쪽 그림과 같이 물이 우측에서 득수하여 좌로 흐르는 '우선수右旋水'일 때 내룡來龍이 좌측에서 우로 머리를 돌리는 것을 '좌선룡'이라 말한다. 좌선룡을 청룡하수사라고도 한다.

좌우선룡

또한, '우선룡右旋龍'이란 위의 우측 그림과 같이 물이 좌측에서 득수하여 우로 흐르는 '좌선수左旋水'일 때 내룡이 우측에서 좌로 휘어지는 것을 '우선룡'이라 말한다. 우선룡을 백호하수사라고도 한다.

2) 결인속기結咽束氣와 태식잉육胎息.孕育

생기生氣의 양을 조절하여 혈장에 보내기 위해 용맥을 잘록하게 묶어서 에너지를 한데 모으는 것을 '결인속기結咽束氣'라 한다. 혈 자리 뒤의 산줄기 부근에 아름다운 여인의 개미허리처럼 아주 잘록하게 묶어준 곳을 결인속기처라 한다. 이곳은 혈장의 입수도두 뒤에 위치한 용의 마지막 잘록한 부분이다. 또한 산봉우리 사이가 잘록하게 들어간 가늘고 긴 고개의 잘록한 허리부분(과협처)도 결인속기처에 해당한다.

주산에서 혈장을 만들기 위해 산줄기가 출맥出脈 하는 것을 '태胎' 라고 하는데 이는 현무봉에서 용맥이 출발하는 것을 말한다. 중간에 잘록하게 묶어 결인속기 하는 것을 '식息'이라 한다. 또 잘록한 개미허리에서부터 두툼하게 솟아오른 입수처를 입수도두라 한다. 이처럼 기운이 뭉쳐져서 볼록하게 나온 입수도두를 '잉孕'이라 한다. 이어서 잉태된

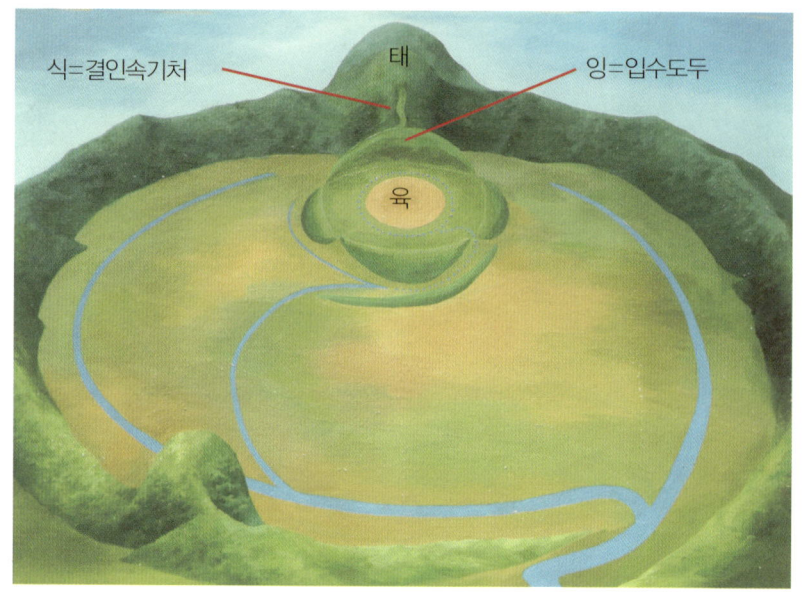

식=결인속기처   태   잉=입수도두

육

결인속기와 태식잉육

기운을 보호하고 기르는 혈을 '육肉'이라 한다.

    따라서 '태식잉육'이란 현무봉에서 용맥이 출발하여 중간에 잘록하게 묶인 결인속기처를 지나 입수도두에서 기운을 적절하게 보내어 도착한 혈의 기운을 기르는 것을 말한다.

9.2 혈장을 구성하는 종류와 역할

혈을 맺는 요건을 확인하기 위하여 혈장의 구성 요소인 입수도두入首倒頭, 선익蟬翼, 순전脣氈이 조화롭게 갖춰졌는지 확인한다. 이때 혈을 맺을 수 있는 결지 조건인 혈운穴暈과 물의 분합分合이 이뤄지는지 확인한다.

1) 혈장의 종류

혈장穴場은 중심에 혈穴이 있는 장소이다. 땅 속의 지기 가운데 순화된 생기가 응결되어 모이는 곳으로 혈을 결지하는 핵심적인 곳이다.

이러한 혈장을 찾아내려면 먼저 입수도두入首倒頭, 선익蟬翼 및 순전脣氈을 이해해야 한다. 혈장을 사람의 얼굴로 비유하면 입수도두는 이마, 선익은 양 광대뼈, 순전은 턱, 혈은 코의 끝인 준두로 비유하면

입수도두

순전

혈

선익

혈장의 종류

이해하기 쉽다.

위 그림은 저헌樗軒 이석형李石亨(1415~1477) 선생 묘의 순전, 혈, 선익과 입수도두에 대한 혈장을 예로 들었다.

내룡맥 좌우에서 감싸며 흘러온 원진수元辰水는 입수도두 뒤에서 갈라져 혈에 물이 스며들지 못하게 하며, 선익 주위를 흐르며 혈의 생기를 보호하고, 순전 앞에서 합수하여 물의 분합分合을 이루며, 혈의 생기가 융합되어 맺힐 수 있도록 사방으로 둘러싸여야(환포環抱) 한다.

2) 혈장의 구성構成과 역할

가. 입수도두

입수도두入首到頭는 내룡來龍을 통해 전해 온 생기를 저장하여 혈에 에너지를 공급하는 역할을 하며 혈장의 뒤쪽에 위치한다. 보기 좋게 밝고 볼록하게 풍만하며 고아야 길하다. 보기 흉하거나 좋지 않은 암석이 있으면 흉하다. 집에서의 두꺼비집이나 사람의 신장腎臟과도 비슷한 역할을 한다.

나. 선익

선익이란 혈장의 양 옆에 곤충 날개의 모습처럼 작은 지각이 붙어 있는데, 입수도두에서 아래로 뻗은 작은 능선을 일컫는다. 안과 밖이 있을 수 있는데 이를 내외 선익이라고 부른다.

선익은 혈장 좌우를 지탱해주고 생기가 옆으로 빠져나가지 않도록 해주는 역할을 한다. 또 집이나 건물, 묘 자리 등의 혈 자리를 잡을 때 선익 양끝을 연결하는 부분의 중앙을 혈의 중심으로 잡아 사용한다. 이때 연결 중앙 부근에는 보통 햇무리나 달무리처럼 생긴 둥근 테두리 모양의 혈운穴暈이 있는데, 그 아래에 혈토가 있다.

선익은 사람의 광대뼈에 비유하고, 그 양끝의 중간인 코끝은 혈의 중심이다. 좌우의 청백 선익은 각각 사람의 간과 폐의 역할을 한다.

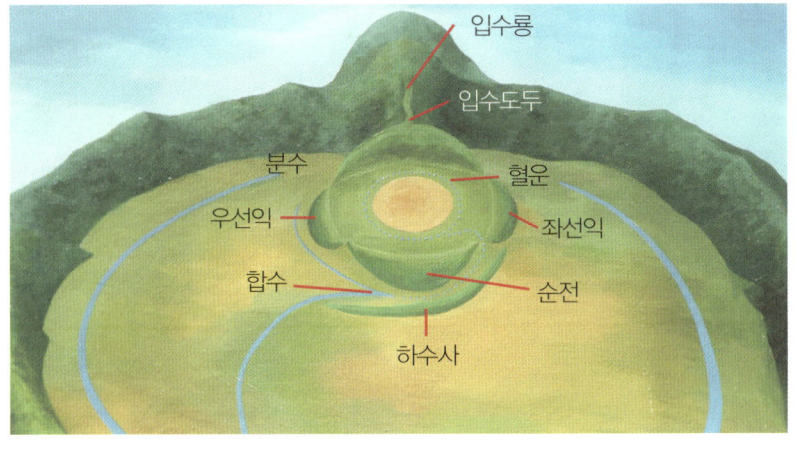

혈장

앞의 그림은 좌선룡인 청룡 하수사와 입수도두, 선익, 혈운, 순전과 혈을 나타낸 그림이다.

다. 순전

순전은 혈 앞에서 혈장을 지탱해주고, 생기가 앞으로 새어 나가지 않도록 해준다. 좌우 선익에서 나누어 내려온 극소량의 원진수는 두텁고 단단하게 생긴 순전 앞에서 합쳐지므로 물의 분합分合으로 생기를 얻을 수 있게 된다.

혈관을 조절하는 사람의 심장과 비슷한 역할을 하며, 턱에 비유된다.

9.3 모양에 따른 혈형穴形

풍수에서는 솟아 있는 산을 음陰, 낮게 흐르는 물을 양陽이라 한다. 따라서 볼록하게 돌출한 혈을 음혈陰穴, 오목하게 들어간 혈을 양혈陽穴이라 부른다. 용을 분류할 때도 볼록하여 혈장보다 높은 능선을 음룡, 평평하여 혈장보다 낮은 능선을 양룡이라 한다.

풍수에서는 음래양수陰來陽受하고 양래음수陽來陰受하는 것을 혈을 맺는 기본 원칙으로 한다. 다시 풀어서 말하면, 높은 능선으로 오는 음룡에서는 오목한 양혈을 맺는다는 뜻이고, 낮은 능선으로 오는 양룡에서는 돌출한 음혈을 맺는다는 뜻이다.

혈의 형태는 사람의 체질처럼 다양하지만 사람을 4체질로 나누듯, 풍수에서 혈의 형태도 양균송의 사상四象인 와窩 · 겸鉗 · 유乳 · 돌혈突穴로 분류한다.

1) 와형窩形의 혈穴

와형窩形의 혈穴은 좌우 양손으로 움켜쥐듯이 균일하게 한곳에서 서로 만남(교회交會)이 있는 것을 말한다.

와혈은 태양太陽에 속하며, 주룡은 볼록한 음룡으로 입수한 다음 쟁반처럼 크게 오목(요凹)하게 들어간 혈장에서 약간 돌출한 양혈陽穴을 맺는다.

와혈은 주로 높은 산에 많이 있다. 바람을 피해 생기를 보호하기 위해 입수룡보다 낮은 위치에 원형으로 오목한 부분 가운데가 평평하거나 약간 돌출한 곳인 와중미돌窩中微突한 부분에 와혈을 맺는다. 약간 두툼한 양쪽 선익도 혈을 감싸안은 듯 원형으로 뻗는다. 순전이 잘 보이지 않는다.

주산이 무곡武曲 금성金星, 염정廉貞 화성火星, 문곡文曲 수성水星 및 좌보左輔 토성土星에서 출맥한 용에서 주로 와혈을 맺는다.

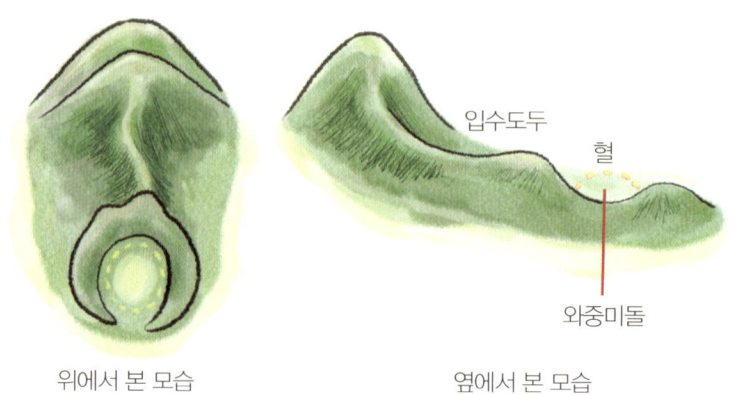

위에서 본 모습   옆에서 본 모습

와혈의 형태

2) 겸형鉗形의 혈穴

겸형鉗形의 혈穴은 양쪽에 받침다리(양각兩脚)를 열어 놓은 것을 말하는데, 평지나 고산高山에 모두 있다. 혈이 삼태기 같이 생긴 형상이며 개각혈開脚穴이라고도 한다. 양각 중 좌우 한쪽이 꺾이고 푹 패이면 흉하다.

겸혈은 소양少陽에 속하며, 주룡은 약간 볼록한 음룡으로 입수한 다음 약간 오목하게 들어간 혈장 가운데에서 약간 돌출한 유두乳頭 같은 부위에서 양혈陽穴을 맺거나, 바람을 피해 생기를 보호하기 위해 입수룡보다 낮은 위치에 양선익이 직선으로 평행되게 쭉 뻗어 여인의 음부에 해당하는 겸중미돌鉗中微突한 부분에 겸혈을 맺는다. 전자는 유혈에서 변화한 것이고, 후자는 돌혈에서 변화한 것이다. 길쭉하게 뻗은 양쪽 선익의 끝부분이 혈을 감싸며, 하수사가 있어서 물의 교합이 이루어진다. 주산이 거문巨門 토성土星 및 녹존祿存 토성土星에서 낙맥한 용에서 주로 겸혈을 맺는다.

입수도두　　　혈　순전

옆에서 본 모습

위에서 본 모습

겸혈의 형태

3) 유형乳形의 혈穴

유형乳形의 혈穴은 열린 양 팔뚝 가운데에 생긴 유방을 말하는데, 팔뚝이 활처럼 완전히 감싸안아야 길하나, 양 팔뚝이 무정하면 흉하다. 평지나 고산高山에 모두 있다.

유혈은 소음少陰에 속하며, 주룡은 평평하고 약간 낮은 양룡으로 입수한 다음 볼록한 혈장에서 약간 오목한 음혈陰穴을 맺는다. 유혈은 약간 볼록하게 돌출되어 생기를 보호하기 위해서 선익이 혈을 잘 감싸거나 팔자八字모양으로 되어 있다. 혈장의 끝 부근인 여인의 유두乳頭에 해당하는 유중미와乳中微窩한 부분에 유혈을 맺는다. 와·겸·유·돌혈 중 가장 많다. 혈장은 보통 한 개이나 두 개인 쌍유雙乳, 세 개인 삼유三乳도 있다.

주산이 탐랑貪狼 목성木星에서 출맥한 용에서 주로 유혈을 맺는다.

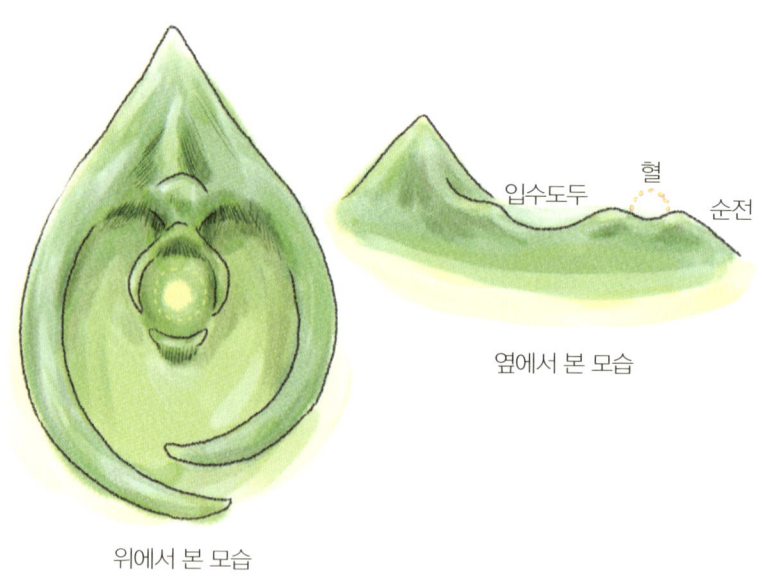

입수도두 혈 순전

옆에서 본 모습

위에서 본 모습

유혈의 형태

4) 돌형突形의 혈穴

　돌형突形의 혈穴은 평지나 고산에 다 있는데, 주로 논이나 밭의 유별나게 솟아난 곳에 평지 돌혈을 맺는다. 고산의 돌혈은 반드시 좌우를 둘러싸 주어야 생기가 흩어지지 않으며, 평지의 돌혈은 득수가 중요하므로 물의 경계가 명백하고, 좌우가 평탄하여야 길하다.

　돌혈은 혈장이 높고 작아 태음太陰에 속하며, 주룡은 혈장보다 낮은 곳에서 높게 양룡으로 비룡입수飛龍入首한 다음 볼록한 혈장에서 약간 오목한 음혈陰穴을 맺는다.

　돌혈은 혈장이 볼록하게 돌출되어 생기를 보호하기 위해서 입수도두, 선익 및 순전이 확실하게 혈장을 감싸고 지탱해 준다. 높은 곳에 있는 돌혈은 청백과 안·조산 등의 사격이 비슷한 높이로 잘 감싸 주고, 낮은 곳에 있는 돌혈은 선익이 혈을 잘 감싸안아주고 하수사에 의해 물의 교합이 이루어지므로 평지의 돌혈이 더 큰 혈들이 많다. 혈은 동종이나 가마솥을 뒤집어놓은 것처럼 볼록하게 생긴 혈장의 돌중미와 突中微窩한 부분에 돌혈을 맺는다. 혈장은 보통 한 개이나 두 개인 쌍돌雙突도 있다.

돌중미와

옆에서 본 모습

위에서 본 모습

돌혈의 형태

아래 표는 와 · 겸 · 유 · 돌혈의 형태를 주룡, 혈장, 혈의 위치, 주산의 형태 및 사상에 따라 각각 특징 지어지는 내용을 요약해 정리한 것이다.

혈의 사상四象	와혈 窩穴	겸혈 鉗穴	유혈 乳穴	돌혈 突穴
주룡	볼록한 음룡	약간 볼록한 음룡	약간 오목한 양룡	오목한 양룡
혈장	오목-양혈陽穴		볼록-음혈陰穴	
	크게 오목 양이 큰 것	약간 오목	약간 볼록	크게 볼록 음이 큰 것
혈 위치	와중미돌-오목한 부분에서 약간 돌출	겸중미돌-오목한 부분에서 약간 볼록	유중미와-볼록한 부분에서 약간 오목	돌중미와-돌출한 부분에서 약간 오목
혈 자리	둥근 원형의 중앙	긴 타원형의 깊숙한 곳	유방의 유두 같은 곳	우뚝 솟아 돌출한 곳
주산 형태	무곡, 염정 문곡, 좌보	거문 토성 녹존 토성	탐랑 목성	복종형,복부형
사람의 사상	태양인	소양인	소음인	태음인

9.4 구성으로 분류한 주산과 혈의 형태

풍수지리에는 포태법胞胎法에 의한 구빈救貧 양균송楊筠松의 구성법 九星法과 팔십팔향법八十八向法이 가장 많이 사용된다. 이 구성법은 산의 생김새에 따라 9종의 별(星)로 분류하여 길흉화복을 판단하는 방법이 다. 산의 좋고 나쁨을 구별하는 방법을 제3장 용의 구성법九星法에서 매우 좋은 별인 삼길성三吉星과 나쁜 성질의 사흉성四凶星에 대한 기초 이론을 익혔다.

이 장에서는 단순한 산의 생김새 외에 혈과의 연관된 내용을 익히고 자 한다. 소조산小祖山(주산)이 구성九星의 오행 중 어디에 속하느냐에 따라 혈의 형태가 결정되므로 내 거주지의 혈의 유형과 성격을 파악 하자.

용맥의 흐름에 따라 제일성第一星의 봉우리와 소조산小祖山(주산)의 구성九星 형태는 동일하며, 소조산의 오행 성격은 일정한 법칙으로 혈의 형태를 결정짓는다. 따라서 혈의 구성 형태가 소조산의 구성과 다를 때는 진혈이 아니고 가혈假穴이다.

만약 제일성의 봉우리가 탐랑성貪狼星인 목木의 성격이면 주룡과 혈의 오행 성격도 탐랑 목성木星이며 유두혈乳頭穴을 맺는다.

1) 탐랑 유두혈乳頭穴

산 정상이 대나무 죽순처럼 끝이 뾰족하며 단정하고 수려하게 우뚝 솟은 산을 첨탐랑尖貪狼이라 한다. 첨탐랑은 산중턱에 지각이 없으며 반듯하고 깨끗하다. 삼각형 모양으로 정상이 붓끝처럼 뾰족하게 생겼다 하여 문필봉이라고도 한다. 또한 산정상이 원통형처럼 생긴 귀인봉을 원탐랑圓貪狼이라 하고, 이외에도 평平탐랑, 직直탐랑, 소小탐랑 등의 길한 형상이 있다. 오행은 목木이다.

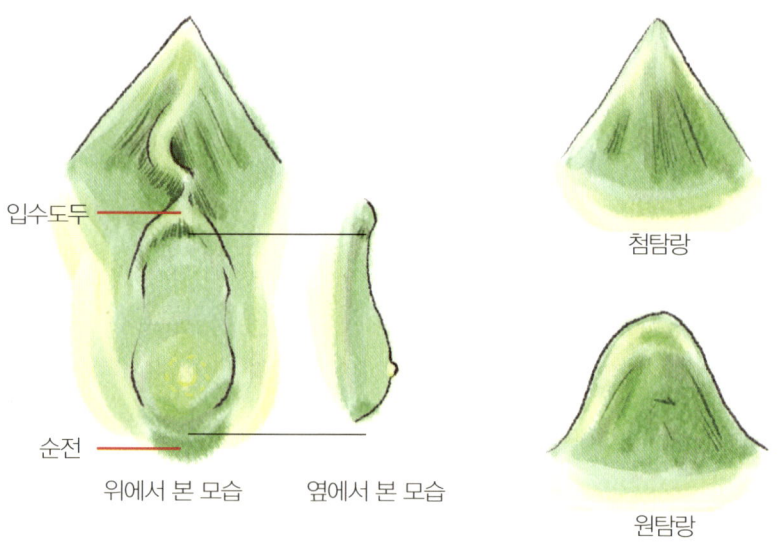

입수도두

순전

위에서 본 모습   옆에서 본 모습

첨탐랑

원탐랑

탐랑 유두혈의 형태

선운사의 탐랑봉   임실 탐랑봉

탐랑 주산은 현무봉의 양쪽에서 청백이 다시 개장하고, 그 가운데로 뚫고 나오는 산줄기의 중심맥인 주룡은 구불구불하게 구부러진 모양 (위이委蛇)과 생기를 한데 모으기 위해 용맥을 잘록하게 묶는 모양(결인 속기結咽束氣) 등의 변화를 하면서 20~30리 뻗어 나간다.

혈장은 작고 단단하며 유연한데, 수평으로 평평하게 생긴 능선이 위는 좁고 아래로 점점 넓어지는 형태이다. 혈은 아래 끝자락의 가장 풍만한 폭이 넓은 곳인 젖꼭지 부분에 유두혈乳頭穴을 맺는다. 평평한 곳을 혈로 착각하여 혈을 잡기(점혈點穴) 쉬운데 용맥이 지나가는 자리 이므로 유의해야 한다.

혈장 두 개가 나란히 있는 유두혈을 쌍유雙乳라고 한다.

2) 거문 겸차혈鉗又穴

산의 정상이 일자一字모양으로 평평하고, 몸체에 지각이 없이 깨끗 하고 반듯하다. 지각이 많은 산은 거문성이 아닌 녹존성祿存星으로 본다. 탐랑성貪狼星의 평탐랑平貪狼과도 비슷하나 평탐平貪은 일자一字

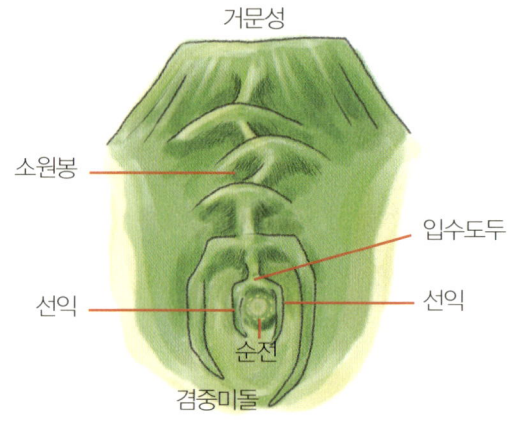

거문 겸차혈의 종류와 형태

양쪽 끝에서 용맥이 나오는(출맥出脈) 것에 비하여, 거문巨門은 중심에서 옆으로 출맥한다. 일자의 양끝에서 뻗은 능선은 청백이 되어, 중심에서 출맥한 주룡을 보호한다. 오행은 토土이다.

일자의 중심에서 횡으로 출맥한 용은 멀리 가지 못하고 십리里보다 적게 행룡하면서 3~4곳에 작은 둥그런 봉우리(소원봉小圓峰)를 만드는데 그 거리가 5~10리로 매우 가깝다.

혈장穴場은 길며 입수도두와 선익 아래 약간 볼록한 부분에 있다. 혈장의 형태가 약간 움푹 들어가 있어 죄인의 목에 씌우는 형틀인 큰칼과 같은 능선이 길어서 겸혈鉗穴 또는 차혈叉穴이라 하며, 칼이나 비녀 같은 겸차혈鉗叉穴을 결지한다.

겸혈의 입수도두는 대부분 원형의 형태이며, 선익은 입수도두 양쪽에서 직선으로 길게 뻗어 끝부분이 혈 쪽으로 굽어 감싼다. 선익이 혈보다 높고 길어 바람으로부터 혈을 보호한다. 차혈의 입수도두는 원형 또는 평평하지만, 평평할 때는 양쪽으로 뻗은 선익이 겸혈의 선익과 동일하게 직선으로 길게 뻗었으나 끝부분이 혈 쪽으로 굽어 감싸지

안곡서원의 우백호

홍남파 생가 좌청룡의 일자문성

않고 팔자八字형으로 벌려진다.

혈을 결지할 때는 혈 뒤에서 병풍을 두른 것 같은 옥병사玉屛砂를 만들어 혈을 보호한다. 겸차혈은 입수도두와 선익보다 낮은 곳에 있기 때문에 찾기 어렵다.

혈은 오목한 혈장 상단에 위치하고 혈 부분만 약간 볼록한 겸중미돌 鉗中微突한 자리에 있다.

3) 녹존 소치혈梳齒穴

산의 형태가 반듯한 일자一字 모양인 거문성과 비슷하게 생겼으나, 거문성은 지각없이 깨끗한 반면에 녹존성은 지각이 많다. 또 산 하부에는 지각이 두꺼워 골짜기가 깊다. 이 녹존성의 오행은 거문성과 같이 토土다.

녹존성은 몸체에 지각이 많아 중심맥의 구분이 어렵지만 산중턱에서 출맥한다. 용은 크기가 처음에는 매우 작고 가늘지만 산 하부에 이를 수록 점차 커져 기세 있게 행룡하다가 깨끗하고 단아하며 작은 둥그런 봉우리(소원봉小圓峰)를 만들고 혈을 맺는다. 주룡인 소원봉 양 옆의 지각은 청백이 되어 감싼다.

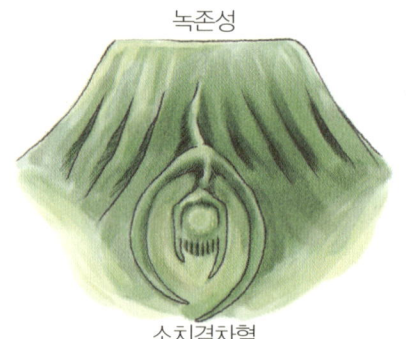

녹존성

소치겸차혈

녹존 소치혈의 형태

　빗살이 굵은 큰 빗 모양과 입안의 어금니와 비슷하게 생긴 혈장은 대부분 약간 오목하면서 긴 겸혈鉗穴인 소치혈梳齒穴과 겸차혈鉗叉穴을 맺는다. 또한 행룡시 돌과 바위 사이에 혈을 맺기도 하는데 이를 석간괴혈石間怪穴이라 한다. 소치혈梳齒穴은 동그랗게 생긴 작은 소원봉의 정상이나 그 아래에 있다.

4) 문곡 장심혈掌心穴

　문곡성은 다른 구성九星처럼 특색 있는 봉우리가 없고, 일정한 법칙 없이 미미한 오길성五吉星의 반半 봉우리(탐랑, 거문, 무곡, 좌보, 우필)들을

문곡 장심혈의 예

문곡성

아미봉

장심혈

문곡 장심혈의 형태

만들면서 평행으로 이어져 물이 파도치듯 흐르거나 뱀이 기어가는 듯 굽이쳐서 5~20리 행룡한다. 오행은 수水이다.

굴곡하는 행룡의 좌우에 초승달 모습이나 여자 눈썹(아미蛾眉) 형태의 야트막한 작은 봉우리(아미봉蛾眉峰) 여러 개가 가깝게 혈을 보호한다.

주룡이 행룡하다 혈을 맺을 때는 손바닥처럼 생긴 중앙 부분의 약간 들어간 곳에 와혈窩穴(장심혈掌心穴)을 결지한다.

5) 염정 여벽혈犁鐴穴

염정은 뾰족한 바위들이 솟아 기가 세고 험준하여 대부분 혈을 맺기가 어려우나 혈을 맺으면 대혈大穴을 맺는다. 오행은 화火다. 진혈에서 임금, 제후, 장수, 재상이 나오는 매우 귀한 혈이 되며 돌혈에 속한다.

염정은 혈을 맺을 때는 귀인 모양의 봉우리 3개가 품자品字 형태로 서 있는 화개삼봉華蓋三峰을 만든다. 소조산이 바위로 되어 있어 삼봉의 현무봉도 험한 바위가 많으며 귀인봉의 모양이다.

염정 여벽혈의 형태

세 봉우리 중 중간 봉우리에서 중출맥中出脈한 주룡은 흙산이다. 험악한 형상의 바위로 이루어진 용맥이 뻗어 내려오다가 점차 살기를 벗어 단정해지고 유순해지는 현상(박환剝換)을 거듭하다 평지平地로 낙맥한 후 방향을 크게 틀어 조종산祖宗山(소조산)을 바라보고 혈을 맺는 회룡고조혈回龍顧祖穴을 만든다. 대부분 주룡에서 횡룡입수橫龍入首하며 쟁기의 모습과 비슷하여 여벽혈犁鐴穴이라 한다. 봉우리의 양 능선(호룡護龍)은 청백이 되어 혈을 보호한다. 혈장은 끝이 날카롭고 뾰족하며 혈장의 중간에서 주로 돌혈突穴을 맺는다. 염정은 다른 구성보다 바위로 된 화표華表, 한문捍門 등의 수구사水口砂가 많다.

6) 무곡 원와혈圓窩穴

현무봉은 산 정상이 원형이며 풍만한 산으로 지각이 없다. 주룡의 중간에서 낙맥한 중출맥中出脈은 주룡에서 개장한 양 능선의 보호를 받는다. 오행은 금金이다.

용이 행룡하면서 베틀의 북(사梭), 도장(인印) 또는 달이 떠오르는 모양

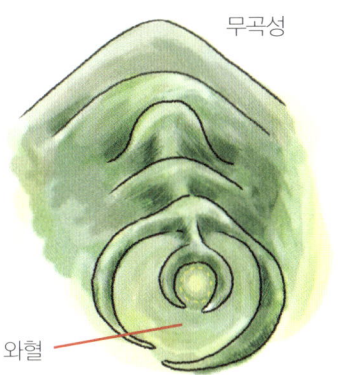

무곡성

와혈

무곡 원와혈의 형태

(월교月皎) 같은 작은 봉우리들을 만드는데 구별이 잘 되지 않고 근처에 반달형태의 봉우리들이 있다.

　용맥은 이 봉우리들 사이의 땅속으로 산줄기가 연결(속입수續入首, 월사맥月砂脈)되므로 능선이 잘 보이지 않으며 가까이에 와혈을 맺는다. 혈장은 땅이 파인 듯하며, 혈은 둥지 같은 땅이 움푹 파인 듯한 곳인 와중미돌窩中微突한 곳에 둥지처럼 둥근 모양의 원와혈圓窩穴을 맺는다.

　아래의 그림은 무곡성의 산을 나타내는 허련許鍊의 〈노치묵존老癡墨存〉과 정선鄭敾의 〈연사모종煙寺暮鐘〉이다.

무곡금성산 : 허련의 〈노치묵전〉(좌), 정선 〈연사모종〉(우)

7) 파군 첨창혈尖槍穴

파군의 산세는 앞머리는 높고 뒤의 꼬리는 점차 낮은 횡으로 되어 있어, 병사들이 바람에 나부끼는 깃발을 들고 달려가는 모습이다. 매우 험준한 산으로 골짜기가 깊고 끝이 뾰족하고 날카로운 지각들이 직선으로 곧게 뻗어 예리한 창과 같다. 따라서 성정은 불같이 치솟는 기질에 금같이 단호하며 위엄이 있다. 오행은 금金이다.

파군은 비교적 먼 거리를 행룡하며 오길성五吉星(탐랑·거문·무곡·좌보·우필성)의 형태로 소조산을 세우고 박환剝換하며 험한 살기를 순화시킨다. 횡으로 출맥하며 평지에서 대혈을 맺는다.

파군성

파군 첨창혈의 형태

긴 창 모양의 혈장은 길쭉하며 청백의 능선도 직선으로 길게 뻗는다. 청백의 높이는 혈장과 비슷하며 가까운 거리에서 혈을 보호하므로 날카로운 삼지창의 형상과 같아 첨창혈尖槍穴이라 한다. 혈은 유혈乳穴도 맺지만 주로 겸혈鉗穴을 맺는다.

8) 좌보 반와혈半窩穴

좌보성左輔星은 한 봉우리는 높고 또 한 봉우리가 낮은 두 개의 공을
연이어 놓은 형태의 산이다. 높고 큰 산에서는 머리에 쓰는 두건의 모습
이며 측면에서의 모습은 뱀(사봉巳峰)이나 장고같이 생겼다. 낮고 작은
산 아래에서 둥그렇고 작은 봉우리(소원봉小圓峰)를 양쪽 옆으로 벌려
평행한 모습인데 우리나라에서는 흔하지 않다. 오행은 토土이다.

좌보 반와혈의 형태

높은 봉우리에서 급히 내려오다 가파른 산중턱에서 평평하게 작은
평지를 만들고 그곳에 혈을 맺는 모습이 등잔대에 달려 있는 등잔불과
같아 괘등혈掛燈穴이라 한다. 횡룡으로 입수하여 맺은 작은 혈은 바람을
피하기 위해 반半쯤 오목하게 들어간 와혈窩穴의 모습으로 반와혈半窩穴
이다.

삿갓을 엎어 놓은 산 아래 낮은 봉우리에서는 벽의 천정에 달려 있는
제비집과 비슷하여 연소혈燕巢穴이라고도 한다. 가끔 암자庵子의 터가
괘등이나 연소혈이 된다.

주산이 좌보가 아닌 경우에도 괘등이나 연소혈을 맺을 수 있다.

허련의 〈추경산수도〉에 표현된 좌보성의 모습

위 그림은 좌보성이 표현된 허련許鍊의 〈추경산수도秋景山水圖〉이다.

9) 우필 은맥돌혈隱脈突穴

우필성은 조산이 없고 용맥이 땅속이나 물속에 숨어 행룡하기 때문에 육안으로 찾기 힘들다. 생기를 보호하는 작은 물줄기가 은맥隱脈 양쪽으로 흐르는 것을 찾는 편이 더 쉽다. 또한 용이 과협처過峽處, 결인속기처, 박환처剝換處, 입수처入首處 등 변화하는 곳에서 말발굽 같은 흔적을 드러내는데, 그 사이로 맥이 연결되어 있음을 알 수 있다. 오행은 금金이다.

따라서 논밭 같은 작은 도랑물이 합쳐지는 약간 돌출(미돌微突)한 부분 중 약간 들어간(미돌중와微突中窩) 곳에 생기를 모으므로 이곳에서 혈을 찾는다. 길흉화복吉凶禍福을 논할 때 좌보성과 우필성을 합쳐 보필輔弼 이라 한다.

우필 은맥돌혈의 형태

구성에 의한 주산의 오행과 혈의 결지형태

	구성 九星	오행	혈의 결지 형태	개장, 출맥, 행룡
1	탐랑성 貪狼星	목木	유두혈乳頭穴	산 양변의 가운데로 중출, 20~30리 행룡. 평탐은 일자 양쪽 끝에서 출맥
2	거문성 巨文星	토土	겸차혈鉗叉穴	일자의 중간에서 횡으로 출맥, 10리 행룡. 소원봉. 혈 뒤 병풍처럼 옥병사 만듦
3	녹존성 祿存星	토土	소치혈梳齒穴 겸차혈鉗叉穴	지각 중에서 소원봉 형성
4	문곡성 文曲星	수水	장심혈掌心穴	작은 아미봉들이 혈을 보호. 수리~수십리 행룡
5	염정성 廉貞星	화火	어벽혈犁鐴穴	화개삼봉 중 중간 봉우리에서 출맥, 회룡고 조하며 횡룡입수
6	무곡성 武曲星	금金	원와혈圓窩穴	베틀의 북, 도장 또는 달이 떠오르는 모양 의 소원봉
7	파군성 破軍星	금金	첨창혈尖槍穴	행룡의 요도지각이 다각으로 날카롭고 긴 겸혈 맺음
8	좌보성 左輔星	토土	연소혈燕巢穴 괘등혈掛燈穴	두건형의 산에서 출맥, 주룡이 급히 내려오 다 산중턱에서 반와혈인 괘등혈을 맺고, 산 아래에서 횡룡 입수하여 제비집 같은 연소 혈 맺음
9	우필성 右弼星	금金	지중은맥돌혈 地中隱脈突穴	뚜렷한 소조산 없음. 평지의 지중은맥地中隱 脈으로 행룡하다가 돌혈 맺음

9.5 좋은 거주지 찾는 방법

좋은 거주지인 정혈처를 찾기 위해서는 풍수 역학적인 구별 방법과 심안으로 솟아나는 기를 쳐다보는 방법이 있다. 하지만 내단수련 内丹修煉을 하지 않은 사람들은 기를 보는 방법이 없으니 풍수 역학적인 방법에 전적으로 의존할 수밖에 없는 실정이다. 따라서 육안으로 좋은 기운이 있는 혈穴 자리를 찾기 위해서는 다음과 같이 혈 자리의 파악, 요건 확인, 검증의 순서에 의해 구하도록 한다.

좋은 거주지인 양택지나 음택지의 정혈처를 찾는 방법에는 근거리에서 혈 자리에 접근하는 탐혈7법과 혈장 부근에서 혈 자리를 확인하고 검증하는 정혈3법이 있다.

먼저 좋은 기운이 있는 혈 자리를 찾으려면, 근거리에서 접근하면서 탐혈7법探穴七法으로 혈 자리를 탐구한다.

첫째, 용龍의 구성법九星法에 의거 좋은 산인 탐랑성, 거문성, 무곡성의 삼길성三吉星 산으로 접근한다. 둘째, 사산四山들의 높고 낮음, 멀고 가까움, 산의 안과 밖을 따져 혈의 위치를 예측하여 탐구한다. 셋째, 굴곡과 기복의 변화하는 과협법過峽法에 의거 정혈처가 있음을 예측한다. 넷째, 국세局勢와 길한 사격 및 관쇄關鎖가 잘 어울려졌는지 보국법保國法으로 탐구한다. 다섯째, 안산案山과 조산朝山이 혈을 향해 수려하고 유정하며 아름답게 있는지 탐구한다. 여섯째, 명당이 평탄하고 원만한지 탐구한다. 일곱째, 물의 득수得水, 취수聚水 및 거수去水가 삼수법三水法에 의해 잘 이뤄지는지 탐구한다.

탐혈7법에 의해 좋은 기운의 혈 자리로 파악이 되면 혈장에서 정혈3법定穴三法으로 혈이 만들어지는 요건을 확인하자.

첫째, 용이 혈을 맺을 수 있는지를 알기 위해 결인속기 및 좌우선룡의 결지結地 방법에 해당되는지 확인한다. 둘째, 혈장의 구성構成 요소인 입수도두入首倒頭, 선익蟬翼, 순전唇氈이 조화롭게 갖췄는지 확인한다. 또한 혈을 맺을 수 있는 결지 조건인 혈운穴暈과 물의 분합分合이 이뤄지는지 확인한다. 셋째, 좋은 기운의 혈 자리를 파악하고, 그에 대한 요건이 확인되면 혈의 종류와 형태를 최종적으로 서로 비교하여 검증한다. 혈의 모양에 따른 형태와 주산의 사상四象적 형태가 일치하는지 비교하여 검증한다. 구성九星에 의한 주산과 혈의 결지結地 형태가 일치하는지를 비교하여 검증한다. 2종류의 검증이 완료되면 마지막으로 혈토穴土를 채취하여 최종 검증한다.

1) 탐혈7법探穴七法

먼저 좋은 기운이 있는 혈 자리를 찾으려면, 근거리에서 접근하면서 탐혈7법으로 혈 자리를 탐구한다.

가. 용龍의 구성법으로 판단하여 삼길성三吉星의 산을 구한다

산의 주름진 골짜기가 택지를 향하고 있으면 매우 좋지 않다. 이에 해당하는 녹존성祿存星 · 파군성破軍星 · 염정성廉貞星은 가급적 피한다.

삼길성三吉星인 탐랑성, 거문성, 무곡성은 매우 좋은 별에 해당하고, 대체로 무난한 성질의 별인 좌보성과 우필성을 포함하여 오길성五吉星이라고 부른다. 나쁜 성질의 녹존성, 문곡성, 염정성, 파군성은 사흉성四凶星이라고 부른다.

문필봉인 탐랑貪狼 목성木星, 정승사인 거문巨文 토성土星, 노적봉인 무곡武曲 금성金星의 산이 혈을 맺는 곳(정혈처)을 구한다.

용의 구성법으로 삼길성의 산을 구하는 것 외에도, 주산의 구성九星 형태로 혈의 형태, 위치, 사상四象 및 길흉의 예측과 파악이 가능하다. 태조산에서 소조산, 주산 및 혈까지 이어지는 내룡의 변화 과정을 잘 살펴 분석하도록 하자.

나. 원근고저면배법遠近高低面背法으로 혈의 위치를 예측해 탐구한다

산의 주산과 주룡에 서서 원근遠近 · 고저高低 · 면배面背를 이용하여 사산四山들의 높 · 낮음, 멀고 가까움, 산의 안과 밖을 따져 혈의 위치를 예측한다.

주변 산이 높고 가까우면 혈이 높게 있고, 산이 낮고 멀면 혈도 낮게 맺히며, 산의 면面인 안쪽에 주로 혈이 맺힌다.

다. 과협법過峽法에 의거 정혈처의 정보를 구한다

굴곡과 기복의 변화하는 과협처를 보고 혈의 결지 여부와 위치 및 진짜 혈과 가짜 혈(진가혈眞假穴)을 파악한다.

과협過峽은 산과 산을 잇는 산줄기 부분에 고개라고 부르는 잘록한 허리 부분을 가리킨다. 과협은 행룡 중에 풍선과 같이 용의 기를 조인 곳으로 용의 성질을 파악하기 용이하다. 과협처가 바른지, 좌우방향인지, 길고 짧은지, 흙의 상태가 어떤지에 따라 혈의 성격도 유사하므로 혈의 결지 여부, 위치 및 길흉화복을 판단한다. 깨끗한 생기가 뭉쳐 있는 혈지의 흙의 색깔은 밝고 부드러우면서 단단하다.

라. 보국법保國法으로 탐구한다

사산四山과 용龍 · 혈穴 · 사砂 · 수水가 어울려진 국세局勢를 보고 혈을 찾는다. 국세란 사격이 혈穴을 감싸주고 있는 형태를 말하며, 혈을 유정有情하게 감싼 주변의 물과 산의 변화를 살펴 용맥의 끝인 용진처를 찾는다.

용이 혈을 맺는 보국保局에서 청룡青龍 · 백호白虎를 비롯해서 안산案山과 조산朝山, 하수사下水砂 · 수구사水口砂 등이 혈을 향해 수려하고 유정하며 아름다우면 매우 길하다.

주변에 귀인봉, 문필봉, 일자문성, 부봉富峰 등 길한 사격이 감싸준다. 나의 거주지 또는 혈 주변의 산들이 아름답고 귀한 형상으로 나를 감싸 보호하며, 바람으로부터 혈의 생기가 흩어지지 않는다. 산줄기가 음택지를 향해 등을 돌리지 않으며, 배반하지 않고 감싼다. 또한 주변 산의 능선 끝 부분이 음택지를 향하지 않는다. 변화하며 달려온 생기 있는 용이 멈춰야 지기가 융합되어 맺히므로 반드시 구불구불하게 이어지며 달려온 생룡이 있다.

혈을 등지며 배반하고 달아나면 손재損財하여 가난해지고 오역하는 자손이 나온다. 또한, 비탈지며 비틀어지고 자연적이거나 인위적으로 파손되어 추악하게 보이거나 깎아지른 듯 높고 험한 절벽이 있거나 한쪽이 요함凹陷하거나 뾰족하고 날카로운 면이 혈을 향해 부딪치고 찌르면 모두 흉하다.

보국을 이루며 수구가 좁게 관쇄되어 있으며, 음택지가 보국의 밖(배背)이 아니고, 안(면面)에 있다.

마. 조안법祖案法에 의거 구한다

혈 앞 안산의 깨끗하고 아름다움을 보고 혈을 찾는다. 안산이 높거나 가까우면 혈은 높은 곳에 있고, 낮거나 멀리 있으면 혈은 낮은 곳에 있다. 혈을 잘 감싸야 한다.

안산과 조산이 혈을 향해 수려하고 유정하며 아름답게 있으면 매우 길하다. 조산이 혈 자리를 감싸지 못하고 반배하면 매우 흉하다.

바. 명당법明堂法에 의거 구한다

혈 앞 명당의 평탄하고 원만함을 보고 혈의 결지 여부를 파악한다. 혈을 찾을 때는 명당이 평탄하고 원만한지, 모든 물이 명당으로 모이는지, 수구가 좁고 주밀하게 관쇄되었는지 등을 살핀다.

명당은 전저후고하여야 하며, 혹시 주위의 땅이 단단하고 적송赤松이 있다면 길한 택지임을 확인해 볼 필요가 있다.

주위에 고압선의 철탑, 터널, 큰 도로의 교차로, 폭포, 사찰, 군부대가 있으면 흉하다. 또한 도로와 물, 그리고 산 능선 등이 음택지를 향해 부딪치고 찌르면 매우 흉하며, 부근에 이끼가 많이 끼어 있어도 좋지 않다.

5대 흉살凶殺인 수살水殺, 풍살風殺, 파살破殺, 압살壓殺 및 충살衝殺이 있는 택지는 반드시 피한다.

사. 물의 삼수법三水法이 잘 이뤄지는 곳을 구한다

물을 얻는 득수得水, 명당에 모인 구곡수九谷水가 교합하는 취수聚水, 혈 자리 앞에서 관쇄된 곳을 빠져나가는 거수去水를 보고 판단한다.

다시 말해 혈 앞에 흐르는 물(내당수內堂水)이 구불구불하게 흘러(구곡수九曲水) 합류하고 관쇄하며 굴곡을 이뤄 빠져 나가는 (교쇄직결交鎖織結) 물의 형세를 살핀다.

수구처에 한문·나성·화표·북신 등을 보고 물이 감싸주는 안쪽에서 혈을 찾는다.

물이 일자로 쭉 뻗어 직선으로 흘러 나가는 목성수木星水는 거주지의 기를 빼앗아 가므로 매우 흉하다. 또한 물이 날카롭게 나를 찌르고 들어오는 화성수火星水 역시 많이 흉하다.

네모반듯한 일자문성一字文星 형태의 토성수土星水, 활 모양 또는 허리띠를 두른 모양의 금성수金星水 및 굴곡하면서 구불구불하게 흐르는 수성수水星水가 원만하게 감싸주면서 흐르면 매우 길하다. 하지만 토성·금성·수성수 역시 반배할 경우 매우 흉하다.

생기를 가두고 보호해주는 맑은 물이 여러 골짜기에서 나의 거주지 또는 혈을 감싸고 돌아 환포해 주면 길하다.

또한 물은 거주하는 곳에 다정하게 머무르듯 감싸안아주며 흘러들어온 후 천천히 휘돌아 흘러나가야 좋다.

그러나 물이 경사진 곳을 급하게 소리 내며 흐르거나, 흩어져 흐르거나, 등을 돌리거나, 또는 찌르듯 충살衝煞을 내며 흐르는 곳에서 살게 되면 반드시 나와 가족 모두에게 해害를 끼치므로 매우 좋지 않다.

2) 정혈3법定穴三法

탐혈7법에 의해 좋은 기운의 혈 자리로 파악이 되면 혈장에서 정혈3법으로 혈이 만들어지는 요건을 확인하고 검증한다.

가. 용의 결지법結地法으로 혈이 맺었는지 확인한다

용이 혈을 맺는 결인속기結咽束氣(또는 태식잉육胎息孕育), 좌우선룡左右旋龍의 방법 중에서 반드시 1개 이상의 결지법으로 혈이 맺었는지 확인한다.

결인속기란 혈을 맺는 용의 입수도두 뒤에서 용의 잘록한 허리 부분을 보고 혈의 결지 여부를 판단하는 것으로 가장 손쉽게 할 수 있는 결지법이다.

좌우선룡이란 원진수를 역수逆水시키는 하수사가 좌선룡과 우선수인지 아니면 우선룡과 좌선수인지 판단하는 방법이다. 이는 물이 우측에서 돌아 좌측으로 흘러 나가면 하수사의 용은 좌측에서 나가 우측으로 감싸주며 뻗어나가야 용과 물이 서로 음양의 교배가 가능해져서 생기를 얻을 수 있는 혈 자리를 맺게 하므로 중요한 확인 방법이 된다.

나. 혈장의 구성법構成法에 따라 혈이 맺었는지 확인한다

혈의 결지와 보호를 위해 혈장의 각 구성 요소를 확인한다. 혈의 결지에 필요한 입수도두入首倒頭, 선익蟬翼, 순전脣氈 등이 조화롭게 본연의 임무에 충실한지 살핀다.

그리고 혈장이 기울지 않고 평탄 원만한지 살핀다. 또한 선익 좌우에 잡풀의 유무를 확인하고 원진수가 입수도두 뒤에서 분수分水하고 순전 앞에서 합수合水하는지 살핀다.

혈을 맺을 수 있는 결지 조건인 혈운穴暈과 물의 분합分合이 이뤄지는 지도 확인한다. 물의 분합分合이란 물이 나누어진 후 다시 합하여 진다는 뜻으로, 산과 물의 음양陰陽에 대한 교합으로써 용혈龍穴의 생기를 보호하면서 혈을 맺도록 물을 분수分水한 뒤 합수合水하는 것을 말한다. 혈을 이루려면 3종류의 분합이 이루어진다.

첫째, 혈장 위쪽에서 분수했다가 혈을 한 바퀴 감싸준 뒤 혈운 아래에서 합수하는 제1분합이다.

둘째, 용맥 양쪽에서 따라온 원진수가 혈장 위 입수도두 뒤에서 분수하여 나누어졌다가 양 선익을 따라 양분된 다음 순전 앞에서 다시 합쳐지는 제2분합이다.

셋째, 주산이나 현무봉에서 용을 사이에 두고 나누어졌다가 수구에서 합쳐지는 제3분합이다.

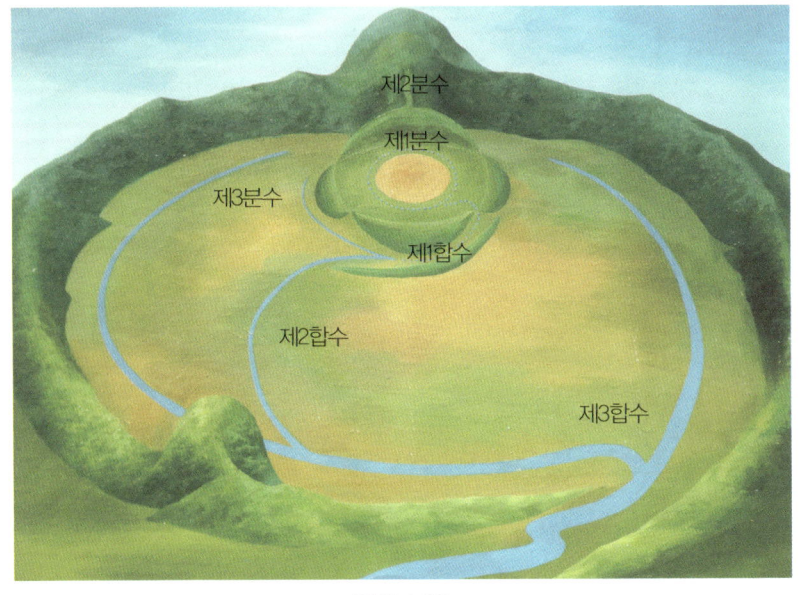

물의 분합

다. 정혈처正穴處를 최종 비교 검증한다

좋은 기운의 혈 자리를 탐혈7법으로 파악하고, 그에 대한 요건이 용의 결지법과 혈장의 구성법에 따라 확인되면 결지된 혈이 맞는지 혈의 종류와 형태를 최종적으로 서로 비교하여 검증한다.

첫째, 혈의 모양에 따른 형태와 주산의 사상四象적 형태가 일치하는지 비교하여 검증한다.

예를 들어 주산이 탐랑목성이면 혈은 유중미와乳中微窩한 부분에 유혈乳穴을 맺는다. 주산이 거문토성이면 겸중미돌鉗中微突한 부분에 겸혈鉗穴을 맺고, 무곡금성이면 와중미돌窩中微突한 부분에 와혈窩穴을 맺는다.

둘째, 구성九星에 의한 주산과 혈의 결지 형태가 일치하는지를 비교하여 재차 검증한다.

예를 들어 주산이 탐랑목성이면 혈은 아래 끝부분의 가장 풍만한 곳에 유두혈乳頭穴을 맺는다. 주산이 거문토성이면 혈장穴場은 길며 약간 움푹 들어가 있어 입수도두와 선익 아래 약간 볼록한 부분에 겸차혈鉗叉穴을 맺는다. 주산이 무곡금성이면 혈장은 땅이 파인 듯하며, 혈은 오목한 부분에서 약간 돌출한 곳에 둥지처럼 둥근 모양의 원와혈圓窩穴을 맺는다.

셋째, 2종류의 검증이 완료되면 마지막으로 혈토穴土를 채취하여 최종 검증한다. 혈토의 채취가 가능하다면 소량의 혈토를 채취하여 확인하고 좌향坐向을 구한다.

혈토는 생기가 합성되어 흡수될 수 있는 역할을 한다. 표면을 덮고 있는 흙을 걷어내면 돌도 흙도 아닌(비석비토非石非土) 상태가 나오는데, 보기에는 돌 같으나 손으로 비비면 밀가루처럼 미세하게 분해되는 흙이다. 이는 바로 생기가 응집되거나 흘러가는 통로로 홍황자윤紅黃滋潤

혈토

해야 좋다. 홍황자윤이란 혈토의 색깔은 붉은 황토색이면서 홍紅, 황黃, 자紫, 백白, 흑黑 등 오색五色 이상이며, 마치 참기름을 뿌린 것과 같이 밝고 윤기가 있는 것을 말한다.

　풍수 역학 이론상 반드시 혈토가 있어야 혈 자리라고 하지만, 비석비토하고 홍황자윤하는 혈토의 정의에는 정도의 차이가 있을 수 있다. 혈토라고 하는 곳에 생기가 없는 경우가 있고, 비석비토하고 홍황자윤하지 않는 곳에서도 순수한 생기가 있어 반드시 비석비토하고 홍황자윤하는 혈토와는 일맥상통하지 않는 경우도 있다.

3) 좋은 거주지 찾는 방법(탐혈7법과 정혈3법)

검정 : 근거리에서 접근하여 혈 자리를 탐구하는 탐혈7법探穴七法

빨강 : 혈장 부근에서 혈 자리를 확인 및 검증하는 정혈3법定穴三法

1. 용의 구성법九星法

멀리서 탐랑 목성, 거문 토성, 무곡 금성의 좋은 산을 구하고, 주산의 구성九星 형태로 혈의 형태, 위치, 사상四象 및 길흉 예측

2. 원근고저면배법遠近高低面背法

주산과 주룡에 서서 원근遠近, 고저高低 및 면배面背를 이용하여 사산 四山의 높고 낮음, 멀고 가까움, 산의 안과 밖을 따져 혈 위치 예측.

3. 과협법過峽法

굴곡과 기복의 변화하는 과협처를 보고 혈의 결지 여부와 위치 및 혈의 진가眞假를 구별하여 정혈처의 정보 파악

4. 보국법保國法

사산四山과 용龍·혈穴·사砂·수水가 어울려진 국세局勢를 보고 용진처 탐구

5. 조안법朝案法

혈 앞 안산案山과 조산朝山을 보고 용진처 탐구

6. 명당법明堂法

혈 앞 명당의 평탄원만함을 보고 혈의 결지 여부 파악

7. 삼수법三水法

물의 득수得水, 취수聚水 및 거수去水 형태를 보고 용진처 탐구

a~b. 용의 결지법結地法

용이 혈을 맺는 결인속기結咽束氣, 좌우선룡左右旋龍(태식잉육胎息孕育)의 2가지 방법으로 확인.

c~f. 혈장穴場의 구성법構成法

혈의 결지에 필요한 입수도두入首倒頭, 선익蟬翼, 순전脣氈, 혈운穴暈, 물의 분합分合 등이 조화롭게 본연의 임무에 충실한지 확인

g, 정혈처正穴處의 검증법檢證法

① 사상四象에 의한 혈과 주산의 형태 일치 여부 검증
② 구성九星에 의한 주산과 혈의 결지結地 형태 일치 여부 검증
③ 혈토穴土를 채취하여 최종 검증

제 10 장

공부 잘 되는 집은
따로 있다

집터가 좋으면 동일한 노력으로도 공부가 더 잘되고 더 잘할 수 있다. 이런 좋은
주거지를 구하기 위해 산과 물, 그리고 택지의 형태와 흐름을 읽어 형세론적인
측면에서 정리해보고 그에 대한 예를 살펴보자.

공부를 더 잘할 수 있는 좋은 주거지의 예로 춘천시 서면과 임실군 삼계면의 박
사마을이 있다. 이 두 마을은 주민 수에 비해 박사가 많이 배출되는 특별한 요
건을 지니고 있다.

그리고 이 장에서는 이제까지 배운 산 · 물 · 택지를 읽는 방법과 그에 대한 적용
방법을 종합 정리하여 소개한다.

10.1 공부 잘 되는 풍수지리 요건

1) 공부 잘 되는 산山의 형태와 흐름

가. 탐랑貪狼 목성木星의 산에 대한 기운을 반드시 구한다

❶ 형태

주산이 대나무 죽순처럼 끝이 뾰족하며 단정하고 수려하게 우뚝

공부가 잘 되는 탐랑목성 산의 모습

솟은 산이나 산정상이 원통형처럼 생긴 산, 또는 삼각형 모양으로 정상이 붓끝처럼 뾰족하게 생긴 산을 구한다. 산중턱에 지각이 없으며 반듯하고 깨끗하면 좋다.

❷ 특성

탐랑의 본성은 유순하며 솟아오르는 생동력의 힘이 있다. 탐랑의 기운을 받고 태어난 사람은 본성이 어질고 총명하여 관직에 나아가며 장수한다. 부富보다 총명, 문필文筆과 관직인 귀(문관)를 주재한다.

❸ 구하는 법

거주지 뒤쪽에 있는 주산主山인 현무봉玄武峰이 탐랑성이며, 그의 용맥을 직접 받는 혈 자리를 찾아 거주하면 대길하다. 뒷산이 탐랑성이면 거주지가 정혈처 자리가 아니더라도 흉하지 않고 문필봉의 기운을 다소 받을 수 있어 좋다.

거주지 앞쪽에 놓인 작은 안산이 탐랑성이면 귀인을 앞에 놓고 사용하는 낮고 작은 책상에 비유되어 그의 기운을 받으므로 크게 길하다.

아미문성

또한 손님이 주인을 향해 인사하는 형태의 안산 뒤에 있는 높고 큰 산인 조산朝山과 좌우 청백靑白의 산이 귀인봉이거나 눈썹 모양의 아미문성蛾眉文星 또는 문필봉文筆峰이면 더 없이 좋다.

나. 거문巨文 토성土星의 산이 있어도 매우 좋다

❶ 형태

산의 정상이 일자 모양으로 평평하고, 몸체에 지각이 없이 깨끗하고

관직과 고시를 주관하는 거문토성 산

반듯하다. 주산이 몸체가 각이 진 네모난 모습의 일자문성一字文星이다. 이러한 산을 구해도 매우 좋다.

❷ 특성

거문의 본성은 모성처럼 유순하며 위엄이 있고 단정하다. 높고 빼어난 거문의 산이 있으면 귀하고 장수하는 인물이 나오며 횡재하기도 한다. 재물인 부富와 관직·고시인 귀貴를 주재하여 부귀 장수한다.

❸ 구하는 법

주산主山, 안산案山, 조산朝山 및 청백靑白의 사산四山 중에 거문 일자문성이 있으면 매우 좋다.

다. 탐랑성貪狼星과 함께 무곡武曲 금성金星의 산이 있으면 가난하지 않고 공부를 잘하게 된다

❶ 형태

무곡금성의 산은 산정상이 원형이며 풍만한 산으로 지각이 없다. 종이나 가마솥을 엎어 놓은 모양이며 노적봉 또는 투구봉이라고 부른다.

❷ 구하는 법

주산이 탐랑성이며, 안산案山, 조산朝山 및 청백靑白 중에 무곡성武曲星의 산이 있으면 공부도 잘하고 가정도 넉넉해진다. 그림의 우측은 정용채

무곡금성 산

가옥 앞산의 노적봉이다.

2) 공부 잘 되는 택지의 형태와 흐름

산山의 형태와 흐름에 따라 공부 잘 되는 좋은 장소를 구한 뒤에는 택지의 형태와 요건에 맞는지 확인하여야 한다. 그러려면 택지를 구할 때 피해야 하는 형태와 요건을 반드시 알아두어야 한다.

가. 택지 형태

가로와 세로의 황금 비율인 1:1.618로 이루어진 직사각형의 택지는 탐랑성이며 부富보다 귀貴하다. 따라서 도로에 접한 부분이 1, 안쪽으로 세로가 1.618인 직사각형의 택지를 택한다.

삼각형의 택지는 피한다. 반배와 반목하는 형상과 사방이 뾰족한 돌출이나 요함凹陷이 있는 택지도 피한다.

나. 택지 요건

배산임수와 전저후고의 택지를 구한다. 또한 보국을 이루며 수구가 좁게 관쇄되어 있고, 용맥이 택지에 입수된 곳을 택한다.

택지를 구할 때 반드시 피해야 할 곳은 돌출, 절벽이나 낭떠러지, 산의 절개지, 철탑 근처, 매립지, 습지, 터널과 고압선 부근, 소음에 계속 노출된 곳, 커다란 나무 같은 큰 생명체 부근, 신전·묘지·사찰·교회·군부대 근처 등이다.

또한 도로, 물, 아파트 및 산 등이 나의 거주지를 향해 부딪치고 찌르면(충사沖射) 매우 흉하므로 반드시 택지의 요건을 잘 살펴 주거지를 선택해야 한다.

산과 물, 그리고 도로에 의한 기운이 치고 들어오는 수살水殺, 골바람이 부는 풍살風殺, 주변이 흉측하게 파손된 파살破殺, 나의 집 주위가 높고 강하여 고압적인 압살壓殺, 나의 집을 충하는 충살衝殺은 공부에 해가 되는 택지의 5대 흉살凶殺이므로 주거지 선택 시 반드시 피해야 한다.

3) 공부 잘 되는 방 꾸미기와 배치

산의 형태와 흐름에 따라 좋은 장소를 구한 후, 바른 형태와 요건에 맞게 택지를 정한 뒤 공부 잘 되는 방의 꾸미기와 배치를 적절하게 한다.

가. 공부 잘 되는 방 꾸미기

공부하는 방은 밝아야 길하다. 자연 소재 원목으로 만든 목재 테이블이 좋으며, 원형이나 정사각형의 책상보다는 발전이 있는 직사각형의 탁자가 좋다. 거울은 기를 혼란시키며 집중을 방해하므로 공부방에는 거울을 설치하지 않는 것이 좋다.

그리고 책상이나 침대 가까이에 꽃이나 꽃이 핀 화분은 두지 않는다.

꽃이 필 때는 기氣를 빨아들이거나 호흡 알레르기가 생길 수 있게 하므로 침대 또는 책상 주변과 창가에는 꽃이 피지 않는 난과 관엽식물을 두어 공부하는 사람의 기운을 생생하게 북돋을 수 있게 해준다. 벽에는 풍경화를 걸어두는 것이 좋으며 침대 옆에 흰색이나 핑크색 소품을 장식하면 기의 흐름이 좋아진다. 침대 머리는 둥근 산 모양의 완만한 곡선이 좋다.

건강이 좋지 않은 때는 밝고 화려한 핑크색이나 주황색, 베이지색을 주로 사용하여 꾸미는 것이 좋다. 또 주의가 산만해서 학습능력이 떨어질 때는 흰색 가구를 놓아준다. 기하학적 무늬나 사선 무늬 커튼은 집중이 되지 않아 공부에 좋지 않다.

시험을 준비하고 있는 공부방은 세로 무늬의 커튼을 단다. 단 기하학적 무늬나 사선 무늬로 된 커튼은 피하는 것이 좋다. 무늬가 있는 책상은 공부하는 사람의 마음을 혼란스럽게 한다. 화려한 색상도 마음을 혼란하게 하니 나뭇결이 있는 차분한 것을 고른다. 책상은 차분한 분위기에서 공부할 수 있도록 북쪽을 향하도록 놓으며 위치는 방문을 등지지 않도록 한다.

나. 공부 잘 되는 방 배치

가택구성법에 의해 현관문을 기준으로 같은 사택궁에 공부하는 방을 배치한다. 예를 들어 대문이 동 · 동남 · 북 · 남방향의 동사택東四宅이면 같은 동사택 방향에 공부하는 방을 둔다. 특히 가택구성법에 의한 길흉표를 참조하여 기두방위에 따라 생기 있는 방위에 공부하는 방을 배치하면 공부가 더 잘 되는 방이 될 수 있다. 예를 들어 현관문이 동남쪽이면 생기 있는 아이의 방의 방향은 북쪽이다.(제7.1절 나의 집 배치방법 참조)

침대의 위치는 방문이 있는 면과 평행이 아닌 마주 보이는 곳에 설치하고, 머리를 남쪽과 동쪽 방향으로 두고 누울 수 있도록 한다.

공부 잘 되는 거주지 선정에 대한 종합 요건

다음 요건을 충족시키면 학문이 높은 대 문장가, 학자, 교수 등의 문인과 인품이 훌륭하고 의리 있는 인물이 배출된다.

주산主山이 탐랑성貪狼星이고, 주변의 안산, 조산, 좌우청백의 산이 귀인봉, 문필봉, 일자문성, 눈썹 모양의 아미문성, 부봉富峰 등 길한 사격으로 감싸안아 보국을 이루며 수구가 좁게 관쇄되어 있다. 이때 내가 살고 있는 거주지가 보국의 밖(배背)이 아니고, 안(면面)에 있어야 하며, 주변에 깨어지고 파손된 산이 없고 아름다워야 한다.

산줄기, 도로, 물, 건물 등이 나의 거주지를 향해 등을 돌리지 않으며 배반하지 않고 감싸고 있어야 한다. 특히 주변의 산이나 건물 등의 능선 끝 부분이 나를 향하고 있지 않아야 한다. 5대 흉살인 수살, 풍살, 파살, 압살 및 충살이 있는 거주지는 반드시 피한다.

황금 비율(1:1.613)로 이루어진 직사각형의 택지에서 거주한다. 이때 용맥이 택지에 입수한 곳에 거주하면 매우 좋다.

10.2 공부 잘 되는 집의 예

1) 춘천시 서면 박사마을의 예

춘천시 서면은 강원도의 험한 산세와는 다르게 야산의 형세이며,

현암리에서 바라본 탐랑봉이 즐비한 사격

주위에 많은 문필봉이 에워싸고 있다. 주위 사격이 귀인봉, 문필봉, 일자문성 등 풍수적으로 뛰어나지만, 1963년 이전까지는 학자가 전무한 상태였으며, 향교나 사원조차도 존재하지 않았다.

이 박사마을의 박사 배출 현황은 2005년 현재 서면의 총 인구 4,400여명(1,770여 세대) 중 90여 명 이상이 박사학위를 취득하였다. 세대 당 박사학위 취득자가 약 5%에 이르며, 특히 현암마을은 세대 당 박사 비율이 12%를 이른다.

1968년부터 박사 학위자가 본격적으로 배출된 것은 의암댐과 연관이 있어 보인다. 의암댐은 1961년 기공식을 기점으로 건설을 시작하여 1968년 담수를 완료하였다.

거친 명당과 산만하고 험한 자갈과 바위로 이뤄진 서면 마을이 담수로 인해 호수의 물이 거칠고 험한 부분을 덮어 주어 귀한 명당으로 탈바꿈한 것이다. 호수 위에 솟아 오른 각 섬들은 귀한 화표로 변했고 호수의 물은 문필봉의 붓에 대한 먹물이나 잉크의 역할을 하게 되었다.

의암댐은 삼악산과 의암산이 관쇄를 이루고 있기 때문에 서면에서는 흘러 나가는 물을 볼 수 없어 대귀大貴하다.

2) 임실군 삼계면 박사마을의 예

산속에 묻혀 있는 삼계면은 세 곳에서 물이 들어와 산과 어우러지는 지형을 이루는 곳으로 물의 득수처와 파구처의 분별이 어렵다. 또한 사방에서 솟아 장풍의 역할을 하는 산들이 기의 분산을 막아주므로 이 지역은 풍수 기본 여건인 장풍득수에 대한 교과서라 할 수 있는, 매우 길한 지리적 여건을 갖추고 있다.

삼계면은 금남호남정맥과 섬진강을 끼고 있고 문곡성의 산줄기가

지나면서 중간 중간에 붓과 같은 문필봉인 탐랑성의 봉우리들을 일으
켜 놓아 학자나 교수, 박사가 많이 나온다.

이곳의 박사마을은 평균 5가구당 1명꼴로 전국 면(面) 중에서 가장
많은 박사가 배출(현 150여 명)된 곳이다. 특히 뇌천마을과 세심마을은
세대 당 박사비율이 30%를 넘는다.

하지만 이 지역의 대부분이 높은 산 속의 야산 구릉지대로 명당이
기울어져 있어 박사는 많이 배출되나 부자가 드문 형국이다.

뇌천리 주위의 탐랑봉

삼계면은 후천리 노씨, 뇌천리의 심씨, 덕계리 허씨 등의 일부
성씨가 대부분의 박사를 배출하고 있다. 이런 연유는 음택의 영향으로
파악되고 있다.

덕계리의 박사 배출 현황을 살펴보면 주민의 20%가 넘는 10여 명
중 대부분이 양천 허씨의 자손이다. 조선조 후반 낙향한 선비 집안인
허씨는 이 마을 뒤 깃대봉에서 중출맥으로 내려오는 내룡에 안장되었
는데 이 마을 박사출신의 대부분이 양천 허씨 6대조 할아버지의 자손들
이다.

학정리 세심제 주위의 사격

　덕계리 마을의 사산의 형국을 살펴보면 주산과 청룡, 조산이 탐랑
목성이나 명당이 다소 좁고 경사진 형국이다.

제 11 장

부자 되는 집과
장사 잘 되는 상가

돈을 싫어하는 인간은 없다. 최소한의 생활을 위한 돈 이외에도 문명 생활을 영위하기 위해서는 많은 돈이 필요하기 때문이다.

부자가 되기 위한 풍수지리학적인 해법은 집, 상가, 전원주택, 사무실 및 사옥 할 것 없이 모두가 동일하다. 따라서 이 장에서는 돈을 더 벌 수 있는 구체적인 방법에 대해 알아보고 익히도록 하였다.

먼저 1부에서 배웠던 부자가 될 수 있는 거주지의 산과 물, 그리고 택지 고르는 방법과, 2부의 부자가 되는 방 꾸미기와 배치하는 방법 등을 복습하며 익힐 수 있도록 아파트 단지의 실 예를 들어가며 마치 현장을 답사하는 것처럼 공부할 수 있도록 하였다. 또한 실제로 부자가 되는 주택과 장사 잘 되는 상가를 실 예로 들어서 누구나 쉽게 고르는 방법을 익힐 수 있도록 꾸몄다.

11.1 부자 되는 풍수지리 요건

부자 되는 집 · 상가 · 사무실 · 사옥을 구하는 방법은 동일하다. 먼저 산과 물, 그리고 택지의 형태와 흐름을 읽어 형세론적인 측면에서 부자 되는 풍수지리적 요건을 검토하여 결정하는 것이다. 거주할 곳이 결정이 되면 건물 내에 복이 넝쿨째 들어올 수 있도록 방 꾸미기와 배치를 한다.

1) 부자 되는 산山의 형태와 흐름

무곡武曲 금성金星의 기운이 충만한 산의 기운을 반드시 구한다.

가. 형태

무곡성의 현무봉은 산 정상이 원형이며 풍만한 산으로 지각이 없어야 길하다. 종이나 가마솥을 엎어 놓은 모양이며 노적봉(투구봉)이라 부른다.

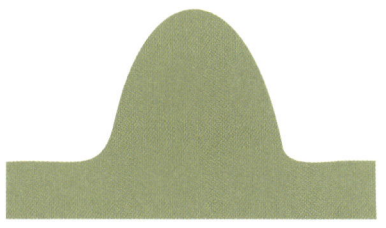

노적봉

나. 특성

무곡의 본성은 단정하고 엄숙하다. 장군, 부자, 재물, 귀(무관)보다 부富를 주관한다.

다. 구하는 법

주산인 현무봉이 무곡성으로 그의 용맥을 직접 받는 곳인 혈 자리를 찾아 거주하면 대길하다. 거주지가 정혈처 자리가 아니더라도 흉하지 않고 뒷산이 무곡 금성이면 부봉富峰의 기운을 다소 받을 수 있어 좋다.

거주지 앞에 놓인 작은 안산이 무곡성이면서 수려하고 반듯하게 있으면 재물과 곡식이 앞마당에 가득한 부자가 된다.

안산 뒤에 있는 높고 큰 산인 조산朝山과 좌우청백靑白이 무곡성이면 더 없이 좋다.

2) 부자 되는 물의 형태와 흐름

가. 부자되는 물의 형세

골짜기에서 득수한 물이 구불구불하게 유유히 흘러 굴곡하며 거주지로 들어와서, 집 앞 명당에 모여 머무르다 넘쳐흘러 머뭇거리듯 천천히 휘돌아 수구로 빠져 나가야 매우 길하다.

그리고 오는 물은 보여도 나가는 물은 보이지 않아야 한다. 이때 물은 거주지를 활 모양 또는 허리띠를 두른 모양으로 감싸안아주듯 금성수金星水가 흐르거나, 굴곡하면서 구불구불하게 흐르는 수성수水星水가 원만하게 감싸주면서 흐르면 매우 길하다.

금성수(좌)와 수성수(우)

나. 빈자貧者 되는 물의 형세

곧고 빠른 물이 주거지를 찌르듯 들어오는 물, 사방으로 흩어져 흐르는 물, 소리를 내며 급하게 빨리 흐르는 물 등은 집의 재산을 망하게 한다. 또 거주지를 감싸지 않고 물이 배반하여 등을 돌리고 흐르면 집안이 망한다.

3) 부자 되는 택지의 형태와 흐름

가. 택지 형태

전면이 좁고 후면이 넓은 마름모꼴의 택지는 실속 있는 부잣집 터이며 재운이 크게 발(재운대길財運大吉)하는 길지이다. 하지만 반드시 전면이 좁고 택지 안쪽으로 길고 넓어야 길하다. 또한 거주지 대문에서 무곡금성의 산이 보이면 대길하여 부자가 된다.

그리고 삼각형의 택지는 피한다. 또한 반배와 반목反目하는 형상과 사방이 뾰족한 돌출이나 요함凹陷이 있는 형상의 택지도 피해야 한다.

마름모꼴의 택지(좌)와 이병철 회장 생가 대문 앞 노적봉(우)

나. 택지 요건

부자가 되는 택지를 고르는 것은 공부 잘 되는 택지 요건과 비슷하다. 배산임수와 전저후고의 택지, 또한 보국을 이루며 수구가 좁게 관쇄되어 있고, 용맥이 택지에 입수된 곳을 택하면 된다.

택지를 구할 때 반드시 피해야 할 곳은 돌출, 절벽이나 낭떠러지, 산의 절개지, 철탑 근처, 매립지, 습지, 터널과 고압선 부근, 소음에 계속 노출된 곳, 커다란 나무의 큰 생명체 부근, 신전 · 묘지 · 사찰 · 교회 · 군부대 근처 등이다.

또한 도로, 물, 아파트 및 산 등이 나의 거주지를 향해 부딪치고 찌르면(충사沖射) 매우 흉하므로 반드시 택지의 요건을 잘 살펴 주거지를 선택해야 한다.

산과 물, 그리고 도로에 의한 기운이 치고 들어오는 수살水殺, 골바람이 부는 풍살風殺, 주변이 흉측하게 파손된 파살破殺, 나의 집 주위가 높고 강하여 고압적인 압살壓殺, 나의 집을 충하는 충살衝殺은 택지의 5대 흉살凶殺이므로 주거지 선택 시 반드시 피해야 한다.

4) 복이 넝쿨째 들어오는 방 꾸미기와 배치

가. 부자 되는 방 꾸미기

문이 크면 재물이 빠져나가기 쉬우니 창가에 화초나 커튼, 블라인드 등을 사용한다. 화려한 무늬나 색상의 커튼은 소비욕이 강해지고 재산 형성 과정이 느려지므로 화려하지 않은 아이보리나 크림색의 문양이 좋다.

조명은 밝아야 길하다. 그러나 침실은 너무 밝으면 좋지 않다. 어두 워야 재물이 쌓이므로 너무 큰 창문이 있다면 커튼으로 조절한다.

거실에는 금전운과 재산운이 상승할 수 있도록 무곡금성의 산이 그려진 풍경화나 사진을 걸어두면 길하다. 금전운의 색깔은 황금색과 밀접한 관련이 있으며 서쪽은 금전운을 높이는 최고의 방위이다. 서쪽 에 노란색을 배치하면 금전운이 높아지는데 진한 노란색이면 더 좋다. 노란색의 소품, 과일 그림이나 꽃, 커튼 등을 집안의 서쪽 방향에 장식 하여 금전운을 극대화한다.

안방에 딸린 욕실은 더 청결히 한다. 욕실에 불쾌한 냄새가 차게되면 다른 공간에서 기껏 충만된 금전운이 줄어들 확률이 높기 때문이다.

현관문에는 신발을 늘어놓지 않고 가지런히 정리한다. 기의 통로를 막으면 승진, 진로, 금전적인 기회가 줄어줄기 때문이다. 가스레인지 는 사용 후 항상 깨끗이 한다. 불은 돈을 의미하므로 불을 사용하는 곳 을 깨끗이 하여야 한다. 또한 그릇은 엎어두지 않는다. 주방으로 들어 온 운을 담을 수 있도록 그릇은 바로 놓아두는 것이 좋다.

나. 부자 되는 방 배치

가택구성법에 의한 길흉표를 참조하여 가급적 기두방위에 따라 연년延年 방향에 부부의 방을 배치한다. 예를 들어 현관문이 북쪽이면 동사택東四宅 방향 중에서도 남쪽 방향에 부부 방을 배치한다.

11.2 부자 되는 아파트와 주택

1) 부자 되는 주택의 예

가. LG 창업주 구인회 회장 생가

산의 오행만으로도 무곡금성의 기운이 충만한 주택을 고를 수 있는 방법을 설명하고자 한다. 아래에 소개하는 주택은 대문 정면에 노적봉이 있고 집 주변의 사격에 부봉富峰이 5~6개 있는 진주시 지수면 승산리 상동마을의 LG 창업주 구인회 회장 생가 터이다.

가마솥을 엎어 놓은 모습의 무곡성武曲星이다. 특히 대문에서 바로 내다보이는 곳에 노적봉이 단아하게 자리 잡고 있어서 크게 길하고 대부하다.

구인회 회장 생가 대문에서 본 노적봉

본채 뒤쪽 현무봉의 무곡 금성

또한 부자와 재물 등을 관장하는 금기형체金氣形體인 원반분수형체圓盤噴水形體의 기氣가 정원 한가운데의 마당에서 70~80개의 수도꼭지 분수 형태로 5~15m 높이로 불꽃 같이 솟고 있으며, 지상 15~20m 상공에 원반 형태의 기운이 형성되어 있다.

구인회 회장 생가의 원반분수형의 금기형체

2) 부자 되는 아파트의 예

부자가 되는 아파트나 주택을 고르는 방법은 첫째, 사산의 구성九星을 분석하여 무곡금성의 기운을 받을 수 있는 아파트 단지를 구한다. 둘째, 산과 물, 그리고 택지의 형태와 흐름을 살펴 아파트에 대한 길흉을 분석한 후 용맥이 입수된 혈 자리에 해당되는 동·호수를 고르는 것이다. 본 절은 편의상 단지 분석에 대한 설명을 먼저 한 후 구성九星을 설명하기로 한다.

가. 산·물·택지의 형태와 흐름을 살펴 아파트 단지의 길흉 분석

❶ 분석할 아파트의 단지 전경

그림1-1은 거주하려는 아파트 단지의 전경이다. 부지가 정리되어 건축이 완료된 아파트 중에 부자 되는 아파트의 동과 호수를 고르고자 한다.

그림 1-1 분석할 아파트의 단지 전경

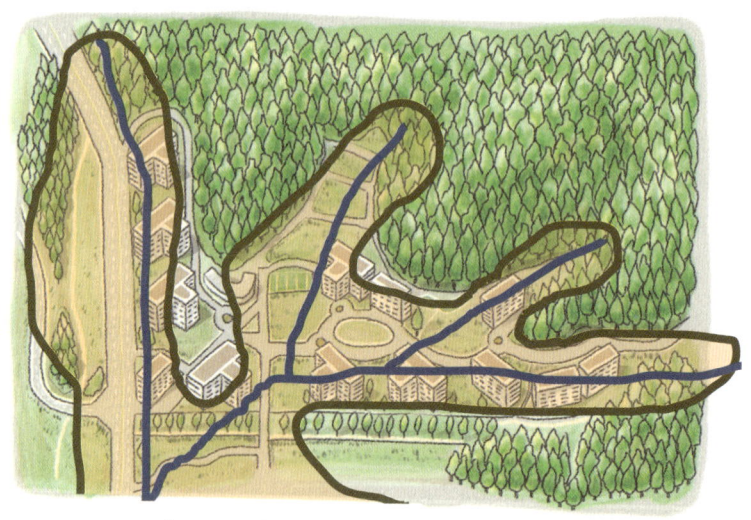

그림 1-2 건축이 들어서기 전의 산과 물의 흐름

❷ 건물이 들어서기 전의 부지에 대한 산과 물의 형태와 흐름 분석

아파트 단지 내에서도 각 동 마다 좋고 나쁨의 차이가 크다. 따라서 길흉을 구분하기 위해서는 우선 아파트를 건설하기 전에 산과 물의 자연 상태를 추정하여 분석해야 한다.

그림 1-2는 단지를 건설하기 전의 대략적인 산과 물의 흐름 상태이다. 보국이 형성되어 조밀하게 관쇄된 모습이다.

❸ 용맥이 입수하는 아파트

구성九星의 형태가 무엇이든 간에 현무봉에서 내룡이 내려와 내가 거주하는 곳에 용맥이 입수해야 좋은 거주지가 된다.

그림 1-3은 특정한 동에 용맥이 입수하는 흐름도이며 물의 흐름을 함께 표시한 것이다.

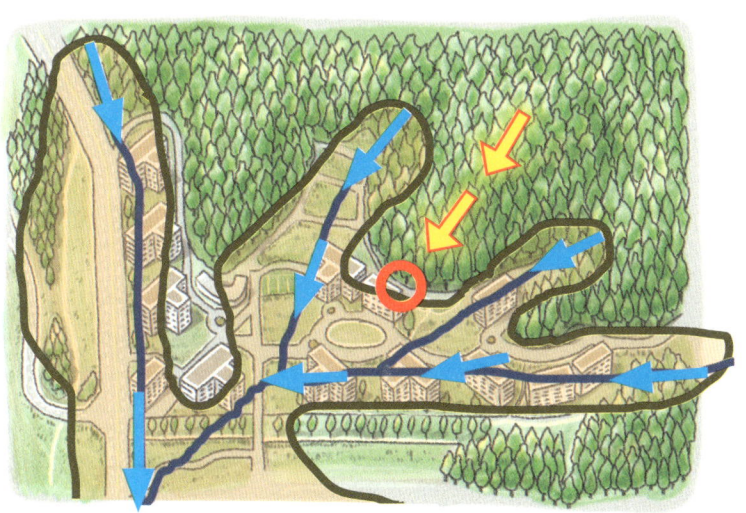

그림 1-3 용맥의 입수 흐름도

그림 1-4 아파트 단지 길흉 분석도

❹ 아파트 단지 길흉 분석도

그림 1-4는 용맥이 입수하는 흐름과 골짜기에서 물이 흐르는 수살과 풍살의 길흉을 함께 표시한 것이다.

산·물·택지의 형태와 흐름을 보아 아파트 단지를 분석한 후 동과 호수를 선택하려면 먼저 산과 물의 흐름을 살펴야 한다.

수살과 풍살의 영향이 있는 물이 흐르는 계곡을 피하고, 능침살이 있는 아파트의 동이나 산의 능선을 피한다.

앞의 예는 수살과 풍살의 영향을 받는 성남시의 한 아파트 단지이다. 남쪽에 산이 들어서 있어 배산임수에 위배되는 형국이나 산·물·택지의 형태와 흐름을 익히기에 좋은 예이다.

용맥이 입수되는 혈 자리에 들어선 아파트 외에는 계곡과 물길 위에 아파트가 대부분 들어서서 장마와 여름기간에는 습기가 매우 많고 불쾌해진다.

나. 산의 오행론으로 무곡금성의 기운이 충만한 아파트 선정

무곡성武曲星인 내룡이 출맥하여 다시 한 번 무곡성의 둥근 산봉우리를 형성한 후 중앙에 위치한 사진의 아파트에 용맥이 입수하고 있다. 안산과 조산, 좌우청백 등 5~6곳의 봉우리들이 가마솥을 엎어 놓은 노적봉, 부봉富峰 등 길한 사격으로 감싸주고 있다.

중앙 부분의 사진에 있는 그림은 개안으로 바라본 기의 형체이다. 반원형의 무지개 형체가 지상의 공중에 2겹으로 걸쳐있는 쌍홍예雙虹霓 형체이다. 쌍홍예형은 부자, 재물 등을 관장하는 금기형체金氣形體 중 크게 부자가 되는 길한 기형체氣形體이다.

11.3 장사 잘 되는 상가의 예

의왕시 내손동에 위치한 옛날보리밥집과 광주시 진월동에 있는 초가
집숯불구이 상가에 대해 산과 물, 그리고 택지의 형태와 흐름으로 분석
하여 살펴보고 개안開眼으로 바라본 옛날 보리밥집과 초가집숯불구이
상가의 기氣의 종류와 형체形體에 대해서도 알아본다.

1) 경기도 의왕시 옛날보리밥집의 예

가. 부자 되는 산의 형태와 흐름

칠장산에서 분기한 한남정맥이 석성산을 지나 백운산에 이르러서
북서진北西進하여 모락산을 기봉起峯한다. 다시 모락산에서 출맥한
용맥이 북동진한 후 북서쪽으로 꺾어 회령고조回龍顧祖 형국을 이룬다.

이렇게 뻗어 내려간 용맥이 옛날 보리밥집의 좌측 뒤쪽에서 입수하고, 산줄기는 좌청룡 우백호를 만들어 잘 감싸고 있다.

음식점 앞 무곡금성 안산(좌) 상가출입문 정면의 무곡성(우)

무곡武曲 금성金星의 부봉인 안산이 상가 출입문 정면에 있어 매우 길하다. 안산이 수려하고 반듯하게 있으면, 아내는 어질고 자식은 효도하며 재물과 곡식이 앞마당에 가득한 부자가 된다.

안산은 부인궁과 재산궁의 길흉화복을 관장한다. 가마솥을 엎어 놓은 모양이며 노적봉의 형상이다.

나. 부자 되는 물의 형태와 흐름

도로가 거주지를 감싸 안아주듯 금성회류錦城廻流 한다. 도로는 물로 보며 물은 재운을 관장한다.

다. 부자 되는 택지의 형태와 흐름

상가 대문이 크지 않으며, 상가 안쪽으로 넓고 길다. 부富를 가져오는 전면이 좁고 후면이 넓은 마름모꼴 형이다.

마름모 형태의 택지는 가장 길한 무곡 금성의 거주지에 속한다.

실속 있는 부잣집 터이며 재운이 크게 발하는 길지이다. 주택, 상가 및 사옥의 모든 택지가 마름모꼴이면 재운대길財運大吉 한다.

마름모형의 택지

라. 옛날 보리밥집의 종합 분석도

산 능선이 새 날개처럼 옛날보리밥집을 감싸주는 금계포란형이다.

88의수입향법으로 경유파에 곤신향의 좌수도우左水到右하는 문고 소수향에 속한다.

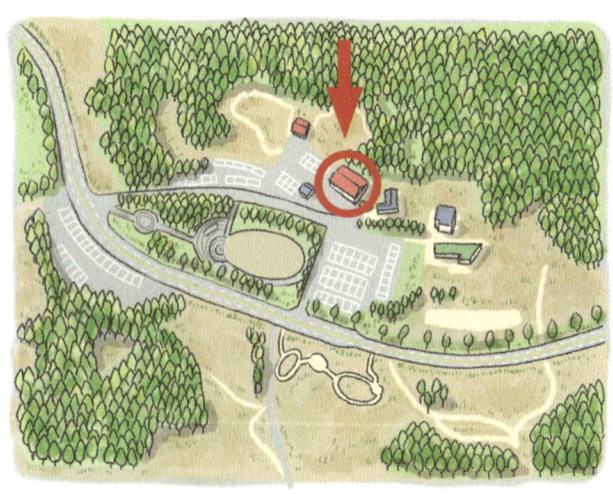

옛날 보리밥집 분석도

무곡금성형의 도로가 활 모양 또는 허리띠를 두른 모양으로 감싸 안아주듯 감싸고 있다.

가택구성법으로 현관문이 남서쪽이므로 서사택에 해당된다.

따라서 서쪽이 천을天乙, 북서쪽이 연년延年, 북동쪽이 생기生氣 방향으로 길하다.

마. 개안으로 바라본 옛날 보리밥집의 기의 종류와 형체

인공내기에는 보기 힘든 자연내기에 많이 존재하는 금기형체 金氣形體인 원반분수형圓盤噴水形의 기가 상가의 북서쪽 부분에서 솟아오른다.

인위적인 건물의 형체에 의하지 않은 자연 그대로의 천연내기가 솟아오르고 있다.

2m 내외의 둘레 크기 정도 되는 분수 형태의 기가 5~6m 정도 하늘로 솟은 후, 주위로 퍼지는 형체이다.

원반분수형의 금기형체

2) 광주시 진월동 초가집숯불구이의 예

가. 부자 되는 산의 형태와 흐름

광주광역시의 남구 진월동과 서구 풍암동 경계에 있는 금당산은 무등산에서 분적산을 거쳐 북서쪽으로 내려선 능선이 1번 국도를 거쳐 기봉起峯하여 풍암동을 감싸고 있다. 다시 북쪽으로 옥녀봉玉女峯을 일으키기 전에 북동쪽으로 용맥을 뻗어 새한아파트를 지나 초가집 숯불구이에 혈을 맺는다.

산 바로 남쪽 밑으로 광주에서 남평 가는 길이 있다. 금당산金堂山은 풍수지리 형국으로 여성을 지칭하며, 음기가 드센 옥녀봉이다. 금당金堂은 크고 화려한 집을 비유적으로 일컬어 불교에서 본존상을 모신 법당이나 금을 칠하여 지은 불당을 말하며, 음기를 잠재우기 위해 만든 이름이라는 설도 있다.

아무튼 옥녀봉은 풍수지리에서 봉긋한 산봉우리 형상이 여인의 가슴을 닮은 옥녀산발형의 대지大地(명당)가 있어 붙어진 산의 이름이다. 대개 주변에 거울이나 화장대 등이나 베틀과 관련된 지명 등이 나타나는 경우가 많다. 옥녀봉은 구성법九星法으로 탐랑 목성의 귀인사貴人砂에 해당되는데 옥녀산발형玉女散髮形일 경우 머리 부분이 더 넓고 둥글다. 안산에 있으면 관록을 기약한다.

나. 초가집숯불구이의 기의 종류와 형체

천연내기에 많이 존재하는 반원형의 무지개 형체인 홍예형虹霓形의 금기형체金氣形體가 지상의 공중에 3겹으로 삼홍예三虹霓의 형체로 솟아오른다. 숯불구이집의 공중 20m 정도 높이에 반월형의 무지개 형체가 3겹으로 형성되어 있다.

풍암 지구를 둘러싸고 있는 금당산 옥녀봉 주변에서는 로또 1등 당첨자가 여러 번 배출되었다. 금당산의 배背에 자리하였지만 이 상가의 금기형체는 홍예형 중에서 보기 드문 최고의 기 형체이다. 부자, 재물 등을 관장하는 금기형체 중 가장 크게 대부대길 大富大吉하다.

음심점 상공에 형성된 삼홍예의 기형체

부자가 되는 거주지 선정에 대한 종합 요건

물(水)은 재물을 관장하고, 물이 모이는 곳에는 사람이 모여 재화가 풍부하나, 물이 흩어지는 곳에는 사람도 흩어져 가난하고 궁핍하다. 물이 깊고 많은 곳에서는 부자가 많고, 물이 얕고 적은 곳에서는 가난한 사람이 많다. 물은 거주하는 곳으로 다정하게 머무르듯 감싸안아 주며 흘러 들어와, 천천히 휘돌아 흘러 나가야 좋다. 그러나 물이 경사진 곳을 급하게 소리 내며 흐르거나, 흩어져 흐르거나, 등을 돌리거나, 또는 충살衝煞을 내며 흐르는 곳에서 살게 되면 반드시 가족 모두에게 해害를 가져다주므로 매우 좋지 않다. 다음 요건을 만족하면 집안이 흥하고 부자가 된다.

주산主山이 무곡성武曲星이고, 주변의 안산, 조산, 좌우청백의 산이 종이나 가마솥을 엎어 놓은 모양이며, 노적봉, 부봉富峰 등 길한 사격으로 감싸준다.

보국保局을 이루며 수구水口가 좁게 관쇄關鎖되어 있으며, 용맥이 택지에 입수한 곳에 거주한다.

산줄기, 도로, 물, 건물 등이 나의 거주지를 향해 등을 돌리지 않으며, 배반하지 않고 감싸며, 주변 산의 능선 끝부분이 나를 향하고 있지 않다. 주변에 깨어지고 파손된 산이 없고 아름답다.

물이 구불구불하게 유유히 흘러 굴곡하며 거주지로 들어와서, 집 앞 명당에 모여 머무르다 넘쳐흘러 머뭇거리듯 천천히 휘돌아 수구로 빠져나간다. 거주지 앞의 맑은 물이 항상 가득하고 잔잔하게 고여 있는 명당수는 재물을 얻어 부자가 되는 좋은 길수다. 활 모양 또는 허리띠를 두른 모양으로 감싸안아주듯 금성수金星水가 흐르거나, 굴곡하면서 구불구불하게 흐르는 수성수水星水가 원만하게 감싸주면서 흐른다.

곧고 빠른 물이 주거지를 찌르듯 들어오는 물, 사방으로 흩어져 흐르는 물, 소리를 내며 급하게 빨리 흐르는 물은 재산을 망하게 하므로 부근에서는 거주하지 않는다.

5대 흉살인 수살, 풍살, 파살, 압살 및 충살이 있는 거주지는 반드시 피한다.

전면이 좁고 후면이 넓은 마름모꼴의 택지에서 거주한다. 대문과 창문을 크게 만들지 않고, 무곡금성의 산이 보이는 곳에 대문을 설치한다.

제 12 장
건강과 부귀는
조상의 음택과도 관련이 있다

양택지와 음택지의 길흉을 분별하고 찾는 방법은 동일하다. 단지 양택지는 땅 위에서 거주하고 음택지는 땅 아래 매장하는 차이밖에 없다. 도시에서의 주거지는 대부분 토지구획 정리가 된 곳이기 때문에 좋은 거주지를 찾기 힘들지만, 음택지는 자연 상태 그대로 보존되어 있어 얼마든지 정혈처 자리를 쉽게 찾아 구할 수 있다.

음택지에 매장한 조상으로부터 좋은 기를 전해 받아 그 후손들이 유복하고 윤택하게 살아가기도 하고, 좋지 않은 기를 전해 받아 그 후손에게 좋지 않은 영향이 전해지는 경우도 허다하다.

이 장에서는 우리의 삶에 영향이 주는 좋은 음택지 찾는 방법과 그에 대해 예를 들어 설명하고자 한다. 우선 형세론으로 좋은 음택지의 혈 자리를 구하는 방법과 88의수입향법八十八依水入向法으로 좌향을 잡아 88종의 길한 향向을 얻는 방법에 대해 익히도록 하자.

12.1 좋은 음택지 찾는 방법

1) 형세론으로 좋은 음택지 찾는 방법

이법理法을 중히 여기지 않고 형세의 좋음을 얻는 형세론形勢論을 강조하는 풍수학인風水學人에 대한 맥의 흐름은 도선道詵 → 주자朱子 → 무학無學 → 윤선도尹善道 → 정조正祖로 이어진다.

주자朱子는 『산릉의장山陵議狀』에서 "풍수의 핵심은 산세의 아름답고 추함에 있다"라고 주장하면서 '용龍'과 '사砂'의 사격론에 대해서 관심 있게 표현하고 있다.

고산 윤선도尹善道는 『상上 총호사서摠護使書 심지원沈之源 기해칠월己亥七月)』에 "진실로 풍수의 참된 형국과 바른 좌향坐向을 얻는다면 스스로 천연적인 자연의 묘용妙用에 합습(묘하게 사용함에 일치)하므로 음양은 구구하게 구애될 것이 없다"와 "산에 오르며 반드시 나경羅經을 찰 필요는 없다. 다만 좋은 주인이 어진 손님을 대한다"라고 적고 있는데 이는 형세론을 더 중하게 여기고 있음을 알 수 있다.

정조正祖는 "어떻게 형국形局(형세론)인 근본을 제쳐두고 음양陰陽(이기론)인 끝을 구할 수 있겠는가", "만약 분금分金에 구애되어 조금이라도 구슬을 안대案對로 하는 일을 그르친다면, 하늘이 만든 형국을 어기게 되니 아무리 나경羅經의 묘용妙用을 얻은들 무슨 보탬이 되겠는가"라고 형세론의 중요성을 『홍재전서弘齋全書』에 적고 있다.

여기서 안대란 혈 자리의 무덤이나 주거지의 방향을 잡을 때 바라보고 있는 방향의 마주 보이는 산을 말한다. 안산이나 조산의 봉우리와 방향을 일치시키는 형세론形勢論의 하나이다. 또한 분금이란 시신의 좌향坐向을 자연의 순환에 맞추어 패철의 눈금을 약간 돌려놓는 것으로, 시신이 생기生氣를 받을 수 있도록 마지막으로 시신의 좌향을 잡는 데 사용한다.

형세론으로 좋은 음택지를 찾는 방법에는 근거리에서 혈 자리에 접근하는 탐혈7법과 혈장 부근에서 혈 자리를 확인하고 검증하는 정혈 3법이 있다.

가. 탐혈7법探穴七法

첫째, 용龍의 구성법에 의거 좋은 산인 탐랑성, 거문성, 무곡성의 삼길성三吉星 산으로 접근한다.

둘째, 산의 주산과 주룡에 서서 사산四山들의 높고 낮음, 멀고 가까움, 산의 안과 밖을 따져 혈의 위치를 예측하여 탐구한다. 주변 산이 높고 가까우면 혈이 높게 있고, 산이 낮고 멀면 혈도 낮게 맺히며, 산의 면面인 안쪽에 주로 혈이 맺힌다.

셋째, 굴곡과 기복의 변화하는 과협법過峽法에 의거 정혈처가 있음을 예측하고, 혈의 결지 여부와 위치 및 진짜 혈과 가짜 혈의 진위眞僞를 파악한다.

넷째, 국세局勢와 길한 사격 및 관쇄關鎖가 잘 어울려졌는지 보국법 保國法으로 탐구한다.

다섯째, 안산案山과 조산朝山이 혈을 향해 수려하고 유정하며 아름답 게 있는지 탐구한다.

여섯째, 명당이 평탄하고 원만한지 탐구한다.

일곱째, 물의 득수得水, 취수聚水 및 거수去水가 삼수법三水法에 의해 잘 이뤄지는지 탐구한다. 물을 얻는 득수得水, 명당에 모인 구곡수九谷水 가 교합하는 취수聚水, 관쇄된 곳을 빠져나가는 거수去水를 보고 판단 한다.

나. 정혈3법定穴三法

첫째, 용의 결지법結地法으로 혈이 맺었는지 확인한다. 혈을 맺는 용 의 결지법에는 결인속기법結咽束氣法과 좌우선룡법左右旋龍法(태식잉육법 胎息孕育法)이 있다. 반드시 둘 중에 하나가 결지법으로 혈이 맺었는지 확인한다.

둘째, 혈장穴場의 구성법構成法에 따라 혈이 맺었는지 확인한다. 혈의 보호와 결지에 필요한 입수도두入首倒頭, 선익蟬翼, 순전唇氈 등의 각 구성構成 요소가 조화롭게 본연의 임무에 충실한지 확인한다. 또한 혈을 맺을 수 있는 결지 조건인 혈운穴暈과 물의 분합分合이 이뤄지는지 확인 한다.

셋째, 정혈처正穴處를 최종 비교 검증한다. 좋은 기운의 혈 자리를 탐혈7법으로 파악하고, 그에 대한 요건이 용의 결지법과 혈장의 구성법 構成法에 따라 확인되면 결지된 혈이 맞는지 혈의 종류와 형태를 최종적으로 서로 비교하여 검증한다.

그리고 주산과 혈의 모양에 따른 사상四象적 형태가 일치하는지 비교하여 검증하고, 구성에 의한 혈의 결지 형태가 일치하는지 재차 비교검증한다. 또한 혈토의 채취가 가능하면 소량의 혈토를 채취하여 확인한다.

2) 좋은 음택지 구하는 이기론적 요건

이상적 음택지를 고르기 위해서는 형세론과 이기론에 대한 기본이론은 꼭 알아야 한다. 산과 물 등 자연의 외적인 모양을 보고 길지를 찾는 것이 형세론이며, 반면에 이기론은 방위와 시간 등의 음양오행의 작용을 살펴 길흉화복을 논하는 이론이다.

형세론에 맞춰 음택지를 잘 선택하였다 하더라도 우주의 천기天氣가 좋지 않은 기운을 비추는 방향이라면 장수와 부귀가 뒤따르지 않으므로 길지에 맞게 발복發福할 수 있도록 좌향坐向을 결정해야 한다. 바로 이런 이법理法을 향법向法이라 한다.

본 절에서 소개되는 구빈救貧 양균송楊筠松의 팔십팔향법八十八向法은 좌향론坐向論 중에서 가장 많이 사용되는 이법이므로 필히 이해하도록 한다.

가. 나경패철羅經佩鐵의 층별 내용과 사용법

나경패철은 용, 혈, 사, 수에 대한 향의 정확한 위치를 측정하여 길한 방위와 흉한 방위의 판별에 사용하는데, 허리에 차고 다닌다하여 '패철佩鐵'이라고도 부르는 나침반의 일종이다. 나경은 원래 36층으로 이루어졌으나 풍수지리에서는 보통 9층까지만 사용한다.

제1층은 팔요황천살八曜黃泉殺을 표시하며, 모두 8개 방위의 황천살을 나타낸다. 제2층은 팔로사로황천살八路四路黃泉殺로 황천 방위를 나타내는 층이며, 88의수입향법을 적용하면 황천방위에 대한 문제가 자동 해결된다. 제3층은 오행五行으로 목, 화, 금, 수인 사국四局의 삼합오행三合五行을 표시한다. 제4층은 지반정침地盤正針 (정반정침正盤正針)으로 기준선이며 24방위를 표시하고, 용龍, 시간, 절기 등을 측정한다. 제5층은 천산72룡穿山七十二龍으로 60갑자와 12개의 공란으로 되어 있으며, 과협처를 측정한다. 제6층은 인반중침人盤中針으로 24방위가 표시되어 있으며, 혈穴의 중앙에서 산과 사격을 측정한다. 제7층은 투지60룡透地六十龍으로 60갑자가 표시되어 있으며, 입수도두에서 사용한다.

제8층은 천반봉침天盤縫針으로 24방위가 표시되어 있고, 물水·사砂·좌향坐向 및 88의수입향법을 측정한다. 의수입향依水入向, 즉 물을 보고 향向을 결정할 때는 4층 지반정침 대신 8층 천반봉침(외반봉침 이라고도 함)으로 좌향坐向을 본다.

제9층은 120칸의 분금分金으로 나누어져 있으나 48개의 갑자와 72공란으로 되어 있다. 하관시 분금을 측정한다.

묘지나 택지 또는 건물의 측정하고자 하는 곳에 나경패철을 수평으로 놓고 원 가운데 있는 자침이 자오선子午線과 일치하도록 한다. 자침을 4층 자子(정북)의 중앙에, 반대쪽은 4층 오午(정남)의 중앙에 일치하도록 정반정침正盤正針 한다.

기존의 묘가 있는 곳은 묘 앞 상석 중앙에, 새로운 자리는 묘지의 중앙에 정반정침하고, 득수처得水處와 수구水口 등 물이 있는 곳은 8층 천반봉침으로 측정한다.

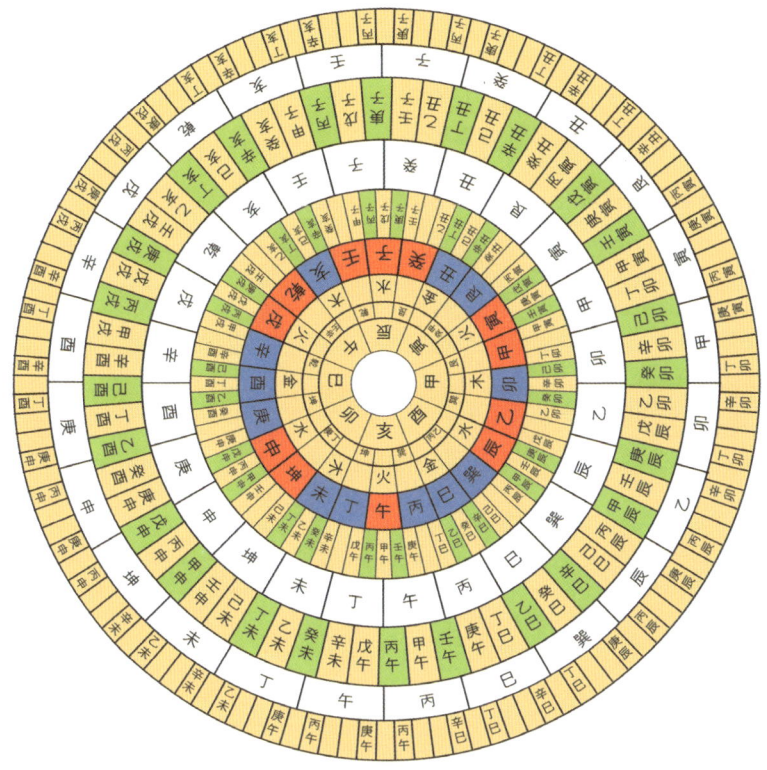

나경패철의 구조

- **1층** : 8방, 팔요황천살八曜黃泉殺, 8개 방위의 황천살
- **2층** : 팔로사로황천살八路四路黃泉殺, 황천 방위, 88향법으로 해결
- **3층** : 4국局의 삼합오행三合五行
- **4층** : 24방, 용龍 · 시간 · 절기 측정
- **5층** : 천산穿山72룡(60갑자+12공란), 과협처(고갯길) 측정
- **6층** : 24방, 산 · 사격 측정, 혈穴 중앙에서 측정
- **7층** : 투지60룡透地六十龍(60갑자), 입수도두에서 사용
- **8층** : 24방, 물 · 사砂 · 좌향坐向 · 88향법 측정
- **9층** : 하관시 분금分金(120칸, 48갑자, 72공란) 측정

나. 88의수입향법八十八依水入向法의 종류와 좌향법坐向法

❶ 팔십팔향법의 종류와 길흉 방향

· 좌향坐向의 종류 : 576향 파구(24방위) × 향(24방위)
· 길한 방향 : 88향 11향向 × 사국四局(목 · 화 · 금 · 수) × 쌍산배합
· 흉한 방향 : 488향 576향 − 88향

❷ 팔십팔향법의 좌향 보는법

88의수입향법依水入向法은 물(水)을 보고 향向을 결정하는 이법이다.

① 혈穴의 중앙에 자오子午 방향으로 패철을 평형하게 놓고, 지침의
북쪽 방향이 8층의 임壬과 자子의 중앙에 오도록 정반정침正盤正針
한다.
② 물이 빠져나가는 수구水口, 즉 파구破口의 방향을 먼저 측정한다.
내 · 외파內外破 중 내파를 기준으로 측정한다.
③ 득수하는 물이 왼쪽에서 들어와 오른쪽으로 흘러나가는
좌수도우左水到右인지 또는 그 반대인 우수도좌右水到左하는지 물의
흐름을 살핀다.
④ 안산과 조산의 길한 방향을 잡아 놓을 향向을 판단하여 정한다.
⑤ 조견표早見表를 참고하여 해당되는 파구와 물의 흐름, 그리고
향이 일치하는지 확인한 후 일치 되었을 때 팔팔향의 길향을
얻는다.

해 임 자 계
건 亥 壬 子 癸 축
술 乾 간
戌 艮
신 인
申 寅
유 **8층으로 팔십팔향법 측정** 갑

팔십팔향법八十八向法의 길한 향

정생향正生向 : 부귀, 아내 어질고, 자손 효도 · 번창 · 등과급제
정왕향正旺向 : 총명 · 영재 · 귀현, 부귀장수, 자손 번창 · 발복
정양향正養向 : 지리地理 중 최고의 향, 자손 재물왕성 · 번창
정묘향正墓向 : 발귀, 발복, 자손번창, 건강장수
태향태류胎向胎流 : 대부대귀, 자손 크게 번창
절향절류絶向絶流 : 대부대귀, 자손 번창
쇠향태류衰向胎流 : 발부, 발귀
자생향自生向 : 매우 길한 향, 자손번창, 부귀 번영
자왕향自旺向 : 매우 길한 향, 총명, 수려, 자손번창, 부귀장수
문고소수文庫消水 : 부귀, 총명, 자손 수재 · 예술 · 재능
목욕소수沐浴消水 : 가부家富, 자손번창

유 酉 묘
경 庚 卯
乙 을
辛
신 申 辰 진
곤 坤 巽 손
未 丁 午 丙 巳 손
미 정 오 병 사

나경패철의 8층과 팔십팔향법의 길한 방향

다. 88의수입향법 조견표

향 / 파구	임자 壬子	계축 癸丑	간인 艮寅	갑묘 甲卯	을진 乙辰
임자 壬子	태향태류 (우수도좌)			목욕소수 (우수도좌)	
계축 癸丑	자왕향 (좌수도우)		자생향 (우수도좌)		
간인 艮寅		정묘향 (좌수도우)	절향절류 (우수도좌)		정양향 (우수도좌)
갑묘 甲卯			문고소수 (좌수도우)	태향태류 (우수도좌)	
을진 乙辰	정왕향 (좌수도우)			자왕향 (좌수도우)	
손사 巽巳					정묘향 (좌수도우)
병오 丙午		쇠향태류*			
정미 丁未				정왕향 (좌수도우)	
곤신 坤申					
경유 庚酉	목욕소수 (우수도좌)				쇠향태류*
신술 辛戌			정생향 (우수도좌)		
건해 乾亥		정양향 (우수도좌)			

* 쇠향 태류 : 혈좌측 또는 혈앞에서 득수하여 혈의 우측으로 파구

손사 巽巳	병오 丙午	정미 丁未	곤신 坤申	경유 庚酉	신술 辛戌	건해 乾亥
		쇠향태류*				문고소수 (좌수도우)
정생향 (우수도좌)				정왕향 (좌수도우)		
	목욕소수 (우수도좌)				쇠향태류*	
자생향 (우수도좌)			정생향 (우수도좌)			
절향절류 (우수도좌)		정양향 (우수도좌)				
문고소수 (좌수도우)	태향태류 (우수도좌)			목욕소수 (우수도좌)		
	자왕향 (좌수도우)		자생향 (우수도좌)			정생향 (우수도좌)
		정묘향 (좌수도우)	절향절류 (우수도좌)		정양향 (우수도좌)	
			문고소수 (좌수도우)	태향태류 (우수도좌)		
	정왕향 (좌수도우)			자왕향 (좌수도우)		자생향 (우수도좌)
					정묘향 (좌수도우)	절향절류 (우수도좌)

* 혈 앞 입수 좌측 혈 뒤 파구

라. 88의수입향법의 적용

❶ 음택지의 좌향坐向 측정

묘 앞이나 상석 중앙(새로운 자리의 묘지나 전원주택지는 혈처 중앙)에 나경
패철을 정반정침한다. 의수입향依水入向, 즉 물을 보고 향을 결정하는
88향법을 사용하므로 8층(천반봉침)으로 좌향을 측정한다.

❷ 수구水口 측정

8층으로 파구破口를 내파內破 기준으로 측정한다. 파구처란 청백이
감싸안은 공간(보국保局) 안에 있는 물이 빠져나갈 때 마지막으로 보이게
되는 곳을 말한다.

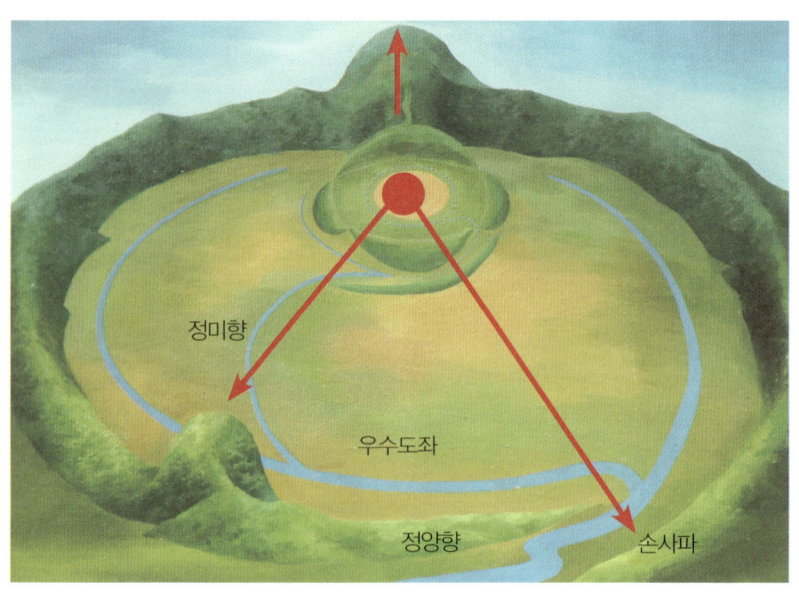

정미향

우수도좌

정양향   손사파

나경패철의 8층과 팔십팔향법의 길한 방향

❸ 물의 흐름 측정

물이 좌수도우左水到右 또는 우수도좌右水到左하는지를 살핀다.

❹ 팔팔향법의 향向을 구한다

팔팔향법의 조견표에 파구, 향, 물의 흐름을 대입하여 길한 방향을 얻는다.

❺ 이기론 측정 결과

좌향을 측정한 결과 정미丁未 방향이고, 파구破口(수구水口)는 손사 방향으로 측정되었다. 물의 흐름은 우수도좌右水到左이다.

88향법의 조견표에서 손사 방향의 파구와 정미 방향의 좌향을 대입하여 우수도좌右水到左하는 정양향正養向의 길향을 얻는다.

88향법 중 정양향正養向은 지리地理 중 최고의 향이며, 자손이 크게 귀하고 부자가 되며 자손이 번창하는 최고의 길한 향이다.

12.2 높은 관직을 얻게 되는 음택지의 예

　　포은圃隱 정몽주鄭夢周(1337-1392) 선생이 선죽교에서 순절한 뒤 태종 6년(1406) 개성에서 고향인 경북 영천으로 묘소를 이장하려고 가는 도중 용인시 모현면 능현리에서 상여 행렬의 맨 앞장에 세운 명정銘旌이 날아가 현재 묘소의 옆인 저헌樗軒 이석형李石亨(1415-1477) 선생의 묘에 떨어져 안장하려 했다.

　　그러나 증손녀가 안장하기 전날 밤 동이에 물을 담아 묘지에 퍼부어 포은 선생의 묘를 옆으로 옮기게 한 뒤 훗날 남편인 저헌의 묘로 사용하여 연안 이씨延安李氏가 번성하였다는 일화가 있다.

　　저헌의 후손들이 높은 관직을 얻어 발복한 묘소에 대하여 형세론과 이기론 및 기氣 측면에서 분석하여 조상의 음택지가 후손에게 끼친 영향에 대한 중요성을 소개한다.

1) 형세론으로 살피기

저헌의 묘소가 있는 주산은 문수산文殊山(222m)이다. 문수산의 구성 형태는 탐랑 목성木星에 속한다. 혈은 유중미와乳中微窩한 유두혈乳頭穴을 결지하였다. 용이 혈을 결지하는 방법은 용의 좌선룡법이다. 물이 우측에서 득수하여 좌로 흐르는 우선수右旋水와 내룡來龍이 좌측에서 우로 머리를 돌리는 좌선룡左旋龍의 법칙이다.

청룡 백호는 마치 사람이 두 팔을 벌려 포옹하듯 감싸안고 있으며 두 팔 사이의 공간은 평탄 원만한 명당으로 물이 흘러가는 것을 느끼지 못할 정도이니 재물이 풍족한 명당이다. 혈장은 입수도두가 크고 단단하며 아름답다.

수구에는 지금은 절단되었지만 청룡 끝에 거북바위가 있고, 백호 끝에 뱀 바위가 있는 귀사형龜蛇形의 한문捍門이 있어 유속을 느리게 하고 수구를 관쇄關鎖하므로 대대로 부귀富貴를 기약할 수 있는 대혈大穴이다.

조산은 중첩으로 혈을 향해 열립列立하고 있어 외부로부터 들어오는 바람을 막아주고 명당 안의 보국을 안정시켜 혈의 생기를 보호해 준다.

수구에 있는 귀사형의 한문

형세론으로 살핀 결과 저헌의 묘는 부富보다는 귀貴하는 관직, 고시, 총명, 문필을 뜻하는 문관의 후손이 배출된다.

포은과 저헌 묘소의 풍수 역학적 비교분석

항목	포은 정몽주 묘	저헌 이석형 묘
입수도두	뚜렷하지 않음	크고 단단하며 아름다움
하수사	물 흐르는 방향과 같아 하수사 역할 미흡	물 흐르는 역방향으로 하수사 역할
청백	내청룡(저헌 묘 능선)의 감싼 모양 이 미흡	잘 감싸줘 안정감이고 편안함
물	우측의 물이 이석형 묘에 비해 멀리서 감싸줌	우측의 물이 가깝게 혈을 감싸주고 연못 쪽으로 흘러감

2) 팔팔의수입향법으로 살피기

팔십팔향법을 적용하기 위하여 8층 천반봉침으로 나경패철을 저헌의 묘 앞 상석 중앙에 놓고 측정한다. 수구 방위는 신술辛戌 내파이며, 좌향을 측정하니 손좌건향巽坐乾向이다. 물의 흐름을 살피니 우수도좌 右水倒左이다. 팔십팔향법으로 부귀왕정富貴旺丁하는 자생향自生向이다.

3) 개안으로 바라본 지기의 형체 비교

포은과 저헌의 묘에 대한 기의 형체는 모두 목기형체木氣形體이며, 지상으로 솟은 원통의 폭이 넓고 큰 광첨廣尖의 첨탐기체尖貪氣體이다.

포은과 저헌 묘의 지기의 형체(위), 포은 묘에서 바라본 저헌 묘의 내기(아래)

포은의 묘는 직경 2m와 높이 8m의 원통 기운이 하늘을 향해 직선으로 솟아오르며, 저헌의 묘는 직경 7m와 높이 15m 내외의 강한 원통의 기氣가 묘 앞에서 사선으로 솟아오른다.

연안 이씨는 저헌樗軒의 4대 손자부터 발복하여 조선조에 들어와서 총 250여 명이 문과급제를 하였으며, 이 중 정승 8명, 대제학 8명, 청백리 7명을 배출하였다. 반면에 포은의 후손들은 몇 명만이 판서급 이상의 서열에 있었을 뿐 크게 벼슬을 하는 사람이 없었다.

12.3 사망 시 입관과 하관 길시 정하는 법

집안에서 어른이 사망하는 경우 상여가 빈소를 떠나 묘지로 향하는
(발인) 일시를 정하기 위해 입관과 하관의 길시가 필요하다.

3일장의 경우 보통 2일째의 날에 입관을 하는데 입관 길시를 아래의
예와 같이 정한다. 또한 하관을 하는 날에 아래의 예와 같이 하관 길시
를 정한다. 발인 시간은 장지에 도착할 수 있는 여유 있는 시간을 계산
하여 결정하면 된다.

1) 입관 길시 정하는 법

다음의 조견표에서 음력으로 입관일에 대한 길시를 얻는다.

입관 길시 육십갑자일 조견표

입관일	갑자 甲子	을축 乙丑	병인 丙寅	정묘 丁卯	무진 戊辰	기사 己巳	경오 庚午	신미 辛未	임신 壬申	계유 癸酉	갑술 甲戌	을해 乙亥
길시	오,술	사,유	사,미	인,오	인,사	해,오	미,해	묘,미	진,묘	사,술	오,신	사,미
입관일	병자 丙子	정축 丁丑	무인 戊寅	기묘 己卯	경진 庚辰	신사 辛巳	임오 壬午	계미 癸未	갑신 甲申	을유 乙酉	병술 丙戌	정해 丁亥
길시	인,오	사,해	묘,해	인,신	해,신	인,미	묘,미	묘,유	유,술	오,해	인,진	사,해
입관일	무자 戊子	기축 己丑	경인 庚寅	신묘 辛卯	임진 壬辰	계사 癸巳	갑오 甲午	을미 乙未	병신 丙申	정유 丁酉	무술 戊戌	기해 己亥
길시	인,신	미,해	미,유	진,신	진,미	묘,신	묘,유	사,유	사,오	인,미	신,술	미,해
입관일	경자 庚子	신축 辛丑	임인 壬寅	계묘 癸卯	갑진 甲辰	을사 乙巳	병오 丙午	정미 丁未	무신 戊申	기유 己酉	경술 庚戌	신해 辛亥
길시	진,신	묘,미	묘,해	진,술	묘,술	진,미	사,유	사,해	술,해	묘,신	진,오	묘,미
입관일	임자 壬子	계축 癸丑	갑인 甲寅	을묘 乙卯	병진 丙辰	정사 丁巳	무오 戊午	기미 己未	경신 庚申	신유 辛酉	임술 壬戌	계해 癸亥
길시	진,술	묘,유	유,해	오,술	오,유	사,술	사,해	미,해	미,신	진,유	인,술	묘,유

　　음력 2월 22일 무신戊申일에 입관할 경우 길시는 술시戌時와 해시亥時이다. 따라서 19시31분~23시30분이 입관 길시가 된다.

　　또한 음력 2월 23일 기유己酉일에 입관할 경우 길시는 묘시卯時와 신시申時이다. 따라서 05시31분~07시30분, 15시31분~17시30분이 입관 길시가 된다.

지지 시간 대조표

지지	시간	지지	시간	지지	시간	지지	시간	지지	시간	지지	시간
자子	23:31 ~01:30	축丑	01:31 ~03:30	인寅	03:31 ~05:30	묘卯	05:31 ~07:30	진辰	07:31 ~09:30	사巳	09:31 ~11:30
오午	11:31 ~13:30	미未	13:31 ~15:30	신申	15:31 ~17:30	유酉	17:31 ~19:30	술戌	19:31 ~21:30	해亥	21:31 ~23:30

2) 하관 길시 정하는 법

장사葬事 지낼 날짜를 가려서 정하는 것을 장택葬擇이라 하고, 이에 따른 절차나 과정이 장택법葬擇法이다.

하관할 때 보는 길한 시간으로 황도시黃道時에 귀인시貴人時를 겸하면 좋으나, 하관 시간이 마땅치 않으면 그냥 황도시만 가려서 쓴다.

가. 황도시黃道時

황도시黃道時는 일진日辰의 지지地支를 기준으로 한다.

황도시 하관 길시 조견표

하관일	자子	축丑	인寅	묘卯	진辰	사巳
황도 길시	오.신	사.신	진.사	오.미	진.사.신	진.오.미
하관일	오午	미未	신申	유酉	술戌	해亥
황도 길시	오.신	사.신	진.사	오.미	진.사.신	진.오.미

음력 2월 24일 경술庚戌일에 하관할 경우 황도시의 길시는 진시辰時, 사시巳時, 신시申時이다. 따라서 07시 31분~11시 30분, 15시 31분~17시 30분이 하관 길시가 된다.

또한 음력 2월 25일 신해辛亥일에 하관할 경우 황도시의 길시는 진시辰時, 오시午時, 미시未時이다. 따라서 07시 31분~9시 30분, 11시 31분~15시 30분이 하관 길시가 된다.

나. 귀인시貴人時

귀인시貴人時는 일진日辰의 천간天干을 기준으로 한다.

하관일	갑甲	을乙	병丙	정丁	무戊	기己	경庚	신辛	임壬	계癸
귀인 길시	미	신	유	유	미	신	미	오	사	사

음력 2월 24일 경술庚戌일에 하관할 경우 귀인시의 길시는 미시未時이다. 따라서 13시 31분~15시 30분이 하관 길시가 된다.

또한 음력 2월 25일 신해辛亥일에 하관할 경우 귀인시의 길시는 오시午時이다. 따라서 11시 31분~13시 30분이 하관 길시가 된다.

하관할 때의 길시는 황도시와 귀인시를 살펴 중복되는 좋은 시간을 고른다. 음력 2월 24일 경술庚戌일에 하관할 경우 황도시와 귀인시에 일치하는 좋은 시간이 마땅하지 않으므로 황도시를 따르고, 음력 2월 25일 신해辛亥일에 하관할 경우 황도시와 귀인시가 일치되는 11시 31분~13시 30분이 최고의 길시가 된다.

길한 음택지 선정에 대한 종합 요건

우리나라는 산이 많아 이법理法을 중히 여기지 않고 형세의 좋음을 얻는 형세론을 대체적으로 따른다. 따라서 길지를 고르기 위하여 풍수의 외적 변화 현상인 형세를 우선으로 보고, 탐혈7법으로 혈 자리에 접근한 뒤 정혈3법에 따라 정확한 정혈처 자리를 구한다.

음택지를 선정한 후 우주의 천기天氣에 맞춰 발복發福할 수 있도록 팔십팔향법으로 좌향坐向을 결정한다.

❶ 형세론의 탐혈7법에 따라 근거리에서 혈 자리로 접근하여 파악한다.

용의 구성법九星法, 원근고저면배법遠近高低面背法, 과협법過峽法, 보국법, 안·조산법, 명당법, 물의 삼수법三水法의 탐혈7법 중 주요 내용은 다음과 같다.

형세론으로 좋은 음택지를 찾으려면 먼저 산의 형세에 대한 용龍의 구성九星을 멀리에서부터 보고 접근한 뒤, 원근遠近과 산의 고저高低 및 면배面背를 이용하여 대략적인 혈 자리를 추측한다. 용맥의 내룡을 따라 탐구하다가 과협처過峽處에서 혈에 대한 유사 정보를 얻는다.

과협처를 지나 사산의 형국이 잡히는 곳에서 용혈사수가 어울려진 국세局勢를 보고 혈을 찾는다. 안산과 조산의 형태와 단아함으로 음택지의 대부대길에 대한 길흉을 파악하고, 평탄 원만한 명당明堂과 물의 득수得水, 취수聚水 및 거수去水의 흐름을 보고 혈의 결지 여부를 판단한다.

❷ 형세론의 정혈3법 중 용의 결지법과 혈장의 구성법에 따라 혈장 부근에서 혈 자리가 맞는지 확인한다.

혈을 맺기 위해서 결인속기와 좌우선룡 중에 하나의 용의 결지법으로 혈을 맺었는지 확인한다.

혈의 결지와 보호를 위해 혈장의 각 구성 요소인 입수도두入首倒頭,
선익蟬翼, 순전脣氈, 혈운穴暈 등이 조화롭게 본연의 임무에 충실한지 확인
한다.

❸ 형세론의 정혈3법 중 정혈처正穴處에 대해 다음과 같이 비교 검증한다.
주산과 예측한 혈의 사상四象의 형태와 일치하는지 비교 검증한다.
주산과 혈의 구성九星에 대한 오행이 일치하는지 재검증한다.
2종류의 검증이 완료되면 소량의 혈토穴土를 채취하여 최종 검증한다.

❹ 정혈처 자리에 대한 비교 검증이 완료되면 최종 정혈처 자리를 소점所点
한 뒤 팔십팔의수입향법으로 길한 좌향坐向을 구한다.

나결패철의 8층으로 측정하여 좌향을 잡아 88종의 길한 향向을
얻는다.

맺는말

　자연 속에 존재하는 산줄기와 물줄기가 빚어낸 생태 공간의 이치를 배우는 것이, 곧 장풍과 득수의 법칙인 풍수지리학이다. 이러한 환경의 생태공간에서 바람과 물과 땅의 조화로운 교합에 따라 인간에게 미치는 길흉의 정도는 천차만별로 다르게 나타난다.

　다시 말하면 산과 물, 그리고 택지의 형태와 흐름이 좋은 주거지에서 살아야 보다 나은 건강과 부와 행복을 이룰 수 있다는 것이다.

　살기 좋은 이상적 주거지의 요건은 간단하고 명백하다. 물줄기는 행룡行龍하는 산줄기를 그치게 하고 그 자리에 기운을 맺히게 하여 혈 자리를 만들어 낸다. 이때 최고의 혈 자리와 보국 명당을 만들어 내려면 물줄기가 혈 자리 주위를 감싸고 돌아 환포環抱하면서, 구불구불 천천히 혈 자리 앞의 명당에 와서 머무르다 잘 관쇄된 수구를 완만하게 빠져나가야 한다.

　또한 학문을 관장하는 탐랑목성, 관직을 관여하는 거문토성, 재산을 관여하는 무곡금성의 산줄기가 나의 택지를 아름답고 포근하게 감싸야 한다. 그런 산줄기의 기운을 나의 거주지에서 받게 되면 각각을 관장하는 대 학자와 관료, 그리고 재력가로 발돋움하는 큰 기운을 받게 된다.

좋은 산줄기와 물줄기가 최적의 조건으로 최상의 거주지를 만들어 내면 택지공간을 잘 활용하여 풍수적 가치를 극대화하여야 한다. 전면이 좁고 후면이 넓은 마름모형이나 직사각형의 택지를 만들고, 넝쿨째 들어오는 복을 더 한층 활성화시킬 수 있도록 집안 꾸미기를 해야 하는 것이다. 그리고 산줄기와 물줄기를 살펴서 88의수입향법八十八依水入向法으로 택지의 길한 향을 잡고, 가택구성법 家宅九星法에 따라 각 방을 배치한다.

이상과 같은 좋은 거주지에서 살게 되면, 보다 나은 건강과 부와 행복을 이뤄 안정적이고 평안한 삶을 살 수 있을 것이다. 하지만 이상적 주거지에서 거주한다고 모두가 벼락부자가 되고 입신양명하여 출세하는 것은 아니다. 사람마다 특색 있는 자기만의 삶의 곡선(Lite Cycle)을 지배하는 유전자遺傳子(Gene)의 '기준선(Level Line)'에서 좋은 거주지의 조건만큼 일정 부분을 향상시킬 수 있기 때문이다.

다시 말하면 좋은 조건인 동일한 주거지에서 거주한다 하여도 사람마다 건강과 부와 행복을 향상시키는 정도가 다르다는 의미이다. 하지만 그렇더라도 우리는 좋은 환경의 주거지를 선택하여 거주함으로써 후천적 요소를 향상시킬 수 있도록 하여 보다 나은 삶을 이뤄야 한다.

지금껏 풍수에 대한 학위 논문과 책들이 많이 출판되었다. 그러나 한결같이 어려운 용어와 딱딱한 이론으로 가득 차 있다. 그러한 책들은 대부분 풍수를 전문적으로 공부하는 사람에게 필요한 책들이다. 하지만 본 서책은 잡지나 소설처럼 편하게 읽고 대하면서 풍수의 기본 지식이 스며들 수 있도록 어려운 용어를 간결하면서도 꼭 필요한 쉬운 말로 바꾸어 표현하였다.

이 책을 읽는 모든 독자가 직접 나의 주거지를 선택할 수 있도록 하였으며, 조상의 묘 자리까지도 잡을 수 있도록 실 예를 들어가며 설명하였다. 삶을 영위하는 지식 중에는 개인에게 영향을 미치는 중요한 사안들이 있다. 그중에서 특히 중요한 택지와 주거지 선정에 있어 도움이 되는 자연의 이치를 다음과 같이 정성을 다해 전하고자 했다.

"吾乃明知其事之利害必至於此, 而不盡情以告之, 人必以爲不忠不信之人.(오내명지기사지이해필지어차, 이부진정이고지, 인필이위불충불신지인.)"

"내가 그 일의 이로움과 해로움의 관계가 반드시 이런 지경에 이를 것을 밝게 알면서 정성을 다해 고하지 않는다면, 사람들은 반드시 저를 충성스럽지 못하고 믿음이 없는 사람이라 할 것이다."라고 주자朱子가 『산릉의장山陵議狀』에서 논하였던 바와 같이, 미려하나마 취길피흉 取吉避凶에 대한 자연의 이치를 본 서책을 통하여 널리 알리고자 한다.

조금이나마 보탬이 되시어 이토록 아름다운 세상에서 나와 나의 가족이 걱정 없이 건강하고 행복하게 살아가길 합장하여 기도드린다.

영산榮山 배상열裵常烈

부록

1. 참고 지도

2. 찾아보기와 본문 용어의 쉬운 풀이

알게 되면 도움이 되는 풍수적 지식이 피와 살이 될 수 있도록 본문에서 다루지 못한 풍수의 근간이 되는 산경도山經圖, 풍수도風水圖 및 전도至圖 등을 부록에 실었다.

또한, 풍수 전문용어를 많이 사용한 다른 풍수지리학 관련 책자의 내용을 이해할 수 있도록 부록에 그 뜻을 쉬운 풀이로 정리하여 수록하였다.

참고 지도

조선 후기의 실학자 여암旅庵 신경준申景濬(1712-1781)은 고증학적 방법으로 지리학을 개척하였으며, 『훈민정음운해訓民正音韻解』를 저술하는 등 한글에 대한 과학적 연구에 업적을 남겼다. 신경준은 『산경표山經表』에서 전국의 산줄기를 각각의 대간과 정간, 그리고 13개의 정맥으로 규정했고, 여기에서 다시 가지처럼 뻗은 기맥까지 마치 족보를 엮듯이 상세하게 기록했다. 여기에서 경經이란 풍수학의 맥과 같이 끊어짐 없는 흐름을 말하는 것이므로 산경山經이란 산들이 끊이지 않고 이어지는 흐름, 즉 산줄기를 뜻하는 말이다.

⊙ 산줄기의 체계

　　※ 산줄기의 근거 문헌

　　　　ㅇ『산경표山經表』란 1769년 여암 신경준이 저술한 족보형식의 지리서이다.

　　　　ㅇ대동여지도는 1866년 고산자古山子 김정호金正浩(?-1866)가 편집한 지도이다.

　　※ 주맥은 강을 에워싸고 있는 산줄기인 1대간, 2정간 및 13정맥으로 되어 있다.

⊙ 산줄기(산경山經)의 개념

신경준申景濬의 『산경표山經表』에 근거한 산줄기의 분류는 다음과 같다.

　　※ 1대간大幹 : 백두대간白頭大幹

〈 산경도 山經圖 〉

※ 1정간正幹 : 장백정간長白正幹

※ 13정맥正脈

　○지방 이름으로 명명된 정맥

　　• 호남정맥湖南正脈, 해서정맥海西正脈

　○강 이름으로 명명된 정맥

　　• 청북정맥淸北正脈, 청남정맥淸南正脈

　　• 금북정맥錦北正脈, 금남정맥錦南正脈

　　• 낙동정맥洛東正脈, 낙남정맥洛南正脈

　　• 한북정맥漢北正脈, 한남정맥漢南正脈

　○기타 정맥

　　• 임진북예성남정맥臨津北禮成南正脈

　　• 한남금북정맥漢南錦北正脈

　　• 금남호남정맥錦南湖南正脈

◉ 무학과 정도전의 궁궐 방위 이론

항목	무학無學	정도전鄭道傳
주산	인왕산	백악산(북악산)
청룡	백악산(북악산)	낙산
백호	남산	인왕산
좌향坐向	유좌묘향(정동향)	임좌병향(북북서→남남동)
주장	왕업 무난 태평천국	제왕 남면南面 국가 다스리는 것
학계해석	자왕향 (을진파, 갑묘향) 부귀, 장수, 자손번창	88향법 좋지 않음 우수도좌右水到左 을진파乙辰破

차천로車天輅, 『오산설림초고五山說林草藁』

김정호金正浩의 〈수선전도首善全圖〉

삼각산(북한산)

도봉산

북악산(백악산)

창의문

숙정문

경복궁

창덕궁

혜화문

인왕산

창경궁

낙산

경희궁

종묘

돈의문

흥인지문

덕수궁

청계천

소의문

숭례문

광희문

목멱산(남산)

경조오부도京兆五部圖(국립도서관 소장)

1861년 김정호金正浩가 교간한 대동여지도의 제1첩에 있다.

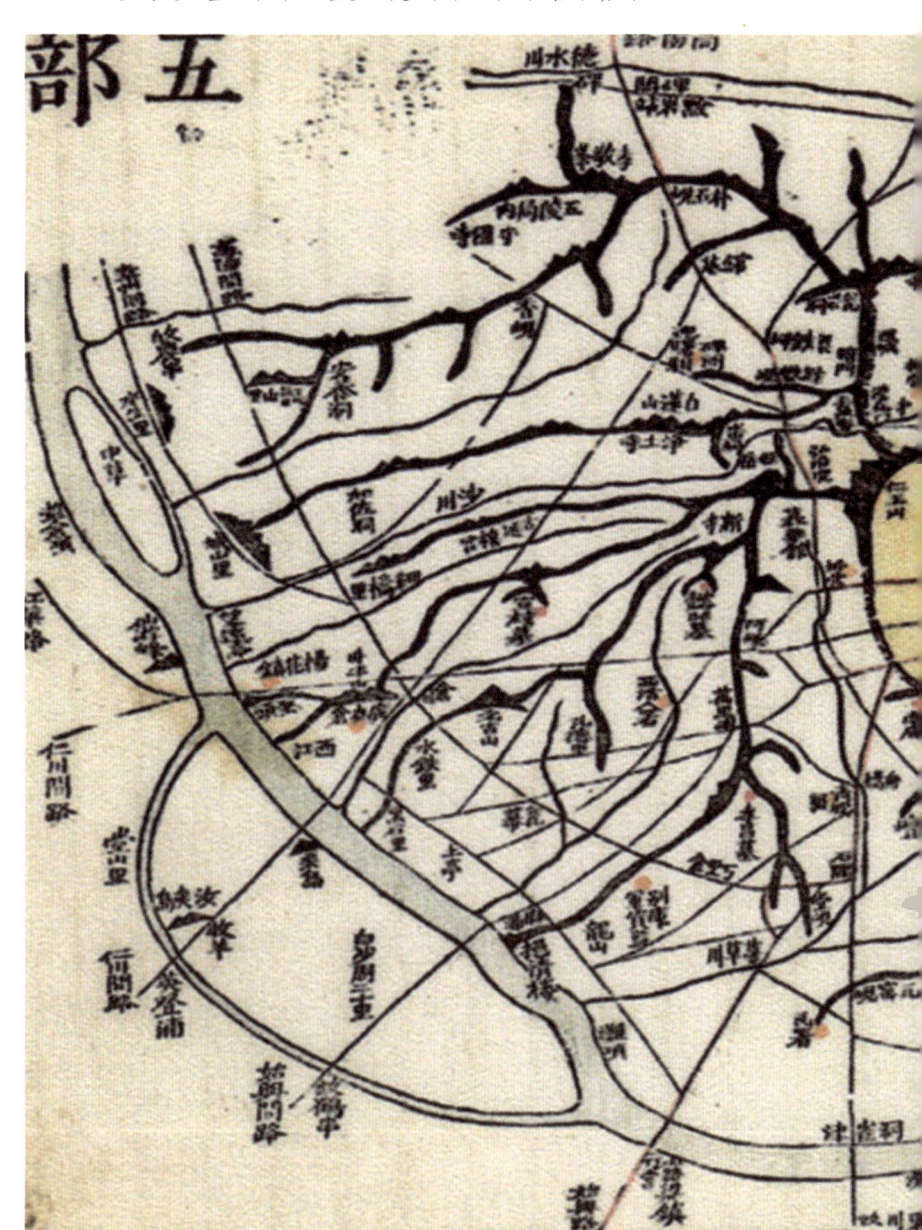

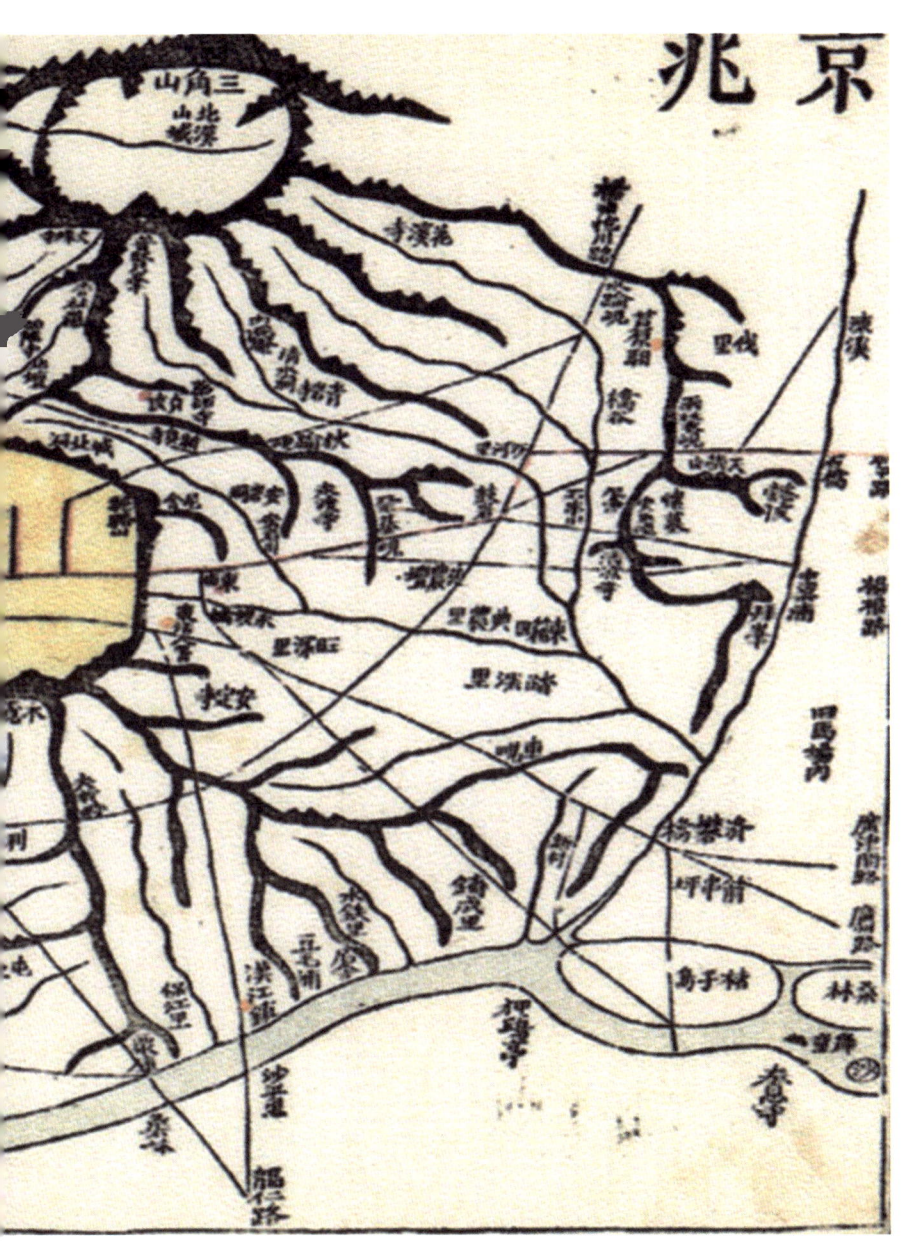

※ 정도전의 의견에 따라 태조 궁궐축성 확정

※ 정도전의 이론에 대한 무학의 반박

- 200년 내 국가 큰 병난(외우·내환)
- 500년 뒤 흉년, 나라가 불안함
- 관악산의 화기로 경복궁이 생기를 발하지 못함

⊙ 한양의 사대문 · 사소문 · 내사산

※ 인간의 덕목인 오상五常과 사대문

- 인 : 동쪽의 흥인지문興仁之門(동문)
- 의 : 서쪽의 돈의문敦義門(서문)
- 예 : 남쪽의 숭례문崇禮門(남문)
- 지 : 북쪽의 숙정문肅靖門(북문)
- 신 : 보신각

※ 내사산內四山

- 북쪽의 북악산(백악산, 342m) : 현무 주산
- 동쪽의 낙산(111m) : 좌청룡
- 서쪽의 인왕산(338m) : 우백호
- 남쪽의 목멱산(남산 · 262m) : 주작 안산

※ 도성의 사소문

- 동소문東小門인 혜화문惠化門(동서)
- 서소문西小門인 소덕문昭德門(소의, 서남)
- 남소문南小門인 광희문光熙門(수구, 동남)
- 북소문北小門인 창의문彰義門(자하, 서북)

찾아보기와 본문 용어의 쉬운 풀이

풍수지리학 관련 용어는 한문으로 된 전문 언어로 만들어져 있어 처음 접한 사람들은 다소 생소하고 그 뜻을 이해하기가 매우 어려운 실정이다.

따라서 이 책을 읽는 독자들이 쉽게 풍수지리학을 이해하도록 하기 위해 본 서책을 작성함에 있어 보다 자세하고 알기 쉽게 풀어 서술하려고 했지만 다른 의미로 전달될 염려가 있어 간단하지 않았다.

이는 쉽게 풀어 쓴 내용을 이해한다 하더라도 다른 풍수지리학 관련 책자를 읽다보면 용어 자체를 혼동하고 그 글귀 자체를 이해하기 힘들 것으로 생각되었기 때문이다.

따라서 본문에서 사용한 풍수지리학적인 전문 용어와 그 뜻을 쉽게 이해할 수 있도록 쉬운 풀이로 용어를 정리하여 수록하였다.

가

가택구성법家宅九星法

사람이 살고 있는 집이나 사무실 등의 현관문이나 대문을 기준으로 방위를 측정하여 구성법의 이치에 따라 가옥의 방향이나 위치, 구조 등에 대하여 길흉화복을 판단하는 양택학의 이론적 방법을 가택구성법이라고 한다.

간룡법看龍法

큰 산에서 혈穴을 향해 뻗어 내려오는 산줄기 중 중심의 큰 산줄기(용맥龍脈)를 간룡이라 한다. 간룡법이란 산의 생긴 모양으로 지세의 길흉을 살피는 방법이다. 다시 말하면 산의 생긴 모양을 살펴서 산천의 정기를 찾는 것이다. 특히 내룡來龍의 변화, 과협過峽, 순역順逆, 면배面背, 입수入首 등을 살펴 길흉을 판단한다. 이때 생기발랄하고 힘차게 꿈틀거리면 좋은 생룡生龍, 경직되고 파손되며 굴곡이 없으면 흉한 사룡死龍으로 본다.

간산看山

좋은 혈 자리인 생기가 모여 있는 양택 터나 음택 터를 조사하여 결정하기 위해 현장을 답사하거나 산에 올라 멀리 또는 가까이에서 살펴보는 것을 말한다. 답산踏山이나 관산觀山을 모두 포용하는 말로써 과거에 우리 선조들이 즐겨 사용하였던 용어이다.

강하수江河水

흘러내리는 대표적인 물로 강물 또는 하천 물을 말한다. 기氣가 살아있는 맑고 깊은 강하수가 용과 혈을 다정하게 감싸안고 돌아 굴곡지게 흐르면 부귀가 함께한다.

개장開帳

산줄기가 뻗어 나갈 때 장막帳幕을 연다는 뜻으로, 혈 뒤 산줄기의 형상이 마치 새가 날개를 펴는 모양이나 혹은 병풍을 두른 듯 좌우로 겹겹이 뻗어 내려 펼쳐진 산의 모양을 말한다. 이때 좌우로 산줄기가 분리하며 2~3개 이상의 산줄기를 형성하고 분산하여 뻗어 내린다.

개장천심開帳穿心

개장開幛은 산줄기의 형상이 마치 새가 날개를 펴는 형세 혹은 병풍을 두른 것 같이 좌우로 겹겹이 뻗어 내려 펼쳐진 산세를 말한다. 천심穿心은 그 중심을 뚫고 나오는 산줄기, 즉 과협過峽의 형태를 말한다. 따라서 개장천심開幛穿心은 산줄기가 이어져 나가다 가지를 친다는 뜻이다. 이는 장막帳幕을 열고 개장하여 산줄기 가운데에서 나와(중출맥中出脈) 뚫고 나아가는 산줄기를 말한다.

개혈開穴

혈穴을 연다는 뜻으로, 시신을 안장하기 위해 땅을 파는 행위(천광穿壙)를 말한다.

거문성巨門星

북두칠성의 별 중 제2의 별에 해당하는 거문성은 오행 중 토土에 속하며 길한 별 3개(삼길성三吉星) 중 하나이다. 하늘의 복주머니 역할을 한다고 해서 천을天乙 거 문이라고도 하며 천의제왕궁天醫帝王宮으로도 불린다. 재물인 부富와 관직ㆍ고시 인 귀貴를 주재하여 부귀 장수한다. 높고 빼어난 거문의 산이 있으면 귀하고 장 수하는 인물이 나오며 횡재하기도 한다. 몸체가 각이 진 네모난 모습의 일자문 성一字文星이다. 산의 양끝이 뿔처럼 솟아 있으면 고축사誥軸砂라고 하며, 정승이 난다 하여 정승사政丞砂라고도 부른다. 거문巨門은 일자 중심에서 옆으로 출맥하 며, 혈은 겸중미돌鉗中微突하고 겸차혈鉗叉穴을 결지한다.

거수去水

물이 혈 자리 앞에서 빠져서 흘러나가는 것을 말하는데 소수消水라고도 한다. 목 욕소수沐浴消水, 문고소수文庫消水, 차고소수借庫消水 등에 사용된다.

건해방乾亥方

북서쪽 혹은 북북서쪽을 말한다. 건해풍乾亥風이란 북서풍 혹은 북북서풍을 말 한다. 풍수의 좌향을 측정할 때 사용되는 방위로 팔십팔향법에서는 나경패철 24방위를 12쌍산雙山 배합으로 운용한다. 임자壬子(북), 계축癸丑(북북동), 간인艮 寅(동북동), 갑묘甲卯(동), 을진乙辰(동남동), 손사巽巳(남남동), 병오丙午(남), 정미丁 未(남남서), 곤신坤申(서남서), 경유庚酉(서), 신술辛戌(서북서), 건해乾亥(북북서).

결인속기結咽束氣

혈을 맺기 위해 여러 작용을 거쳐 순수한 생기를 최종적으로 혈장에 보내야 하 는데, 이러한 생기를 결집하고 양을 조절해주기 위해서 산줄기(용)의 목을 묶어 기를 모으는 것을 결인속기라고 한다. 즉 외적으로는 입수도두入首到頭 뒤에서 잘록하게 기를 묶어 결인結咽하고, 내적으로는 기를 단속하여 속기束氣 한다. 용 이 혈을 맺는(결지結地) 방법에는 결인속기법結咽束氣法과 태식잉육법胎息孕育法, 그 리고 용의 좌우선법左右旋法이 있다.

겸혈鉗穴

혈의 모양에 따른 사상四象의 형태인 와겸유돌 중 하나로 혈이 삼태기 같이 생긴 형상이며 개각혈開脚穴이라고도 한다. 겸혈鉗穴은 소양少陽에 속하며, 주룡은 약간 볼록한 음룡으로 입수한 다음 약간 오목하게 들어간 혈장에서 약간 돌출(겸중 미돌鉗中微突)한 양혈陽穴을 맺는다.

과협過峽

봉우리 사이의 산과 산의 맥을 이어주는 산줄기 부분에 잘록하게 들어간 가늘고 긴 고개의 잘록한 허리부분을 말한다. 사람이 다니는 대부분의 고갯길은 과협처가 될 확률이 높다. 과협은 행룡 중에 풍선과 같이 용의 기를 조인 곳으로 명당이 형성되려면 혈 뒤쪽에 이런 과협이 있어야 한다. 결인속기結咽束氣 된 부분을 과협過峽이라고도 부른다.

괘등혈掛燈穴

높은 산에서 혈을 맺는 모습이 등잔대에 달려 있는 등잔불과 같아 괘등혈이라 한다. 이와 유사한 경우로 낮은 봉우리에서는 벽의 천정에 달려 있는 제비집과 비슷한 연소혈燕巢穴을 맺는다. 가끔 암자庵子의 터가 괘등혈이나 연소혈이 된다. 괘등혈은 주로 높은 목성체木星體의 산이나 좌보성左輔星인 두건형의 토성산土星山에서 출맥하여 주룡이 급하게 내려오다 산중턱에서 횡룡 입수하여 갑자기 작은 평지를 만들어 반와혈半窩穴인 괘등혈을 맺는다. 화복은 속발속패速發速敗이나 진격은 옥촉조천혈玉燭照天穴이 되어 천년유광千年有光의 대발복大發福이 있다. 그러나 등잔에 기름이 소진되면 일조에 패망한다. 연소혈燕巢穴은 삿갓을 엎어 놓은 산 아래에서 횡룡 입수하여 제비집 같은 와혈인 연소혈을 맺는다.

관쇄關鎖

물이 빠져나가는 곳을 양쪽 산이 수구를 잘 막아서 좁아진 형태를 말한다. 즉 청룡과 백호가 잘 감싸주는 좁은 수구를 자물쇠로 잠그는 것을 관쇄라고 한다. 보통 한복의 옷깃처럼 잘 여미어지는 것을 관쇄가 잘 되었다라고 한다. 수구는 배 한척이 지나지 못할 정도여야 명당에 기氣가 새어나가지 않는다.

광중壙中

시신을 묻는 구덩이 부분을 이르는 것으로 무덤 속을 말한다.

괴혈怪穴

돌과 바위 등으로 정상적인 모양을 갖추지 않은 혈이지만 생기가 있어서 명당으로 부족함이 없는 곳을 말한다. 여러 가지의 많은 괴혈이 있는데 돌로 이루어진 악산에 장사 지낼 만한 흙이 있거나 깊은 산 속에 물이 고인 늪 위에 주로 괴혈이 있다. 괴혈은 발복이 빠르고 강력하다.

교쇄직결交鎖織結

혈 앞에 흐르는 물(내당수內堂水)이 구불구불하게 흘러(구곡수九曲水) 합류하고 관쇄하며 굴곡을 이뤄 빠져 나가는 물의 형세를 말한다. 교交란 혈의 좌우에서 흘러온 물이 명당에서 모여 합류함을 말한다. 쇄鎖란 자물쇠로 채워 놓은 것 같이 좁고 긴밀하게 수구水口를 관쇄함을 말한다. 직織이란 원진수 및 내당수의 구불구불하는 수세가 마치 베틀에서 베를 짜는 모양과 같음을 말한다. 결結이란 여러 골짜기에서 모인 물이 마치 혈 앞의 명당 한쪽에 모여 있는 형세를 말한다.

구곡수九曲水

물이 갈지之자나 현玄자 모양으로 구불구불하게 흐르는 것을 말한다. 이를 어가수御街水, 또는 수성수水星水라고도 하는데 혈의 앞쪽에서 마치 뱀이 지나가듯 굴곡하여 굽어서 지나가는 모양새이다. 돈이 남아돌고 의식이 풍부해지는 매우 귀한 물이다. 구곡수가 앞에서 명당으로 들어오면 당대에 재상이 난다.

구성법九星法

구성이란 북두의 7개의 별(탐랑성貪狼星, 거문성巨門星, 녹존성祿存星, 문곡성文曲星, 염정성廉貞星, 무곡성武曲星, 파군성破軍星)과 주위의 좌우에 있는 좌보성左輔星과 우필성右弼星을 합하여 모두 9개의 별을 말한다. 9개의 별로 길흉화복을 판단하는데 사용되는 이론을 구성법이라 한다. 이중 삼길성三吉星인 탐랑성, 거문성, 무곡성은 매우 좋은 별에 해당하고, 대체로 무난한 성질의 별인 좌보성과 우필성을 포함하여 오길성五吉星이라고 부른다. 나쁜 성질의 녹존성, 문곡성, 염정성, 파군성은 사흉성四凶星이라고 부른다.

구성산법九星山法

9개의 별의 법칙인 구성법을 이용하여 산山의 길흉을 판단하는 것을 구성산법九

星山法이라고 한다. 구성산법에는 파구破口를 기준으로 산의 좋고 나쁜 것을 판단하는 선천산법先天山法과 입수入首하는 산山의 방향을 보고 좌坐의 방향을 정하는 천지괘법天地卦法이 있다.

구성수법九星水法

9개의 별의 법칙인 구성법九星法을 이용하여 물(水)의 길흉을 판단하는 것을 구성수법九星水法이라고 한다. 구성수법에는 좌坐의 방향을 기준으로 물의 길흉을 판단하는 후천수법後天水法과 향向의 방향을 기준으로 물의 길흉을 판단하는 보성수법輔星水法이 있다.

국局

혈과 혈을 에워싼 주위의 산과 물이 조화롭게 합하여 이룬 자리를 국局이라 한다. 자연을 생명체로 볼 때 혈을 중심으로 산줄기와 물줄기가 혼합되어 산수山水에 대한 단일 생명체의 형태를 이루는 것을 말한다. 국에 대한 길흉을 판별키 위해 구분한 최소 단위의 구역은 양기陽基와 음기陰基로 나눈다. 이 국의 기 흐름에 따라 주거지의 좋고 나쁨이 결정된다.

귀사龜蛇

거북이와 뱀을 말한다. 물이 흘러나가는 좌청룡과 우백호 산줄기 끝의 수구에 있는 작은 산이나 바위, 물 가운데의 암석(수구사水口砂) 등이 거북이와 뱀처럼 생긴 모양을 귀사형龜蛇形이라 한다.

규봉窺峰

청룡과 백호, 안·조산(사산四山)의 산줄기 바깥쪽에서 혈穴을 향해 숨어서 엿보듯이 넘겨다보는 작은 봉우리를 규봉窺峰이라 한다. 일명 월견越肩이라고도 한다.

금성사禽星砂

물이 흘러나가는 좌청룡과 우백호 산줄기 끝의 수구에 있는 짐승 모양의 산과 바위를 말한다. 청백의 양 능선과 물 가운데 동물 모양의 산과 바위가 수구를 관쇄하는 수구사水口砂의 일종이다. 금성사가 수구에 있으면 벼슬이 높은 문관이나 문인이 난다.

금성수金城水

혈 앞에서 맑고 고요하게 흐르는 물이 마치 허리띠를 두른 것처럼 활처럼 둥글게 감싸안으며 흐르는 물줄기를 말한다. 요대수腰帶水라고도 하며 부귀하고 귀한 인물이 나는 최고의 길수吉水이다. 반대 개념으로 반궁수反弓水가 있다.

기氣

기란 동양철학에서 만물 또는 우주를 구성하는 기본요소이며 물질의 근원 및 본질을 말한다. 기에는 한 차원 높은 지적인 세계를 체험할 수 있는 정보가 실려 있고, 스스로의 생명, 즉 자의식을 갖고 있는 에너지가 있다. 율곡은 기란 지각하는 것으로 외부의 자극에 의해 움직이므로 마음은 곧 기라고 하였다. 기의 성질에는 강약, 맑음과 흐림의 청탁, 밝음과 어두움의 명암, 치우침과 완전의 편전偏全 등이 있다. 기의 종류는 크게 나누어 우주의 기인 천기天氣, 사람의 기인 인기人氣와 땅의 기인 지기地氣로 대별된다. 지기地氣는 지구 자체에서 생성된 기운으로 땅 위의 외기外氣와 땅속의 내기內氣가 있다.

오행의 형태에 따른 내기의 형체는 목기형체木氣形體, 화기형체火氣形體, 토기형체土氣形體, 금기형체金氣形體 및 수기형체水氣形體로 나뉜다. 목기형체에는 첨탐기체尖貪氣體, 원탐기체圓貪氣體 및 소탐기체小貪氣體 등이 있다. 첨탐기체에는 기둥의 폭이 좁은 것은 협첨狹尖, 원통의 폭이 넓고 큰 광첨廣尖이 있다. 금기형체에는 종鐘을 엎어놓은 것 같은 복종형覆鐘形, 가마솥을 엎어놓은 것 같은 복부형覆釜形, 분수 형태의 기를 뿜는 원반분수형圓盤噴水形은 공중에 2겹 혹은 3겹의 기층으로 원반을 형성한다. 또한 반원형의 무지개 형체인 홍예형虹霓形은 보통 하나이나, 지상의 공중에 2겹의 쌍홍예雙虹霓와 3겹의 삼홍예三虹霓의 형체도 있다.

기고旗鼓

깃발과 북을 말한다. 물이 흘러나가는 좌청룡과 우백호 산줄기 끝의 수구에 있는 작은 산이나 바위, 물 가운데의 암석(수구사水口砂) 등이 깃발과 북처럼 생긴 모양을 기고형이라 한다.

기단氣團

비슷한 성질을 가지고 펴져 있는 거대한 기운 덩어리를 말한다. 넓은 지역에 걸쳐서 거의 같은 성질을 가진 기운 덩어리이다.

기복起伏

산줄기(용맥의 지세地勢)가 높아졌다 낮아졌다 하는 것을 말한다. 생룡生龍이 되려면 용이 기복하여야 한다.

나

나경羅經

풍수지리학에서 산과 물에 대한 길흉의 방위를 측정하는 나침반과 유사한 도구로 이기론理氣論에 사용된다. 패철佩鐵, 나반羅盤, 뜬쇄, 윤도輪圖라고도 한다. 나경羅經이라 함은 만산을 모두 담아서 천지를 다스린다는 의미의 포라만상包羅萬象과 경륜천지經綸天地에서 '나羅'자와 '경經'자를 따온 말이다. 나경패철羅經佩鐵의 각 층은 제1층 팔요황천살八曜黃泉殺, 제2층 팔로사로황천살八路四路黃泉殺, 제3층 오행五行, 제4층 지반정침地盤正針(내반정침內盤正針), 제5층 천산72룡穿山七十二龍, 제6층 인반중침人盤中針, 제7층 투지60룡透地六十龍, 제8층 천반봉침天盤縫針(외반봉침外盤縫針), 9층 분금分金을 사용할 수 있도록 표시되어 있다.

나성羅星

수구의 물 안에 돌이나 흙이 퇴적하여 쌓여진 나지막하고 작은 섬을 나성이라 하는데, 물의 흐름을 거슬러 완만하게 해주는 역할을 한다. 선유도, 여의도, 밤섬, 중지도가 해당된다. 나성의 형태가 용이나 뱀, 거북, 잉어 등 짐승의 형상이면 크게 부귀富貴하게 된다. 수구사水口砂에는 크게 한문捍門, 화표華表, 북신北辰, 나성羅星 등이 있다.

낙산羅山

내룡이 방향을 바꿔 회룡입수回龍入首하여 혈을 맺을 때 기울어지거나 빠져나가지 않도록 내룡의 뒤쪽에서 생기를 받쳐주거나 괴어주는 혈 뒤에 솟아있는 산이다. 회룡입수일 때에는 낙산과 귀성이 꼭 있어야 한다.

내당內堂

혈을 좌청룡 우백호로 감싼 안쪽의 국局을 말하며 명당이라고도 한다. 내당수內

堂水는 혈 앞에 흐르는 물을 말한다.

내룡來龍
'입수룡入首龍' 참조

내반정침內盤正針
'지반정침地盤正針' 참조

녹존祿存
북두칠성의 별 중 제3의 별에 해당하는 녹존성祿存星은 천기절체궁天機絕體宮으로 병권兵權인 무武와 질병을 관장한다. 일의 꼬임 · 스트레스성 질병 · 정체 및 막다른 궁지를 뜻한다. 녹존성의 오행은 거문성과 같이 토土다. 녹존의 성정은 기세가 크고 성대하며 작은 일에 거리낌이 없어 혈을 맺으면 큰 인물이 배출되나, 몸체가 끊기고 병든 용인 경우에는 질병이 뒤따른다. 녹존은 때에 따라 좋고 나쁨이 있어 녹존 전체가 나쁘지는 않다. 엎어진 북과 같은 형태로 봉우리는 작은 원이 된다. 윗부분은 가지런한 북 모양이며 몸통은 둥글고 아래 부분은 줄기나 지각이 많은 모습이다. 무곡성과 거문성에 지각이 많은 형태이며 계곡과 골짜기가 많다. 빗살이 굵은 큰 빗 모양과 입의 어금니와 비슷하게 생긴 혈장은 대부분 약간 오목하면서 긴 겸혈鉗穴인 소치혈梳齒穴과 겸차혈鉗叉穴을 맺는다. 또한 행룡 시 돌 사이에 혈을 맺기도 하는데 이를 석간괴혈石間怪穴이라 한다. 소치혈梳齒穴은 동그랗게 생긴 작은 소원봉의 정상이나 그 아래에 있다.

다

도수맥渡水脈
바다 아래로 물속을 건너는 산줄기(용맥)를 말한다. 도수맥이 흘러 섬을 융기시켜 수중혈水中穴을 이룬다.

도시혈盜屍穴
지층이 심하게 움직이는 곳에서 나타나는 현상인데 시신이 물에 뜬 채로 뒤집히는 복시複視 현상이 일어나거나 다른 곳으로 이동하여 사라지게 된다. 이런 곳을 도시혈이라고 한다. 이는 땅 안의 흙이 땅속으로 흘러 내려가는 현상을 말한다. 주변의 나무가 묘의 방향이나 바깥쪽으로 비스듬히 기울어지거나 봉분 한쪽이 심하게 꺼져 있으면 수렴水廉까지도 의심해 보아야 한다.

도안道眼

도안이란 법안法眼의 기초 위에 만물의 이치를 깨달아 영적으로 산천지형을 보는 풍수가의 최고의 경지를 나타낸 말로, 범안凡眼. 법안法眼. 도안道眼. 신안神眼의 순서로 일컫는다. 풍수지리법으로만 의존하지 않고 생기가 응집된 혈을 바로 찾아내는 공부로 이룰 수 있는 최고의 수준이다.

도참圖讖

세상과 인간 생활에 대한 앞날의 길흉화복을 예언하는 술법이나 그런 내용을 통칭하는 말이다. 도圖는 앞으로 일어날 일의 징후나 암시 등을 의미하며, 참讖은 국가나 사람의 길흉화복을 예언하는 것을 말하나, 도참圖讖을 도圖 또는 참讖이라고도 부른다. 도참서圖讖書는 미래의 일을 예견하는 책을 뜻하는데, 도참서를 비기秘記, 밀기密記 또는 비결秘訣이라고 부른다. 도참설圖讖說은 미래의 길흉을 예언한 책이나 소문 따위를 가리킨다.

돌혈突穴

풍수의 형세론에서 혈의 형태를 와窩 · 겸鉗 · 유乳 · 돌혈突穴의 4사상으로 분류한다. 돌혈은 혈장이 높고 작아 태음太陰에 속하며, 주룡은 혈장보다 낮은 곳에서 높게 양룡으로 비룡입수飛龍入首한 다음 볼록한 혈장에서 약간 오목한 음혈陰穴을 맺는다. 돌혈은 혈장이 볼록하게 돌출되어 생기를 보호하기 위해서 입수도두, 선익 및 순전이 확실하게 혈장을 감싸고 지탱해 준다. 주로 평지에 결지하나 고산혈高山穴도 있다. 논이나 밭에 유별나게 도드라진 곳에서도 돌혈을 맺는다. 높은 곳에 있는 돌혈은 청백과 안 · 조산 등의 사격이 비슷한 높이로 잘 감싸 주고, 낮은 곳에 있는 돌혈은 선익이 혈을 잘 감싸안아주고 하수사가 의해 물의 교합이 이루어지므로 평지의 돌혈이 더 큰 혈들이 많다. 혈은 동종이나 가마솥을 엎어놓은 것처럼 볼록하게 생긴 혈장의 돌중미와突中微窩한 부분에 돌혈을 맺는다. 혈장은 보통 한 개이나 두 개인 쌍돌雙突도 있다.

동기감응론同氣感應論

땅의 길흉에 따라 후손이 좋고 나쁜 기운을 받는 이론이 동기감응론이다. 음택의 좋고 나쁜 기운이 후손들에게 끼치는 영향을 발음發蔭, 발복發福, 친자감응親子感應 또는 동기감응同氣感應이라고 한다. 조상의 뼈에 있는 생체 에너지인 기운과 전자 파장이 동일한 후손의 기운이 서로 통한다는 이론이다. 즉 죽은 이의 뼈가 정기를 타며 나아가 그 정기는 자손대대로 이어진다는 이론이다.

득수得水

득수는 물을 얻는 것을 말한다. 혈에서 보아 혈 앞으로 흐르는 물이 처음 시작되는 곳을 가리켜 득수라 하고, 물이 흘러 나가는 곳을 파구破口라고 한다. 득수처란 명당으로 흐르는 물줄기가 시작되는 곳을 말한다. 묘터에서 보아 흘러오는 물줄기가 맨 먼저 보이는 위치를 득수방위得水方位라 말하고, 흘러가던 물줄기가 안 보이는 곳 즉 빠져나가는 위치를 파구방위破口方位라 말한다.

마

맥脈

사방으로 뻗어나간 산줄기를 용龍이라 하고, 생기가 이치에 따라 산줄기를 행行하는 것을 맥이라 한다. 용맥龍脈이란 산의 정기가 흐르는 산줄기를 말한다.

명당明堂

혈 앞의 원만하고 평탄한 평지를 '명당明堂'이라 한다. '혈穴'이란 용맥의 생기가 응결된 곳을 말한다. 우리가 흔히 말하는 명당과는 다소 차이가 있지만, 풍수적으로 길한 장소인 길지를 말할 때 사용된다. 혈 주위의 산에서 흘러 혈 앞 명당에 모인 물을 '명당수明堂水'라고 한다.

모렴毛廉

그늘지고 축축한(음습陰濕) 땅에서 곰팡이 같은 가는 솜털(세모細毛)에 싸여 있는 묘지광중墓地壙中에서 발생되는 현상(병렴病殮)이다. 이와 같은 경우에는 재물을 잃어버리고 병으로 인한 고통을 받는다.

목렴木廉

나무뿌리가 엉켜 무덤 속의 시신을 감거나 뼛속을 파고드는 묘지광중에서 발생되는 현상(병렴病廉)으로 그 후손은 다리나 관절, 그리고 목에 병이 발생되고 불구가 되기도 한다. 목렴은 주로 생기가 없는 푸석푸석한 혈지에 흔히 있게 된다.

목성수木星水

물이 혈 앞에서 좌우방향의 일자一字로 곧게 흘러가는 물의 형상을 말한다. 성품이 강한 자손이 대대로 이어진다. 하지만 물이 혈 앞을 쭉 뻗어 직선으로 흐르는 목성수木星水는 거주지의 기를 빼앗으므로 흉하다.

목욕沐浴

풍수에서 태어난 아이가 목욕하는 과정으로 유아기를 말한다. 음란함을 뜻하기도 한다. 12포태법胞胎法 중에 12운성運星의 하나이다.

목욕소수沐欲消水

문고소수文庫消水라고도 한다. 88의수입향법의 길한 향이며, 부자가 되며 자손이 번창한다. 임자파壬子破에 갑묘향甲卯向, 갑묘파甲卯破에 병오향丙午向, 병오파丙午破에 경유향庚酉向, 경유파庚酉破에 임자향壬子向이 해당되며, 득수하는 물이 모두 오른쪽에서 들어와 왼쪽으로 흘러나가는 우수도좌右水到左하여야 한다.

무곡성武曲星

북두칠성의 별 중 제6의 별에 해당하는 무곡武曲 금성金星은 복덕궁福德宮으로 수명壽命·부富·귀貴를 관장한다. 무장·장군·부자·재물 등의 귀貴보다 부富를 주관한다. 종이나 가마솥을 엎어 놓은 모양이며 노적봉 또는 투구봉이라 부른다.

문곡성文曲星

북두칠성의 별 중 제4의 별에 해당하는 문곡文曲 수성水星은 유혼궁遊魂宮으로 문인·음탕·질병 등을 관장한다. 예능·글재주·작가·바람·끼·연예인에 해당한다. 문곡의 성정은 지혜롭고 총명하지만 음기가 강하여 음탕한 기질이 있다. 문곡은 미미한 반봉이 연속으로 이어져 뱀이 기어가는 모습이다. 기울어지지 않아야 길하다.

바

박환剝換

험악한 형상의 바위로 이루어진 산줄기가 뻗어 내려오다가 풍화작용 등의 자연현상으로 점차 험한 살煞과 억센 기를 순화하고 흙으로 변해 단정해지고 유순해도록 변화하는 것을 말한다.

반궁수反弓水

혈을 감싸지 않고 혈 바깥쪽으로 활처럼 굽은 것을 반궁이라 한다. 반궁수란 활처럼 둥글게 감싸안으며 흐르는 물줄기인 금성수金城水의 반대 개념 물을 일컫는다. 지극히 흉한 물로써 이런 곳에 집이나 부락이 들어서면 집마다 패절하고 가산이 기울어 가난에서 벗어나지 못한다.

반배反背

산줄기가 혈을 감싸지 않고 혈 밖으로 굽어 혈을 등지고 저버리는 형상이다.

발인發靷

장례에서 상여가 시신을 안치시켜 놓는 장소(빈소)를 떠나 묘지로 향하는 것을 말하며, 발인제는 발인하는 일체의 절차를 말한다.

백두대간白頭大幹

백두산에서 시작하여 동쪽 해안선을 끼고 남으로 맥을 뻗어 내리다가 태백산을 거쳐 남서쪽의 지리산에 이르는 국토의 큰 줄기를 이루는 산맥을 말한다.

백호白虎

혈에서 보아 혈 앞 오른쪽의 산줄기를 백호 또는 우백호右白虎라 한다. 백호는 혈을 호위하고 오른쪽으로 뻗어 나가면서 감싸며, 혈의 생기를 보호하고 바람을 막는 산줄기를 말한다. 백호가 여러 겹인 경우에는 안쪽에 있는 우측의 산줄기를 내백호라 하고, 바깥쪽에 있는 우측의 산줄기를 외백호라 한다.

범안凡眼

평범한 사람의 안목으로 산수의 형세를 매우 상식적으로 이해하는 풍수 수준을 말하는 것으로 속안이라고도 한다. 풍수가의 실력이 산수의 형세를 매우 상식적으로 이해하는 단계이며 범안凡眼, 법안法眼, 도안道眼, 신안神眼의 순서로 일컫는다.

법안法眼

익히고 배워서 해당되는 현상을 꿰뚫어 법도에 맞게 행하는 수준이다. 혈 주위의 사격과 용맥을 형세론에 근거하여 분석하고, 방위에 대한 이기론을 더하여 풍수론을 역학적으로 해석하여 장단점을 밝혀내는 수준을 말한다. 범안凡眼, 법안法眼, 도안道眼, 신안神眼의 순서로 일컫는다.

병렴病濂

묘지광중墓地壙中에서 자생自生 혹은 외침에 의해 발생되는 수렴水廉, 목렴木廉, 화렴火廉, 충렴虫廉, 모렴毛廉, 빙렴氷廉 등을 말한다.

보국保局

주산 · 청룡 · 백호 · 안산 · 조산 등이 혈을 감싸주어 생기를 보호해 주는 형태의 공간을 말한다. 보국은 용龍 · 혈穴 · 사砂 · 수水의 원리로 겹옷같이 중첩으로 둘러싸여 있는 형태의 지세로 기를 보호해 준다.

보필輔弼

가택구성법으로 방위를 측정하여 해당 방위가 구성 중 어디에 속하는지를 보고 길흉화복을 판단하는데 사용된다. 기본 괘로 팔중보필八中輔弼의 순서이며 모든 일이 순탄하다

부아혈附蛾穴

높은 산에서 가파르고 급하게 내려온 산줄기가 산 중턱에 작고 협소한 평지를 만들어 마치 벽에 나비가 붙은 모양의 혈을 맺는 것을 말한다. 혈은 미돌微突한 가운데 와혈窩穴을 결지한다. 풍수역학상 당대에 발복한 후 당대에 끝나는 속발속패가 특징이다. 그 화복禍福은 단발속패單發速敗한다.

북신北辰

수구 또는 한문 사이의 물 가운데에 있는 화표華表보다 괴이하고 웅장하게 생기며 용·거북·잉어·창고·금궤 같은 물건이나 짐승의 형상을 하고 있는 산과 바위를 북신北辰이라 한다. 혈의 수구에 북신이 있으면 크게 부귀하게 되어 제왕·제후·장수·재상이나 큰 부자가 된다.

분금分金

분금이란 시신의 좌향坐向을 자연의 순환에 맞추어 패철의 눈금을 약간 돌려놓는 것으로, 시신이 생기를 받을 수 있도록 마지막으로 시신의 좌향을 잡는데 사용한다. 분금에는 지반정침을 바탕으로 한 정침분금과 천반봉침을 바탕으로 한 봉침분금縫針分金이 있다. 보통 패철 9층을 말하며 제9층에는 정침 120칸으로 분금이 나누어 표시되어 있다. 72개의 공란과 48개의 갑자가 표시되어 있다. 또한 납음오행으로 목木은 녹색, 화火는 적색, 토土는 황색, 금金은 백색, 수水는 흑색으로 되어 있다. 망자와 생극 관계를 따질 때 나경 9층인 봉침분금縫針分針을 사용하나, 육탈이 끝난 유골을 이장할 때나 합장에는 분금을 사용하지 않는다.

분합分合

물이 나누어진 후 다시 합하여 지는 것을 분합이라 한다. 물의 분합이란 산과 물의 음양에 대한 교합으로서 용혈龍穴의 생기를 보호하면서 혈을 맺도록 물을 분수한 뒤 합수하는 것을 말한다. 혈을 이루려면 3종류의 분합이 이루어진다. 첫째, 혈장 위쪽에서 분수했다가 혈을 한 바퀴 감싸준 후 혈운 아래에서 합수하는 제1분합이다. 둘째, 용맥 양쪽에서 따라온 원진수가 혈장 위 입수도두 뒤에서 분수하여 나누어졌다가 양 선익을 따라 양분된 다음 순전 앞에서 다시 합쳐지는 제2분합이다. 셋째, 주산이나 현무봉에서 용을 사이에 두고 나누어졌다가 수구에서 합쳐지는 제3분합이다.

비보풍수裨補風水

도와서 부족함을 채워 보완하는 것을 비보裨補라 한다. 이는 인간에게 이로움을 구하고, 부족하고 모자란 부분을 보충해 준다는 의미이다. 또한 선천적인 운명을 후천적으로 변화하고 발전시킬 수 있는 것을 비보라고도 할 수 있다. 비보풍수란 어떤 지형이나 산세가 풍수적으로 부족할 경우 이를 보완하는 것을 말한다. 이는 인간이 자연환경과 상생하고 조화롭게 하기 위하여 국토가 허하고 병이 들면 그곳에 절을 짓거나 탑을 세우고, 바람을 막기 위해 방풍림을 심기도 한다.

비석비토非石非土

돌도 아니고 흙도 아닌 것을 말한다. 보기에는 돌 같으나 손으로 비비면 밀가루처럼 미세하게 분해되는 흙이다.

빙렴氷濂

빙렴은 무덤 속(광중壙中)이 한랭하여 체골體骨이 마치 동태凍太와 같이 꽁꽁 얼거나, 냉장고에 성에가 낀 듯 뿌옇게 얼어있는 것처럼 백태가 끼는 묘지광중墓地壙中에서 발생되는 현상(병렴病濂)을 말한다. 이때는 백혈병으로 인한 고통으로 자손이 결핍되고, 손재송사損財訟事가 있게 된다.

사

사砂

혈 주위를 에워싼 크고 작은 모든 산줄기, 산봉우리와 암석, 물과 관련된 강·호수·바다를 포함하여, 혈 주위의 지형지물인 도로·건물·구릉·수목 등을 모두 사砂라고 한다.

사梭

베틀에서 베가 짜여 지도록 하는 배 모양의 통인 북을 말한다.

사격砂格

혈의 전후좌우에 있는 혈을 감싸고 보호하고 있는 모든 산과 바위를 사격이라 하는데, 일반적으로 혈처穴處를 감싼 좌청룡左靑龍, 우백호右白虎, 전주작前朱雀, 후현무後玄武의 사신사四神砂를 주로 칭한다.

사국四局

사국이란 토국土局을 제외한 목국木局, 화국火局, 금국金局 및 수국水局을 말한다. 사국 오행으로 목국은 정미丁未, 곤신坤申, 경유庚酉이며, 화국은 신술辛戌, 건해乾亥, 임자壬子, 금국은 계축癸丑, 간인艮寅, 갑묘甲卯, 수국은 을진乙辰, 손사巽巳, 병오丙午이다.

사렴蛇濂

뱀이 무덤에 들어가 구멍을 많이 뚫어 황폐하게 하거나, 지렁이가 가득하게 들어있는 것을 사렴이라 한다. 이와 같은 사렴에는 괴질흉사가 발생한다.

사산四山

도성을 에워싸고 있는 사면에 빙 둘러서 있는 동서남북의 산들을 말한다. 백악산白岳山, · 인왕산仁王山, · 남산南山, · 낙산駱山을 이르는 말이나, 주산主山, 안산案山, 조산朝山 및 청백青白을 일컫는 말로도 사용된다.

사상四象

음양의 음양운동으로 인해 나타나는 네 가지 상징인 태양太陽, 소양少陽, 태음太陰 및 소음少陰을 말한다. 『주역周易』의 복희팔괘와 64괘가 형성되는 과정에서 음과 양이 처음 중첩되어 이루어지는 네 가지 형상을 말한다. 사상의학이란 사람의 체질을 성격에 따라 태양인太陽人, 태음인太陰人, 소양인少陽人, 소음인少陰人으로 나누는 것을 말한다.

사상獅象

사자와 코끼리를 말한다. 물이 흘러나가는 좌청룡과 우백호 산줄기 끝의 수구에 있는 작은 산이나 바위, 물 가운데의 암석(수구사水口砂) 등이 사자와 코끼리처럼 생긴 모양을 사상형獅象形이라 한다.

산경표山經表

산경이란 산들이 끊어지 않고 이어지는 흐름, 즉 산줄기를 뜻하는 말로 여기에서 경經이란 풍수학의 맥과 같이 끊어짐이 없는 흐름을 말한다. 『산경표山經表』란 1769년 여암旅庵 신경준申景濬(1712-1781)이 저술한 족보형식의 지리서이다. 신

경준은 『산경표』에서 전국의 산줄기를 각각의 1대간大幹(백두대간白頭大幹)과 1정
간正幹(장백정간長白正幹), 그리고 13개의 정맥正脈으로 규정했고, 여기에서 다시
가지처럼 뻗은 기맥까지 마치 족보를 엮듯이 상세하게 기록했다.

살殺

사람이나 물건 등을 해치는 독한 기운을 말한다. 살殺 또는 살煞과 같이 편관 칠
살의 약칭이다.

삼재三才

하늘과 땅과 사람인 천天 · 지地 · 인人을 삼재三才라고 한다.

삼합오행三合五行

삼합이기론의 12포태법에서 각국各局의 생生, 왕旺, 묘墓가 서로 조화를 이룬 상
태를 말한다. 삼합오행으로 해묘미亥卯未, 인오술寅午戌, 사유축巳酉丑 및 신자진申
子辰을 말한다.

상생상극相生相剋

상생이란 서로 생生해준다는 자연의 순리를 뜻하며, '만든다' 또는 '낳는다'는 의
미를 말한다. 상극이란 서로 지배하는 형국으로 강자가 약자를 일방적으로 '파
괴하고 누른다'는 뜻을 말하며, 상대의 세력을 극하는 성질을 말한다. 목 · 화 ·
토 · 금 · 수의 오행의 운행에 있어서 각각 서로 다른 것을 낳는 상생과 다른 것
을 이기는 상극이 있다. 상생의 원리는 나무로 불(목생화木生火)을 만들고, 불이
타면 흙(화생토火生土)이 되고, 흙에서 쇠(토생금土生金)를 캐고, 쇠가 녹으면 물
(금생수金生水)이 되고, 물이 나무(수생목水生木)를 자라게 하는 이치이다. 또한 나
무로 흙을 파고(목극토木剋土), 불로 쇠를 녹여 철물을 만들고(화극금火克金), 흙이
물을 가두고(토극수土克水), 쇠로 나무를 자르고(금극목金克木), 물로 불을 끄는(수
극화水剋火) 이치가 상극의 원리이다. 풍수는 동양의 오행사상을 기본으로 한다.
풍수를 논함에 있어서도 그 이론의 바탕은 음양오행론이다. 오행의 기본 원리
와 상생과 상극의 이치에 따라 산과 물, 그리고 택지의 길흉을 구별하여 거주지
를 선택하는데 사용된다.

생기生氣

1. 원기의 생성과 운행을 촉진하여 생명활동을 강화시키는 기운을 말한다.
2. 가택구성법으로 방위를 측정하여 해당 방위가 구성 중 어디에 속하는지를 보고 길흉화복을 판단하는데 사용된다. 기본괘로 일상생기─上生氣의 순서이며 가운이 번창하고, 빠르게 부귀하게 된다.

선익蟬翼

선익이란 혈장의 양 옆에 곤충 날개의 모습처럼 작은 지각이 붙어있는데, 입수도두에서 아래로 뻗은 작은 능선을 일컫는다. 안과 밖이 있을 수 있는데 이를 내외 선익이라고 부르며 혈장 좌우를 지탱해주고 생기가 옆으로 빠져나가지 않도록 해주는 역할을 한다. 특히 선익은 집이나 건물, 묘 자리 등의 혈 자리를 잡을 때 선익 양끝을 연결하는 부분의 중앙을 혈의 중심으로 잡아 사용한다. 이때 연결 중앙 부근에는 보통 햇무리나 달무리처럼 생긴 원형 띠 모양의 혈운六暈이 있는데, 그 아래에 혈토가 있다.

세모細毛

음습한 땅속의 곰팡이 같은 가는 털을 말한다.

소원봉小圓峰

작은 둥그런 봉우리를 말한다.

소수消水

물이 빠져나가는 것을 말하며 거수去水라고도 한다.

소조산少祖山

소조산은 생기를 응결시키기 직전에 현무봉 뒤에 높이 솟아난 산을 말한다. 이를 주산主山 혹은 현무라 하고, 진산鎭山, 주성主星, 주봉主峰 또는 주룡主龍이라고도 한다. 산줄기의 형세에 따라 분류하는 5종류 중 3번째의 중조산中祖山에서 다시 출발한 용은 많은 변화를 하며 이어가다 혈을 맺기 위해 단정하고 수려한 산봉우리인 소조산을 만든다. 소조산은 형태와 성질은 제일성과 똑같다. 만약 혈의 형태가 소조산과 다르면 주혈主六이 아니라 가혈假六이 된다. 용맥의 흐름인 용세龍勢에 따라 분류하면 태조산太祖山, 제일성第一星, 중조산中祖山, 소조산小祖山, 현무봉玄武峰으로 나누어진다.

속기束氣

'결인속기結咽束氣' 참조

속입수續入首

봉우리들 사이의 땅속으로 산줄기가 연결되어 능선이 보이지 않는 것을 말한다. 속입수하는 맥을 월사맥月砂脈이라고 한다.

수관재물水管財物

물이 재물을 관장한다는 뜻이다. 물은 재물을 상징하며 재화의 유무를 의미하기도 한다.

수구水口

혈에서 보아 육안으로 물이 마지막 흘러나가는 출구를 '수구水口' 또는 '파구破口'라 하며, 내청백에 의한 출구를 '내수구', 외청백에 의한 출구를 '외수구'라 한다.

수구사水口砂

물이 흘러나가는 청백 끝의 파구에 있는 작은 산이나 바위, 물 가운데의 암석 등을 수구사라고 한다. 수구사에는 한문捍門, 화표華表, 북신北辰, 나성羅星 등이 있다.

수려秀麗

산수山水의 경치景致가 빼어나게 아름다움을 뜻한다.

수렴水濂

수렴이란 묘 속에 습기가 많아서 물이 찰 때 묘지광중墓地壙中에서 발생되는 현상(병렴病濂)이다. 겨울이 되면 광중의 물이 얼어붙으므로 당연히 이장을 서둘러야 한다. 이런 곳에 묘를 쓰게 되면 자손 중에 익사자溺死者가 나오거나 정신병 또는 의처증 증세가 나타난다. 수재水災 또는 높은 데서 떨어져 죽거나 손발이 뒤틀리는 병이 발생되고 폭력이나 폭언 등을 일삼게 된다. 땅 위에서는 봉분의 둘레석(호석護石)이 벌어지거나 갈라지게 된다.

수맥水脈

지하에서 폭이 좁은 지층을 따라 줄기의 모양으로 흐르는 지하수를 말하며 대체로 물의 흐름이 느리다. 엷은 지층이 지층 사이에 끼어 있는 경우와 지각의 갈라진 틈 속을 지하수가 순환하는 경우가 있다. 수맥은 흙 또는 암반에 부딪칠 때 수맥파水脈波를 발생시킨다. 이 수맥파는 엘로드와 같은 도구를 이용해 탐지를 시도할 수 있다.

수살水殺

강·하천·골짜기 등에서 물(水)의 기운이 혈장을 향해 치고 들어오는 것을 말한다. 물의 흐름이 반배하거나 등을 돌려 흐르는 형태의 흉살이다. 수살의 영향을 받으면 단명, 파산, 빈곤해진다.

수성수水星水

혈 앞에서 마치 뱀이 지나가듯 굴곡하면서 구불구불하게 흐르는 물을 수성수라 한다. 수성수가 원만하게 감싸주면서 흐르면 매우 길하다. 돈이 남아돌고 의식이 풍부해진다.

순전脣氈

순전은 혈 앞에서 혈장을 지탱해주는 앞부분을 말한다. 전순氈脣이라고도 하는 순전은 생기가 앞으로 새어 나가지 않도록 해준다.

식息

'태식잉육胎息孕育' 참조

신안神眼

신령한 힘으로 멀리서 생기가 응집된 혈을 잡아내는 지술地術에 정통한 눈을 가진 풍수사를 말한다. 신안은 공부로 이루어지는 단계가 아니다. 범안凡眼, 법안法眼, 도안道眼, 신안神眼의 순서로 일컫는다.

십이포태十二胞胎

생명체나 우주가 생성되어 멸망해 가는 순환의 법칙을 말한다. 십이운성十二運星이라고도 한다. 이는 자연이 춘春, 하夏, 추秋, 동冬으로 순환하는 것처럼 사람이 어머니 모태에서 태어나 죽을 때까지 인생순환과정을 비유한 자연계의 장생법으로, 포胞(또는 절絶)·태胎·양養·생生·욕浴·대帶·관冠·왕旺·쇠衰·병病·사死·묘墓가 있다.

아

아미蛾眉

가늘고 긴 곡선의 고운 눈썹을 비유하는 말이다. 초승달 모습이나 여자 눈썹 형태의 야트막한 작은 봉우리를 아미봉蛾眉峰이라고 한다.

아미사蛾眉砂

안산案山의 산세가 아름다운 나비나 여인네의 눈썹 같이 고운 초승달 모양을 말하며, 낮고 작은 원형의 태음금성체太陰金星體의 산이다. 주로 들판에 있는 산으로 산 아래에는 호수 또는 냇물이 흘러야 한다. 똑같은 형상의 산으로 물이 없으면 이러한 산을 옥대사玉帶砂라고도 한다. 아미사가 혈장穴場 앞에 있으면 물이 감싸고 있는 것이다. 집안 남자들보다 여인들의 귀함을 나타내어 여자후손 중에 미인이나 왕비가 난다고 한다.

안산案山

혈 자리의 정면에 가장 가까이 있는 낮고 작은 산을 안산이라 한다. 안산이 있으면 앞이 허하지 않고 수습이 잘되어 더욱 단아하게 보인다.

암공수暗拱水

혈 자리에서 보이지 않는 안산案山을 넘어 흐르는 큰 강을 말한다. 유정하게 흐르는 암공수는 비록 보이지 않는다 할지라도 훤히 내다보이는 조수朝水(혈 앞에서 포옹하듯 감싸안은 물)보다 오히려 길하다.

압살壓殺

혈 자리의 묘나 택지를 험준한 산이 고압高壓하는 살을 말한다. 높고 큰 아파트 숲 사이에 홀로 들어선 조그만 주택도 압살에 해당된다. 건강은 물론 가산을 탕진하여 결국 망하게 되는 흉살이다. 산이나 바위 아래 들어선 주택은 심한 억눌림으로 인한 협심증 등의 건강질환과 근심걱정거리의 불안한 사건들이 빈발하게 발생된다.

양기陽基

양기란 수백 수천 가구가 거주하는 촌락, 관청, 도읍을 이루는 것을 말한다. 양택의 개념과 비교되어 매우 큰 개념이다. 양기론은 사람들이 집단적으로 거주하는 마을이나 도읍지를 정하는 지표로 삼는 풍수의 이론이다.

양택陽宅

사람이 거주하는 가옥 또는 집을 말한다. 보다 쾌적한 생활환경을 제공하는 주거지를 결정하는 풍수의 이론이 양택론이다.

여기餘氣

용이 혈 자리에서 혈을 응축시키고 남은 기운을 여기라고 한다. 용이 하나의 혈을 이루고 남은 기운이 앞으로 더 진행하는 것을 말하며 혈을 더 맺기도 한다.

연년延年

가택구성법으로 방위를 측정하여 해당 방위가 구성 중 어디에 속하는지를 보고 길흉화복을 판단하는데 사용된다. 기본괘로 삼하연년三下延年의 순서이며 승진하고 재산을 불리며 자손이 번창하게 되고 건강 장수한다.

연소혈燕巢穴

'괘등혈掛燈穴' 참조

염정성廉貞星

북두칠성의 별 중 제5의 별에 해당하는 염정성廉貞星은 오귀궁五鬼宮으로 화해禍害 · 재앙 · 고난 · 반역 · 패망을 관장하는 화성火星이다. 살기와 형살이 있고 흉폭하다. 대혈大穴에서는 가끔 무장이 나와 병권을 장악하여 역모에 성공하나, 악혈惡穴에서는 피살된다.

오귀五鬼

가택구성법으로 방위를 측정하여 해당 방위가 구성 중 어디에 속하는지를 보고 길흉화복을 판단하는데 사용된다. 기본괘로 이중오귀二中五鬼의 순서이며 병이 많고 단명하며 흉한 일들이 자주 일어난다.

오길성五吉星

구성 중에 길하고 상서로운 5개의 별을 말한다. 탐랑성貪狼星, 거문성巨門星, 무곡성武曲星의 삼길성三吉星과 좌보성左輔星, 우필성右弼星을 포함하여 말한다.

오욕五慾

다섯 가지 욕심, 재물욕, 명예욕, 식욕, 수면욕, 색욕을 말한다.

오행五行

오행은 우주 만물을 이루는 다섯 가지 원소인 목木 · 화火 · 토土 · 금金 · 수水이다. 이 5종에 의해서 자연현상이나 인사현상의 일체를 해석해서 설명하려는 사상을 오행설이라고 한다. 나경패철에는 제3층에 오행을 표시하였다. 이는 목국木局, 화국火局, 금국金局, 수국水局으로 구분되는 4국四局의 삼합오행三合五行이다.

오성五星

오성이란 태양계에서 지구에 가까운 목성木星, 화성火星, 토성土星, 금성金星, 수성水星의 다섯 개의 별을 가리킨다. 산 · 물 · 택지의 생김새와 그에 따른 변화의 모양도 목 · 화 · 토 · 금 · 수의 오성五星으로 분류하여 길흉을 나타낸다.

와혈窩穴

형세론에서 혈의 4종류 혈상穴相 중 하나인 와혈은 태양太陽에 속하며, 주룡은 볼록한 음룡으로 입수한 다음 소쿠리나 쟁반처럼 크게 오목(凹)하게 들어간 혈장에서 약간 돌출한 양혈陽穴을 맺는다. 와혈은 주로 높은 산에 많이 있다. 바람을 피해 생기를 보호하기 위해 입수룡보다 낮은 위치에 원형으로 오목한 부분에서 약간 돌출한 부분(와중미돌窩中微突)에 와혈을 맺는다.

외반봉침外盤縫針

'천반봉침天盤縫針' 참조

요도橈棹와 지각枝脚

산줄기(내룡)의 전후좌우에 붙어서 방향을 변화시키는 산자락인 지각을 요도라고 한다. 요도는 산줄기가 뻗어갈(행룡) 때 방향을 변화할 수 있도록 밖에서 밀어 주는 버팀목 역할을 한다. 산줄기의 다리 역할을 하는 지각은 그저 산줄기를 받쳐 주는 역할을 하는데 반해 요도는 직접 산줄기 방향을 틀어준다. 요도는 지각의 일종으로 배에 있는 노를 저어 가듯이 산줄기가 뻗어갈 때 방향을 전환하는 역할을 한다. 따라서 지각이 뒤로 향하면 산줄기가 가는 것이오, 지각이 앞으로 향하면 산줄기는 이미 머물게 된다.

용龍

사방으로 뻗어나간 산줄기를 용이라 하고, 산줄기(용龍)가 생기를 품고 이치에 따라 행行하는 것을 맥脈이라 한다.

용맥龍脈

용맥이란 산의 정기가 흐르는 산줄기를 말한다. 즉 산줄기가 흐르는 모양(산세山勢)이 구불구불하거나 솟아오르거나 꿈틀거리며 마치 살아있는 용과 비슷하다고 붙여진 이름이다.

용진처龍盡處

산줄기인 용이 이어서 뻗어감(행룡行龍)을 멈추는 것을 용진龍盡이라 한다. 용진처란 산에서 내려오는 능선인 용맥이 끝나는 지점을 말한다. 용진처는 용맥이 끝난 곳으로 혈을 맺는다.

용상팔살龍上八殺

무덤 밖의 잔디가 전혀 자라지 않고 붉은 흙이 그대로 보이면 흉하다. 이는 산줄기(내룡來龍) 위로 불어오는 흉한 바람으로 인해 무덤 속에 살기가 스며들기 때문이다. 이러한 것을 용상팔살이라고 한다. 패철 1층에 방향이 표시되어 있다. 살殺 중에서 가장 두렵고 무섭다. 용상팔살로부터 벗어나려면 묘소의 잘못된 좌향坐向을 변경하여야 한다. 그렇지 않으면 재앙이 닥쳐 암·당뇨·신장병 등에 걸리거나 재난을 당해 하루아침에 망하게 된다.

용진혈적龍眞穴的

산줄기인 용이 이어서 뻗어가는 것(행룡行龍)을 멈추고(용진龍盡) 생기를 뭉쳐 혈을 맺는(혈적穴的) 것을 용이 다한 곳에 혈을 맺는다는 뜻의 용진혈적龍眞穴的이다.

우백호右白虎

'백호白虎' 참조

우선룡右旋龍

오른쪽으로 도는 것을 우선右旋이라 한다. 우선룡이란 산줄기(내룡)의 머리가 우측에서 좌측으로 휘어져 돌아가는 산세를 말한다. 좌선룡左旋龍은 내룡이 좌측에서 우측으로 휘어진 모양이다.

우선수右旋水

물의 흐름이 우측에서 득수하여 좌측으로 흐르는 것을 우선수라고 한다. 좌선수左旋水는 좌측에서 득수하여 우측으로 흐르는 물을 말한다.

우필성右弼星

북두칠성의 제7의 별인 파군성의 우변에 위치하는 별로 육안으로 보이지 않는다. 좌보성과 같은 천상의 귀혼궁歸魂宮이며 작은 부귀富貴를 관장한다. 좌보성과 우필성을 합하여 보필성輔弼星이라 한다.

위이逶迤

구불구불하게 굽어지는 것을 위이라 한다. 생룡生龍이 구불구불 길게 멀리 이어지는 모습을 말한다.

원진수元辰水

지기가 흩어지지 않도록 산줄기(용맥) 양쪽에서 맥을 호위하며 본용을 따라 내려오는 내 산줄기 자체에서 나온 물을 원진수라 한다. 진응수란 혈장 부근에서 솟아오르는 길수吉水인 샘이나 연못을 가리키며, 선저수瀉渚水라고도 부른다. 하지만 혈 주위의 산에서 흘러 혈 앞 명당에 모인 물을 명당수明堂水라고 한다. 주룡과 용맥을 보호하면서 따라온 원진수는 혈의 바로 앞에서 합수하여 물을 만들어 내거나 또는 연못을 만든다. 또한 진응수眞應水는 용맥의 생기를 보호하면서 따라온 수기水氣 중에 남아있는 기(여기餘氣)가 넘쳐 속으로 흘러 혈장의 입수도두入首倒頭 뒤에서 분수分水했다가 혈장 앞에서 합수合水하면서 지상으로 분출한 진기가 발현된 물로 사시사철 마르거나 넘치지 않는다. 진응수가 솟아나는 물로 샘을 이루는 경우가 대부분이다.

원진직거元辰直去

혈 앞으로 곧장 개울물이 빠져 나가는 것을 말한다.

원탐랑圓貪狼

산정상이 원통형처럼 생긴 탐랑 목성형의 산을 말한다.

월견越肩

남의 담장을 몰래 넘보는 도둑이라는 뜻의 규봉窺峰이라고도 하며 탐두사라고도 한다. 묘지의 봉분에서 청룡과 백호 줄기 너머로 혈을 향해 언뜻언뜻 넘겨다보는 산으로 마치 구경꾼이 담장을 넘어 방 안을 들여다보는 형상을 말한다. 또한 낮은 산 뒤에서 큰 건물이 넘겨보는 것도 월견으로 해석한다.

월견수越見水

혈에서 보았을 때 청룡과 백호 등의 주변 산 한쪽이 푹 꺼져(요함凹陷) 물이 비추는 혈을 넘겨다보는 흉한 물을 말한다. 주거지에서 보이지 않는 물은 암공수暗拱水라 하여 귀한 물로 치지만 주거지에서 보이는 월견수越見水는 흉한 물로 친다. 청백의 중간이 낮아 건너편의 들판이나 물길이 내다보이는 경우가 있다. 이때 바라보이는 물을 월수越水라 한다. 이곳으로 바람이 불어오면 매우 흉하다. 또한 월수에 반사되는 빛이 주거지에 이르면 큰 재앙이 따른다.

월교月咬

떠오르는 밝은 달 모양의 작고 둥근 봉우리의 산을 말한다.

월사맥月砂脈

'속입수續入首' 참조

유혈乳穴

혈의 형태인 와窩 · 겸鉗 · 유乳 · 돌혈突穴의 4사상 중 그 형상이 마치 풍만한 여인의 봉긋한 유방과 같다하여 붙여진 유혈은 볼록한 혈장에서 약간 오목한 음혈陰穴을 맺는다. 혈장의 끝 부근인 여인의 유두에 해당하는 유중미와乳中微窩한 부분에 유혈을 맺는다. 혈장은 보통 한 개이나 두 개인 쌍유雙乳, 세 개인 삼유三乳도 있다. 주산이 탐랑貪狼 목성木星에서 출맥한 용으로부터 주로 유혈을 맺는다.

육育

'태식잉육胎息孕育' 참조

육살六殺

가택구성법으로 방위를 측정하여 해당 방위가 구성 중 어디에 속하는지를 보고 길흉화복을 판단하는 데 사용된다. 기본괘로 사중육살四中六殺의 순서이며 집안이 망하고, 관재가 많아 형벌과 감옥을 면치 못한다.

육탈肉脫

시신을 땅에 묻으면 시체의 살이 썩어 뼈만 남게 되는 것을 가리킨다.

음택陰宅

살아 있는 사람의 주거지는 양택陽宅, 죽은 사람의 주거지 즉 묘墓 자리는 음택陰宅이라 한다. 이는 무덤을 사람이 사는 집에 비유하여 일컫는 말이다.

음택론陰宅論

죽은 사람의 기氣가 후손의 기에 감응하여 길흉화복을 미친다는 풍수지리학 이론으로 보통 묘 터를 잡거나 장사葬事 지내는 것을 가리킨다. 풍수설은 크게 양택론과 음택론으로 나누어진다.

이기론理氣論

'형세론形勢論' 참조

인반중침人盤中針

인반중침은 나경패철의 6층을 가리키며 혈 주변의 모든 산과 바위(사격砂格)들이 혈에 미치는 길흉관계를 파악하기 위해 방위를 측정하는데 사용한다. 15도씩 24등분한 방위가 배열되어 있고, 4층 지반정침에 비해 뒤쪽인 왼쪽으로 7.5도씩 놓여있다.

입관入棺

입관이란 사망 후 24시간이 지나면 시신을 염하고 즉시 관속에 넣는 것을 말한다. 입관할 때에는 시신이 관속에서 흔들이지 않도록 관과 시신사이의 공간에 백지, 마포麻布, 천 등으로 채운 다음 뚜껑을 덮어 마무리 한다.

입관길시入棺吉時

좋은 시간을 선택하여 입관함을 말한다. 육십갑자일 조견표에 따라 좋은 시간을 선택하되, 염은 입관길시에 앞서 한 시간 정도 앞서 시작한다.

입수入首

혈장 바로 뒤에 솟은 봉우리(현무봉玄武峰)에서 힘차게 뻗어 내려온 능선(내룡來龍)이 혈장으로 들어가는 것을 입수라 한다. 입수하는 곳은 용이 혈로 들어가는 머리로서 혈을 응결시키기 위한 무덤 뒤의 볼록한 부분인데, 이곳은 혈장을 만들기 직전에 에너지가 응결된 곳이다.

입수룡入首龍

주산에서 혈로 이어져 내려오는 능선을 주룡主龍 · 내룡來龍 · 입수룡入首龍 등으로 불리는데, 이는 주능선을 주변의 능선과 구별해서 표현하기 위함이다. 주룡은 태조산太祖山으로부터 이어져 혈장까지 뻗어 내려온 산줄기를 말한다. 내룡은 종산宗山 또는 주산主山에서 내려온 산줄기를 말한다. 주산과 현무봉玄武峰을 출발한 내룡이 혈로 이어지는 용맥을 입수룡이라 한다. 내룡이 주산에서 현무봉을 거쳐 혈로 이어질 경우에는 현무봉에서 혈로 들어가기 전의 용맥을 입수룡이라 하고, 주산에서 직접 혈로 이어질 경우에는 입수룡은 주산에서 혈까지의 산줄기가 된다.

입수도두入首到頭

입수도두는 혈 뒤의 단단하고 볼록한 동그랗게 생긴 부분을 말한다. 뇌두腦頭, 도두到頭, 두뇌頭腦, 두뇌화생뇌頭腦化生腦, 승금乘金, 혈두穴頭 등 여러 가지 용어로 사용된다. 산줄기(내룡來龍)를 통해 전해 온 생기를 저장하여 혈에 생기를 공급하는 역할을 한다. 보기 좋게 밝고 볼록하게 풍만하며 고아야 길하다. 보기 흉하거나 좋지 않은 암석이 있으면 흉하다. 집에서의 두꺼비집이나 사람의 신장腎臟과도 비슷한 역할을 한다.

잉孕'

태식잉육胎息孕育' 참조

자

장택법葬擇法

장사 지낼 날짜를 가려서 정하는 것을 장택葬擇이라 한다. 시신에게 영향을 미치는 천문의 이기에 따른 매장의 일시, 망자와 후손들의 사주四柱 등 천문 · 지리 · 인사人事가 서로 조화가 이루도록 장사를 지내는 절차나 과정이 장택법이다.

장풍법藏風法

혈을 중심으로 사방으로 둘러싸여 바람의 영향을 받지 않아 생기가 흩어지지 않게 모으는 것을 장풍이라 하고, 이러한 혈穴 주위를 둘러싸는 지세를 찾는 원리를 장풍법이라고 하며 사법砂法이라고도 한다.

전순氈脣

'순전脣氈' 참조

절명絕命

가택구성법으로 방위를 측정하여 해당 방위가 구성 중 어디에 속하는지를 보고 길흉화복을 판단하는 데 사용된다. 기본괘로 칠하절명七下絕命의 순서이며 재앙이 계속 이어지고, 병이 많아 단명한다.

점혈點穴

혈 자리를 잡는다는 뜻이다.

정상기방停喪忌方

시신을 묘지로 운반하기 위해 주택의 안방을 기준으로 상여나 영구차를 세워두는 것을 꺼리는 방위이다. 또 묘지에서는 광중壙中을 기준으로 하관하기 전에 상여나 관을 두지 않는 방위를 말한다.

정혈법定穴法

생기가 응집된 곳의 혈도血道나 혈맥血脈을 정혈定穴이라한다. 이러한 명당明堂의 혈처穴處를 찾는 원리를 정혈법 또는 혈법穴法이라 한다. 또한 생기가 응집된 곳의 혈 자리를 정혈처正穴處라고 한다. 정혈하는 방법에는 첫째, 결인속기법結咽束氣法, 태식잉육법胎息孕育法, 좌우선룡법左右旋龍法 중에 용이 혈을 맺어야 한다. 둘째, 혈장에 혈의 결지에 필요한 입수도두入首倒頭, 선익蟬翼, 순전脣氈 등이 조화롭게 구성되어 있어야 한다. 셋째, 혈의 모양에 따라 혈의 형태도 와窩·겸鉗·유乳·돌혈突穴의 4사상에 해당되어야 한다.

제일성第一星

제일성은 산줄기의 형세에 따라 분류하는 5종류 중 2번째의 태조산에서 뻗어내려오다 산봉우리를 만드는데 처음으로 산을 일으킨(기봉起峰) 것을 제일성이라 한다. 이때 제일성은 소조산인 주산과 혈의 성질이 서로 같으므로, 혈이나 주룡의 성질을 알고자 할 때는 제일성을 먼저 보고 주산의 형태와 성질을 파악하여야 한다. 용맥의 흐름인 용세龍勢에 따라 산을 분류하면 태조산太祖山, 제일성第一星, 중조산中祖山, 소조산小祖山, 현무봉玄武峰으로 나누어진다.

제주불복방祭主不伏方

장사 당일에 장지에서 삼살방三煞方 즉, 겁살劫煞, 재살災煞, 세살歲煞이라 하여 제주가 절을 하지 않는(불복不伏) 방향을 말하나, 요즈음은 거의 사라졌다. 삼살三煞이란 사고를 의미하는 겁살劫煞, 재앙을 불러오는 재살災煞, 불가항력적인 일을 당한다는 천살天煞의 나쁜 흉신을 말한다.

조산朝山

혈 앞에서 안산 너머로 보이는 높고 크게 서 있는 산을 말한다.

조수朝水

혈 자리 앞으로 와서 포옹하듯이 감싸안은 물을 말한다.

조종산祖宗山

조종산은 대개 태조산과 소조산의 중간에 있는 주산의 근원이 되는 높은 산으로 태조산太祖山 · 제일성第一星 · 중조산中祖山을 통칭하여 말한다.

좌보성左輔星

북두칠성의 제6의 별인 무곡성의 좌변에 위치하여 육안으로 볼 수 있는 별로써 오행은 토土이다. 천상의 귀혼궁歸魂宮이며, 권모술수로 귀를 관장한다.

좌선룡左旋龍

'우선룡右旋龍' 참조

좌선수左旋水

'우선수右旋水' 참조

좌청룡左青龍

'청룡青龍' 참조

좌향坐向

좌坐는 집이나 무덤의 등진 자리를 말하며, 바라보는 방향을 향向이라 한다. 따라서 묘 자리나 집터가 자리 잡은 방위, 즉 묘 자리나 집터 따위가 등진 방위에서 정면으로 바라보이는 방향을 좌향이라 한다.

좌향론坐向論

풍수지리에서 방위에 관련된 지기地氣의 여러 측면을 살피는 이론이다. 향법向法을 강조하는 이기론을 말한다.

주룡主龍

'입수룡入首龍' 참조

주산主山

혈 뒤쪽에 높게 솟아 혈을 맺게 해주는 산을 일컫는다. 마을이나 도읍지를 보는 양기론 풍수에서는 마을을 지켜준다고 하여 진산鎭山이라고도 부른다.

주작朱雀

혈 자리에서 앞을 보아 전후좌우에 있는 산줄기(사격砂格) 중 전면 앞쪽에 있는 남쪽 안산案山을 주작 혹은 전주작前朱雀이라고 한다. 또는 외명당 밖으로 높게 솟은 산인 조산朝山도 주작이라 불리기도 한다. 왼쪽인 동쪽의 사격을 좌청룡左靑龍, 서쪽의 '우백호右白虎'와 북쪽 현무봉의 '후현무後玄武'로 나누어진다.

중조산中祖山

중조산은 산줄기의 형세에 따라 분류하는 5종류 중 2번째의 제일성第一星에서 용의 구성과 오행의 성질을 이어받은 험한 살煞과 억센 기를 정제시키고 순화하기 위해 변화를 하며 산줄기가 계속 뻗어오다 만들어진 산이다. 국립공원에 있는 명산의 대부분이 중조산에 해당한다. 용맥의 흐름인 용세龍勢에 따라 산을 분류하면 태조산太祖山, 제일성第一星, 중조산中祖山, 소조산小祖山, 현무봉玄武峰으로 나누어진다.

중출맥中出脈

주산의 왼쪽, 중간, 오른쪽 중에서 중앙 방향에서 출맥한 산줄기(용맥)를 말한다.

지각枝脚

'요도橈棹 지각枝脚' 참조

지관地官

묘지나 택지를 선정할 때 지질과 길흉을 판단하는 사람을 말한다. 감여가堪輿家
또는 풍수가風水家라고도 한다.

지기地氣

지구 자체에서 생성된 땅속의 생기 있는 기운을 말한다. 이러한 땅 기운의 지배
를 받는다는 이론이 지기론地氣論이다.

지반정침地盤正針

나경패철의 9층 중 제4층은 지반정침으로 기준선이 되는데, 내반정침內盤正針이
라고도 부르며 24방위가 표시되어 있다. 좌향의 기준이 되며 자북을 가리킨다.

지지地支

간지干支로 조직한 12지지이다. 갑甲 · 을乙 · 병丙 · 정丁 · 무戊 · 기己 · 경庚 · 신
辛 · 임壬 · 계癸를 십간十干이라고 하고, 자子 · 축丑 · 인寅 · 묘卯 · 진辰 · 사巳 · 오
午 · 미未 · 신申 · 유酉 · 술戌 · 해亥를 12지지라 한다. 십간은 하늘에 자리한다고
하여 천간天干이라 하고, 십이 지지는 땅에 자리한다고 하여 지지地支라고 한다.
60갑자의 아래 단위를 이룬다.

진가혈眞假穴

진짜 혈과 가짜 혈이란 뜻이다.

진응수眞應水

'원진수元辰水' 참조

진혈眞穴

용맥의 정기가 응결되어 생기가 맺혀진 곳을 말한다.

차

천간天干

간지干支로 조직한 십간十干이다. 십간은 하늘에 자리한다고 하여 천간이라 하고, 십이 지지는 땅에 자리한다고 하여 지지地支라고 한다. 60갑자의 위 단위를 이룬다. 갑甲 · 을乙 · 병丙 · 정丁 · 무戊 · 기己 · 경庚 · 신辛 · 임壬 · 계癸를 십간十干이라고 하고, 자子 · 축丑 · 인寅 · 묘卯 · 진辰 · 사巳 · 오午 · 미未 · 신申 · 유酉 · 술戌 · 해亥를 12지지라 한다.

천광穿壙

시신을 묻을 무덤 자리(광중壙中)를 조성하는 작업으로, 구덩이를 파헤치므로 개혈開穴이라고도 한다.

천마사天馬砂

하늘로 올라가는 계단과 같이 산봉우리가 연이어 솟아올라 있는 사격을 일컫는다.

천반봉침天盤縫針

패철의 8층을 가리키며 묘의 좌향, 물의 득수와 파구를 잡을 때 사용한다. 외반봉침外盤縫針으로 부르기도 하며, 문왕文王의 후천팔괘後天八卦에 속한다. 이기론 풍수에서 가장 많이 사용되는 층으로 파와 향이 천간이냐 혹은 지지이냐가 매우 중요하다.

천을天乙

가택구성법으로 방위를 측정하여 해당 방위가 구성 중 어디에 속하는지를 보고 길흉화복을 판단하는데 사용된다. 기본괘로 육중천을六中天乙의 순서이며 장수하고 복이 많아 부귀하다

천산72룡穿山七十二龍

패철의 9층 중 제5층에 해당되는 천산72룡은 60갑자와 12개의 공란으로 되어 있다. 주산으로부터 혈 뒤 입수도두까지 내려오는 산줄기(과협처過峽處나 결인

속기처結啊束氣處)의 중심맥이 어느 맥에 해당되는지를 측정하여 길흉화복을 살피는데 사용한다.

천심穿心

'개장천심開帳穿心' 참조

천심십도天心十道

혈을 중심으로 주변이 산으로 둘러싸여 사방의 길한 산봉우리를 선으로 그었을 때 그 십자十字의 중앙에 혈이 있는 것을 말한다.

천의天醫

하늘에서 낸 의사라는 뜻의 천의는 사람의 생명을 구하는 별이다. 거문巨門으로 토성이다. 천을天乙이라고도 한다.

천장지비天藏地秘

하늘이 감추고 땅이 비밀로 숨긴다는 말이다. 파묻혀 세상에 드러나지 아니함을 말한다.

첨탐랑尖貪狼

대나무 죽순처럼 끝이 뾰족하며 단정하고 수려하게 우뚝 솟은 탐랑 목성의 산을 말한다. 산중턱에 지각이 없으며 반듯하고 깨끗하다.

청룡靑龍

혈의 좌坐에서 보아 전후좌우에 있는 사격砂格중 왼쪽인 동쪽으로 뻗으며 감싸주는 산줄기를 청룡靑龍 또는 좌청룡左靑龍이라고 한다. 서쪽의 우백호右白虎, 남쪽 안산의 전주작前朱雀과 북쪽 현무봉의 후현무後玄武로 나누어진다.

초혼招魂

사람이 죽었을 때에 고인의 혼을 소리쳐 부르는 것을 말한다. 운명하는 즉시 망자가 생시에 입던 저고리를 왼손에 들고 오른손은 허리에 대고, 지붕 위나 마당에서 북쪽을 향해 서서 저고리를 휘두르며 '아무 동네 아무개 복復'이라고 세 번

부르는 장례의식을 말한다.

출맥出脈
산에서 산줄기(용맥)가 나오는 곳을 말한다.

충렴蟲廉
충렴은 묘에 뱀, 벌레, 두더지, 쥐 등에 의해 구멍이 뚫렸거나 개미집이나 벌집
이 있을 때 묘지광중墓地壙中에서 발생되는 현상(병렴病濂)이다. 이는 묘 속이 습
하기 때문에 동물이 거처로 삼는다. 후손은 종기, 피부병이나 괴질흉사의 피해
를 입는다.

충사冲射
혈 자리나 나의 거주지를 향해 부딪치고 찌른다는 뜻이다.

충살衝煞
뾰족하게 생긴 산의 능선이 혈 자리나 거주지를 향해 나쁜 기운을 보내는 흉살
을 말한다. 충살을 능침살稜針殺이라고도 하는데 큰 화나 가슴 아픈 흉사가 발생
된다. 아파트의 긴 건물이나 큰 빌딩건물도 나의 거주지를 향하면 충살에 해당
되어 좋지 않다.

취수聚水
명당에 모인 맑고 가득한 물이 구불구불하게 흘러(구곡수九谷水) 교합하는 것을
취수라고 한다. 물을 얻음을 득수得水라 하고, 물이 관쇄된 곳을 빠져나가는 것
은 거수去水라고 한다.

취토방取土方
시신을 광중壙中에 하관한 다음 사용할 흙을 퍼오는 방위를 취토방이라 한다. 가
족 친지들이 광중에 뿌릴 때 사용할 몇 삽의 흙을 퍼오는 방위인 생토방生土方과
성분成墳에 사용할 몇 삽의 사용할 흙을 퍼오는 방위인 사토방死土方이 있다.

칠정七情

일곱 가지 감정을 말한다. 이는 기쁨 희喜, 노여움 노怒, 슬픔 애哀, 즐거움 락樂, 사랑 애愛, 미움 오惡, 욕심 욕欲을 가리킨다.

타

탐랑성貪狼星

북두칠성의 별 중 제1의 별에 해당하는 탐랑성은 오행으로 목木에 속하며 길한 별 3개(삼길성三吉星) 중 하나이다. 탐랑은 생명의 기운인 생기궁生氣宮으로 활기차게 번창함과 발전을 관장한다. 부富보다 귀貴를 주관하는데, 이는 총명·문필·높은 관직·문관 등이다. 탐랑의 본성은 유순하며 솟아오르는 생동력의 힘이 있다. 탐랑의 기운을 받고 태어난 사람은 본성이 어질고 총명하여 관직에 나아가며 장수한다.

태식잉육胎息孕育

부모의 산에서 혈장을 만들기 위해 산줄기가 출맥하는 것을 '태胎'라고 한다. 태胎란 현무봉에서 용맥이 출발하는 것을 말한다. 이는 태胎 → 식息 → 잉孕 → 육育의 첫 번째 단계이다. 중간에 잘록하게 묶는 것은 '식息'이라 한다. 과협처 또는 결인속기처가 이에 해당한다. 식息을 지나 산줄기가 다시 살짝 솟아올라 기운이 뭉쳐져서 볼록하게 나온 입수도두를 '잉孕'이라 한다. '잉孕'을 지나서 잉태된 기운을 보호하고 기르는 혈을 '육育'이라 한다. 따라서 '태식잉육胎息孕育'이란 현무봉에서 용맥이 출발하여 중간에 잘록하게 묶인 결인속기처를 지나 입수도두에서 기운을 적절하게 보내어 도착한 혈의 기운을 기르는 것을 말한다.

태조산太祖山

태조산이란 산맥의 처음 출발지이자 전체 산을 대표하는 높고 큰 산이다. 태조산을 이루는 봉우리 중에서 제일 높은 최고봉의 산허리 부분 중심맥에서 나와 크게 뻗어 내려가는 산줄기가 대간룡大幹龍이다. 용맥의 흐름인 용세龍勢에 따라 산을 분류하면 태조산太祖山, 제일성第一星, 중조산中祖山, 소조산小祖山, 현무봉玄武峰으로 나누어진다. 한국의 태조산은 백두산이다.

택목宅木

택목이란 울타리 안에 있는 각종 크고 작은 나무(대소수목大小樹木)를 말한다. 정원수라고도 부른다.

투지60룡透地六十龍

나경패철의 9층 중 제7층에 해당되는 투지60룡은 60갑자가 표시되어 있다. 입수도두入首到頭의 중심中心에서 천산칠십이룡穿山七十二龍을 이어받아 입수도두에서 혈장까지 어느 오자순五字旬으로 정확히 입맥되었느냐를 측정한다.

파

파구破口

혈 앞의 명당의 물이 빠지는 것을 파破라고 하며 물이 빠져 나가는 곳을 파구라한다. 수구水口라고도 하며, 혈에서 보아 육안으로 물이 마지막 흘러나가는 출구를 말한다.

파군성破軍星

북두칠성의 별 중 제7의 별에 해당하는 파군성은 절명궁絶命宮으로 싸움 · 죽음 · 패망 · 흉폭 · 횡사橫死를 관장하는 금성金星에 해당한다. 전몰비나 폭발사고 등과 연관이 있다.

파살破殺

혈 주변의 산이 깨지고 부서져 흉측한 경우 집안에 반드시 우환이 생기는 흉살이다.

팔로사로황천살八路四路黃泉殺

나경패철의 9층 중 제2층에 해당되는 황천 방위를 나타내는 층이다. 패철의 1층은 입수룡에 대한 황천살의 방위 표시이고, 2층은 향向에 대한 황천살의 방위 표시이다. 나경패철 2층은 모두 24칸으로 나누어져 있으나 황천살을 가르치는 글자가 쓰어 있는 곳은 12곳이다. 4층 지반정침으로 좌향坐向을 결정한 후 2층에 표시된 방위인 팔로사로황천살을 읽는다. 예를 들어 4층 지반정침으로 측정하여 정향丁向의 혈이 있을 때, 2층에는 곤坤이 표시되어 있다. 이 말은 8층으로 측정하여 곤坤 방향에 득수처, 파구처, 저수지 또는 연못이 있으면 팔로사로황천살을 받는다는 뜻이다. 또한 향이 4층으로 손향巽向일 때, 물의 득수처와 파구처를 8층으로 측정하여 2층에 적혀 있는 병丙이나 을乙 방위에 있다면 황천수가 되고, 6층으로 측정한 산이 움푹 파이거나 없는 곳(요결처凹缺處)이 같은 방위라면 역시 황천풍으로 흉하다.

팔요풍八曜風

바람이 무덤 속으로 침입하는 것을 말한다. 바람이 계속해서 불기 때문에 수분이 증발하여 잔디가 말라죽게 되고 봉분의 한쪽 잔디가 벗겨진다. 일명 황천풍黃泉風이라고도 한다. 패철 2층에 8방위가 표시되어 있다.

팔요황천살八曜黃泉殺

패철 9층 중 제1층에 해당되는 황천 방위를 나타내는 층이다. 입수룡에 대한 8개 방위의 황천살을 나타낸다.

패철佩鐵

'나경羅經' 참조

포태법胞胎法

'십이포태十二胞胎' 참조

풍살風殺

요함凹陷하게 뚫린 산의 계곡이나 골짜기에서 골바람이 부는 것을 풍살이라 한다. 이런 곳은 거주자의 건강을 유지하기가 어렵고 결국 집안이 망한다. 북서풍北西風(건해방乾亥方)의 바람을 그대로 받는 형세이면 재앙이 더욱 심하다.

풍수지리風水地理

풍수지리는 우주와 땅과 사람과의 질서, 즉 자연의 질서 속에서 인간의 삶을 교합해 내는 동양의 정신세계이며, 자연과 인간이 합일하여 만들어 내는 우주 생명관이다. 이는 지구 환경의 생태 공간에 바람·물·땅의 이치를 접목하여 사람의 건강한 생활환경인 기氣를 제공한다. 다시 말하면 천기天氣와 지기地氣가 이치理致에 따라 교합하여 인간에게 필요한 생기生氣를 활성화한다는 말이다. 이렇게 조화를 이룰 수 있도록 천天·지地·인人의 삼재三才를 터득한 사람을 풍수가라고 한다.

하

하관下棺
시신屍身을 묻기 위해 관棺을 광중壙中에 모시는 의식이다.

하관길시下棺吉時
하관을 할 때 날에 따라 길시를 정하는 것을 말한다. 황도시黃道時에 귀인시貴人時를 겸하면 좋으나, 마땅치 않으면 그냥 황도시만 가려 써도 좋다.

하수사下水砂
혈 아래에 가늘게 붙어있는 작은 능선을 말한다. 우선룡右旋龍일 경우 우측이 배背가 되어 가파르고 좌측은 안이 되어 평평하고 넓다. 좌선룡左旋龍은 우선룡과 반대이다. 하수사는 혈장을 지탱하고 혈의 생기를 보호하며, 혈장 아래에서 손과 팔처럼 혈 앞에서 감아 혈을 보호한다.

한문捍門
수구의 양쪽 물가에 마주보고 서 있는 산이나 바위를 한문이라 한다. 수구가 보국의 대문이라면 한문은 그 대문의 양쪽 기둥에 비유된다. 한문에는 해와 달(일월日月), 깃발과 북(기고旗鼓), 거북이와 뱀(귀사龜蛇), 사자와 코끼리(사상獅象) 등의 모양이 있다.

현무玄武
혈의 좌坐에서 보아 전후좌우에 있는 사격 중 혈의 뒤쪽에 있는 북쪽의 산을 현무 또는 후현무後玄武라고 한다. 산봉우리를 현무봉玄武峰이라고 하는데 주산 또

는 소조산과 함께 혼용하여 사용한다. 또한 혈장 바로 뒤에 솟은 봉우리를 현무
정玄武頂이라고도 한다. 소조산 중간에서 출맥(중출맥中出脈)한 산줄기인 주룡은
변화하며 탈살하다 단아한 봉우리인 현무봉玄武峰을 만들고, 현무봉에서 중출맥
하여 혈을 맺는다. 현무봉은 혈 뒤에서 개장하여 내청백을 만들고 감싸안으면
서 그 끝은 수구를 이루며 보국을 형성한다. 용맥의 흐름인 용세龍勢에 따라 분
류하면 태조산太祖山, 제일성第一星, 중조산中祖山, 소조산小祖山, 현무봉玄武峰으로
나누어진다.

혈穴

산줄기의 생기가 한데 엉기어 뭉친 곳을 혈穴이라 한다. 보통 혈장穴場과 같은 의
미로 쓰인다. 혈장에는 입수도두入首倒頭(두뇌頭腦), 선익蟬翼, 순전脣氈(전순氈脣)
등이 있다.

혈토穴土

지표면을 덮고 있는 흙을 걷어내면 돌도 흙도 아닌(비석비토非石非土) 상태가
나오는데, 보기에는 돌 같으나 손으로 비비면 밀가루처럼 미세하게 분해되는
흙이 혈토이다. 바로 생기가 응집되거나 흘러가는 통로로 홍황자윤紅黃滋閏해야
좋다.

형국形局

형국은 산의 모양이나 물의 흐름 등을 사람·식물·동물·물건·문자 등과 관
련하여 나타내는데, 집터나 묘 자리의 겉모양과 부분의 생김새를 이르는 말이
다. 이러한 땅의 형상에 따라 좋고 나쁨을 해석하고 이름과 혈을 정하는 풍수법
을 형국론形局論이라 하며 물형론物形論이라고도 한다.

형세론形勢論

산의 모양과 지세를 형세라고 한다. 산과 물 등 자연의 외적인 모양을 보고 길
지를 찾는 것이 형세론이며, 형기론形氣論이라고도 한다. 반면에 '이기론理氣論'은
방위와 시간 등의 음양오행의 작용을 살펴 길흉화복을 논하는 이론이다. 형세
는 용龍·혈穴·사砂·수水 등 풍수의 외적 변화 현상을 우선으로 보는 방법이
고, 이기는 용·혈·사·수의 방위를 측정한 다음 음양오행법을 따져 그 적법

여부를 판단하는 방법이다. 풍수에서 형세론이 주主가 되고 이기론은 종從에 해당된다.

호룡護龍

주 산줄기인 본용을 보호하는 산을 두루 칭하나, 봉우리의 양 능선인 청백을 주로 일컫는다.

호상護喪

상례를 거행할 때 장례가 끝날 때까지 장의에 대한 일체의 절차를 주관하는 책임을 맡은 사람을 말한다.

호석護石

능이나 묘의 봉분 주위에 돌려 쌓은 돌을 말한다.

호충呼沖

시신을 광중壙中에 안치하는 하관 때 잠시 피해야 하는 생년生年에 해당되는 사람.

홍황자윤紅黃滋潤

홍황자윤이란 혈토의 색깔이 붉은 황토색이면서 홍紅, 황黃, 자紫, 백白, 흑黑 등 오색五色 이상이며, 마치 참기름을 뿌린 것과 같이 밝고 윤기가 있는 것을 말한다.

화렴火廉

화렴은 바람이 들어가 시신이 까맣게 그슬리는 묘지광중墓地壙中에서 발생되는 현상(병렴病廉)을 말한다. 바람이 계속해서 불기 때문에 수분이 증발하여 잔디가 말라죽게 되고 봉분의 한쪽 잔디가 벗겨진다. 이러한 바람을 팔요풍八曜風(황천풍黃泉風)이라 한다. 이러한 바람을 막으려면 무덤 주위에 나무를 심거나, 무덤 주위를 둘러쌓는 나지막한 담(곡장曲墻)을 두른다.

화해禍害

가택구성법으로 방위를 측정하여 해당 방위가 구성 중 어디에 속하는지를 보고 길흉화복을 판단하는 데 사용된다. 기본괘로 오상화해五上禍害의 순서이며 재앙이나 화재가 많고 재물을 잃게 된다.

환포環抱
사방으로 둘러싼다는 뜻이다.

활물活物
살아 있는 생물인 동식물을 말하며, 움직이는 물체를 뜻하기도 한다.

황장목黃腸木
임금의 관을 만드는 데 쓰던 재질이 뛰어난 소나무를 말한다.

황천살黃泉殺
혈처穴處를 정할 때 가려야 하는 흉성이 있는 방위로서 나경 1.2층에 배당되어 있다. 이곳으로 물이나 바람이 드나드는 것을 살이라 한다. '팔로사로황천살八路四路黃泉殺'과 '팔요황천살八曜黃泉殺' 참조

황천풍黃泉風
'팔요풍八曜風' 참조

황천수黃泉水
'팔로사로황천살八路四路黃泉殺' 참조

회룡고조혈回龍顧祖穴
회룡이란 용이 다시 돌아왔다는 뜻이다. 주산主山과 안산案山이 동일한 산봉우리인 회룡고조혈은 주산이 다시 조안산朝案山이 된다. 회룡고조혈은 뻗어내린 산줄기가 휘감아 돌아서 자기를 낳은 산을 다시 바라보므로 혈 앞의 안산이 주산보다 낮고 단정하며 수려하다. 따라서 혈은 산줄기가 한 바퀴 돌아 다시 조종祖宗을 돌아다보면서 맺게 된다.

횡룡입수橫龍入首
내룡이 뻗어가다 갑자기 횡으로 방향을 틀어 입수하는 경우를 말한다. 이때 혈

의 생기를 보호하기 위해 혈 뒤에 낙산樂山이 솟아있다.

후천수법後天水法

9개의 별의 법칙인 구성법을 이용하여 물(水)의 길흉을 판단하는 구성수법九星水
法 중 하나로 좌坐의 방향을 기준으로 물의 길흉을 판단하는 것을 후천수법後天水
法이라한다. 또한 향向의 방향을 기준으로 물의 길흉을 판단하는 보성수법輔星水
法이 있다.

흡기吸氣

기를 빨아들인다는 뜻이다. 흡기처란 기가 땅속으로 강력하게 빨려 들어가는
곳을 말한다.

참고문헌

1. 원전

「경국대전經國大典」, 국립중앙도서관, 1980

「고려사高麗史」, 국서간행회, 1977

「고려사절요高麗史節要」, 민족문화추진회, 1968

「고산유고孤山遺稿」, 윤선도尹善道, 윤고산문화사업회, 1996

「구암유고久庵遺稿」, 한백겸韓百謙, 일조각, 1987

「기측체의氣測體義」, 최한기崔漢綺, 민족문화추진회, 1974

「담헌서湛軒書」, 홍대용洪大容, 민족문화추진회, 1974

「당악문헌棠岳文獻」, 발행자 불명

「대동야승大東野乘」, 민족문화추진회, 1971

「대동여지도大東輿地圖」, 김정호金正浩

「동국여지승람東國輿地勝覽」, 명문당, 1981

「동국지도東國地圖」, 정상기鄭尙驥

「동국지리지東國地理誌」, 한백겸韓百謙, 일조각, 1987

「동문선東文選」, 서거정徐居正;양성지梁誠之, 도갑사 도선국사연구소, 2002

「동사강목東史綱目」, 안정복安鼎福, 경인문화사, 1970

「동여도東輿圖」, 김정호金正浩

「목민심서牧民心書」, 정약용丁若鏞, 민족문화추진회, 1969

「반계수록磻溪隨錄」, 유형원柳馨遠, 충남대학교, 1968

「북학의北學議」, 박제가朴齊家, 을유문화사, 1971

「산림경제山林經濟」, 홍만선洪萬選, 경인문화사, 1973

「삼국사기三國史記」, 김부식金富軾, 대양서적, 1972

「삼국유사三國遺事」, 일연一然, 명지대학출판부, 1978

「상설고문진보대전詳說古文眞寶大全」, 보경문화사, 1989

「성호사설星湖僿說」, 이익李瀷, 민족문화추진회, 1966

「수곡집睡谷集」, 민족문화추진회, 1995

「아방강역고我邦疆域考」, 정약용丁若鏞, 현대실학사, 2001

「여유당전서與猶堂全書」, 정약용丁若鏞, 경인문화사, 1971

「연려실기술燃藜室記述」, 이긍익李肯翊, 경문사, 1976

「열하일기熱河日記」, 박지원朴趾源, 대양서적, 1982

「오주연문장전산고五洲衍文長箋散稿」, 이규경李圭景, 동국문화사, 1959

「원행을묘정리의궤園幸乙卯整理儀軌」, 수원시, 1996

「이향견문록里鄕見聞錄」, 유재건劉在建, 민음사, 1997

「인정人政」, 최한기崔漢綺, 민족문화추진회, 1981

「조선왕조실록朝鮮王朝實錄」, 국사편찬위원회, 1986

「청구도靑邱圖」, 김정호金正浩

「최문창후전집崔文昌侯全集」, 성균관대학교 출판부, 1982

「추측록推測錄」, 최한기崔漢綺, 민족문화추진회, 1974

「택리지擇里志」, 이중환李重煥, 을유문화사, 1993

「홍재전서弘齋全書」, 민족문화추진회, 1998

「화성성역의궤華城城役儀軌」, 경기문화재단, 2001

「감룡경撼龍經」, 양균송楊筠松 찬撰, 북경北京: 화령출판사华龄出版社, 2006

「관씨지리지몽管氏地理指蒙」(「고금도서집성古今图书集成」), 관로管輅

「관자管子」, 관자管子, 소나무, 2007

「명산론明山論」, 채성우蔡成禹, 경인문화사, 2000

「발미론發微論」, 북경北京: 화령출판사华龄出版社, 2006

「사고전서술수초四庫全书术数初」, 북경北京: 화령출판사华龄出版社, 2006

「사기史記」, 집문당, 1994

「산해경山海經」, 육문사, 1995

「상서尙書」, 대북臺北: 국립중앙도서관國立中央圖書館, 민국民國80(1991)

「설심부雪心賦」, 복응천卜應天, 현문, 1995

「속수사고전서續修四庫全書」, 상해上海: 고적출판사古籍出版社, 2000

「송사전문속자치통감宋史全文續資治通鑑」, 문해출판사, 1971

「영성정의靈城精義」, 하령통何令通, 북경北京: 화령출판사华龄出版社, 2006

「이십오사二十五史」, 대북臺北: 예문인서관藝文印書館, 1996

「이정집二程集」, 정호程顥 · 정이程頤, 한경문화사업유한공사漢京文化事業有限公司,
        1983

「인자수지人子須知」, 서선술徐善述 · 서선계徐善繼, 대북臺北: 무릉출판사武陵出版社,
        민국民國71년

「의룡경疑龍經」, 양균송楊筠松, 북경北京: 화령출판사华龄出版社, 2006

「잠부론潛夫論」, 왕부王符, 건국대학교출판부, 2004

「장경葬經(금낭경錦囊經)」, 비봉출판사, 2005

「장법도장葬法倒杖」, 양균송楊筠松, 북경北京: 화령출판사华龄出版社, 2006

「장서葬書」, 곽박郭璞, 북경北京: 화령출판사华龄出版社, 2006

「장자莊子」, 장자, 삼성출판사, 1990

「주례周禮」, 한국인문과학원, 1999

「주역周易」, 삼덕출판사, 1979

「주자대전朱子大全」, 주희朱熹, 보경문화사, 1984

「주자대전답의朱子大全剳疑」, 주희朱熹, 보경문화사, 1984

「주자대전차의집보朱子大全剳疑輯補」, 주희朱熹, 한국인문자료원, 1998

「주자어류朱子語類」, 주희朱熹, 국회도서관 발행, 2003

「주희집朱熹集」, 주희, 성도成都: 사천교육출판사四川教育出版社, 1996

「증도지리오결繪圖地理五訣」, 조정동趙廷棟, 상해上海: 천항당서국千項堂書局, 1994

「지리오결地理五訣」, 조정동趙廷棟, 동학사, 1993

「천옥경天玉經」, 양균송楊筠松, 북경北京: 화령출판사华龄出版社, 2006

「최관편催官篇」, 뢰문준賴文俊 찬撰, 북경北京: 화령출판사华龄出版社, 2006

「청낭서青囊序」, 증구기曾求己, 북경北京: 화령출판사华龄出版社, 2006

「청낭오어青囊奧语」, 양균송楊筠松, 북경北京: 화령출판사华龄出版社, 2006

「청오경青烏經」, 명문당, 1983

「태평환우기太平寰宇記」, 국립중앙도서관, 2007

「택경宅經」, 북경北京: 화령출판사华龄出版社, 2006

2. 단행본

곽춘근, 「신시 위례성과 고구려 건국 비사」, 천사연출판사, 2004

김광언, 「한국의 주거민속지」, 민음사, 1988

김동욱, 「18세기 건축사상과 실천-수원성-」, 발언, 1996

김두규, 「한국풍수의 허와 실」, 동학사, 1995

_____, 「우리 땅 우리 풍수」, 동학사, 1998

_____, 「호순신의 지리신법」, 장락, 2001

_____, 「조선 풍수학인의 생애와 논쟁」, 궁리출판사, 2000

_____, 「우리 풍수 이야기」, 북하우스, 2003

문영오, 「고산문학상론」, 태학사, 2001

박광용, 「영조와 정조의 나라」, 푸른역사, 1998

박봉주, 「실전풍수입문」, 동학사, 1998

박성래, 「한국과학사」, 한국방송사업단, 1982

박용숙, 「한국의 원시사상」, 문예출판사, 1985

박제상, 김은수 역, 「부도지」, 한문화멀티미디어, 2002

박희병, 「한국의 생태사상」, 돌베게, 1999

배종호, 「한국유학사」, 연세대학교출판부, 1974

신채호, 「단재 신채호 전집. 별집」, 형설출판사, 1987

예경희, 「인간과 환경」, 청주대학교출판부, 1998

유봉학, 「꿈의 문화유산, 화성」, 신구문화사, 1996

이몽일, 「한국풍수사상사연구」, 일지사, 1991

이병도, 「고려시대의 연구」, 아세아문화사, 1980

이영관,「조선견문록」, 청아출판사, 2006

이희권,「역사로 보는 전라도」, 신아출판사, 2001

장영훈,「왕릉풍수와 조선의 역사」, 대원사, 2000

장익호,「용수정경」, 현대문화사, 1995

정경연,「정통풍수」, 평단문화사, 2003

정동오,「고산연구」3, 고산연구회, 1989

최길성,「한국의 조상숭배」, 예전사, 1987

최창조,「좋은 땅이란 어디를 말함인가」, 서해문집, 1994

_____,「한국풍수사상의 이해를 위하여」, 민음사, 1991

_____,「터잡기의 예술」, 민음사, 1992

_____,「한국의 자생풍수」, 민음사, 1997

_____,「땅의 논리 인간의 논리」, 민음사, 1993

_____,「한국의 풍수사상」, 민음사, 1984

_____ 역,「청오경 · 금낭경」, 민음사, 1993

한동환 외,「자연을 읽는 지혜」, 푸른나무, 1993

한영우,「정조의 화성행차, 그 8일」, 효형출판, 1998

황훈영,「우리 역사를 움직인 33가지 철학」, 푸른숲, 1999

3. 논문

가. 학위논문

강중탁,「풍수설의 국문학적 수용양상 연구」, 중앙대 박사논문, 1987

권영휴,「한국 전통주거환경의 풍수적 해석 및 입지평가모델 개발」, 고려대
　　　　박사논문, 2002

김낙필,「권극중의 내단사상」, 서울대 박사논문, 1990

박시익,「풍수지리설 발생배경에 관한 분석연구」, 고려대 박사논문, 1987

박영진,「화성지역의 환경디자인에 관한 연구」, 한양대 박사논문, 2001

박헌영,「도선국사의 풍수지리사상 연구」, 원광대 박사논문, 2008

배상열, 「산릉의장의 풍수사상 연구」, 원광대 석사논문, 2004

_____, 「조선후기 실학파의 풍수관 연구」, 원광대 박사논문, 2008

성동환, 「풍수 지기론에 대한 문헌고증학적 연구」, 서울대 석사논문, 1992

이상인, 「조선시대 주거문화의 풍수지리적 특성 연구」, 원광대 박사논문, 2008

이 화, 「조선조 풍수신앙 연구: 유교와의 상호관계를 중심으로」, 서울대 박사논문, 2005

Sang Hae Lee, "Feng Shui : Its Content and Meaning", PhD dissertation, Newyork: Cornell University, 1986

나. 연구논문

권정화, 「이중환의 국토편력과 지리사상」, 「국토」208, 국토연구원, 1999

김기덕, 「한국 중세사회에 있어 풍수도참사상의 전개과정」, 「한국중세풍수도참사상의 재조명」, 한국중세사학회, 2006

김문식, 「박지원의 지리고증에 나타난 실증정신」, 「21세기 과학 기술정신 실학자에게 배운다」, 경기문화재단, 2007

목을수, 「조선조 왕릉문화와 풍수」, 「특별문화강좌」9, 궁중유물전시관, 2001

문명서, 「택리지연구」, 「홍익사학」2, 홍익대학교 사학회, 1985

배상열, 「정조시대에 이르는 실학적 풍수사상의 흐름」, 「동양학연구」4, 원광대학교 동양학연구소, 2008

_____, 「조선후기 실학적 풍수사상의 흐름」, 「종교연구」52, 한국종교학회, 2008

성동환, 「현륭원 천원과 화성건설을 통해 본 정조의 풍수지리관」, 「한국사상사학」17, 한국사상사학회, 1995

양보경, 「대동여지도」, 「한국사시민강좌」23, 일조각, 1998

윤홍기, 「한국풍수 연구의 회고와 전망」, 「한국사상사학」17, 한국사상사학회, 2001

_____, 「대동여지도의 지도 족보론적 연구」, 「문화역사지리」3, 한국문화역사지리학회, 1991

_____, 「〈대동여지전도〉의 서문에 대한 예비고찰」, 「문화역사지리」4 석천이찬박사

고희기념 특집호, 한국문화역사지리학회, 1992

윤희면, 「한백겸의 학문과 '동국지리지' 저술동기」, 「한국고전 심포지움」 3, 진단학회, 1991

이문종, 「이중환의 생애와 '택리지'의 성입」, 「문화역사지리」 16-1, 문화역사지리, 2004

이몽일, 「한국풍수사상의 국토관과 환경책략」, 「부산지리」 4 · 5, 부산대 사범대 지리교육과, 1996

이상태, 「조선 초기의 풍수지리 사상」, 「조선전기논문선집 사상(6)」, 한국인문과학원, 1998

이원명, 「한양정도와 풍수지리설의 성격고」, 「인문논총」 1, 서울여자대학교인문과학 연구소, 1995

_____, 「한양천도 배경에 관한 연구」, 「조선전기논문선집 정치(4)」, 한국인문과학원, 1998

이원순, 「최한기의 세계지리 인지의 역사성」, 「문화역사지리」 4, 한국문화역사지리 학회, 1992

이종항, 「한국의 풍수」, 「한국민속 문화의 탐구」, 국립민속박물관, 1996

이 찬, 「택리지에 대한 지리학적 고찰」, 「애산학보」 3, 애산학회, 1983

이태진, 「한양 천도와 풍수세의 패퇴」, 「한국사시민강좌」 14, 한국사시민강좌 편집위원회, 1994

임덕순, 「정약용 지리사상의 탐색」, 「월간국토」 3, 월간국토, 1999

최창조, 「조선후기 실학자들의 풍수사상」, 「한국문화」 11, 한국문화연구소, 1990

_____, 「도참서류상의 토지관에 대한 지리학적 해석」, 「지리학논총」 7, 서울대 사회대 지리학과, 1980

_____ · 박영한, 「풍수에 대한 지리학적 해석-양기풍수를 중심으로」, 「지리학」 17, 대한지리학회, 1978